顔にあざのある女性たち

「問題経験の語り」の社会学

西倉実季
nishikura miki

生活書院

目次

プロローグ

天然の刺青

この天然のいれずみをかなしく
やさしく見つめる人たち
その瞳はかすかにうるんでいて
深くうつくしかった

この天然のいれずみにそっと
指先で触った人たち
その手はやわらかく乾いて
風にそよいだ若葉のように浅く軽く
そうして
肩先に置いたまま　あのひとの掌は
すこしのあいだ
わたしを包んでいた

頬の痣を罵り　蔑むこころ
手をつないで追いかけ
後ろから　のぞきこんだ子供たち

けれど
今年はほんのちょっと前を向いて歩こうねと書いてある
細い毛筆の年賀状

人の顔ではなく　人の心に痣はある　と
いったひとがいる

そして　まさしくそれはわたしのこころに
なぜなら
そのどのことにも私は　たじろぎおどろいて
立ちすくみ　おびえてしまったから

生まれたてのにんげんの赤ん坊にみつめられるだけで
胸の奥が慄いてこまかくこまかくふるえてしまうから

その轟いた振動に
分厚く付いた痂が　砕け散り
白い埃となって舞い落ちてゆくのを
早春に降る粉雪に譬えることができるならば

——田中潤子『詩集　日和詩』

序　章

顔にあざのある女性たちの苦しみを可視化する

「問題経験の語り」の社会学に向けて

第1節　本書の課題

疾患や外傷によって顔に著しい特徴をもつ人々が、日本におよそ一〇〇万人いると推測される[1]。顔に疾患や外傷をもつ人々が日常生活においてさまざまな困難を経験していることは、顔という身体部位の特殊性を考慮すればすぐに想像できる。まず、私たちがお互いを認識するのは顔においてである。ほかのどのような身体部位よりも、私たちは顔を「わたし」や「あなた」と同一化しているのである。また、顔は言語的・非言語的コミュニケーションにおいて大きな役割を担っており[2]、人と人が共在する場ではいつでも、関心の焦点になる。顔にはこうした社会的重要性があるため、人と人が身体的に居合わせるとき、疾患や外傷による顔の特徴はほかのいかなる個人的・社会的アイデンティティにもまして、その人に関するもっとも雄弁な情報になりうる。

ところが、顔に疾患や外傷をもつ人々の心理や社会生活は、日本ではごく最近までほとんど研究対象とされてこなかった。日本よりかなり早い時期に研究が取り組まれるようになった英米でも、形成外科手術による外見の改善といった医学的アプローチを除けば、研究成果が蓄積されるようになったのは一九八〇年代になってからのことである。アメリカでもっとも早い時期に顔に疾患や外傷をもつ人々の心理的・社会的困難を研究したF・C・マグレガーはかつて、彼らを

「個人としては［その外見ゆえに］ひじょうに目立つが、ひとつの集団としては目に見えない」(Macgregor 1979: 116,［ ］内は引用者による）と表現した。つまり、彼らは人目に触れることを避けるためにその存在が認識されにくいうえ、「形成外科医は万能である」というメディアに流通したイメージが顔の疾患や外傷は治せるという誤解を招いたせいで、彼らの苦しみは不可視化されてきたのである。また、社会心理学者の大坊郁夫は、日本で学術研究が立ち遅れをみせた理由について「顔のテーマは人種、差別の問題にかかわりかねないことから、タブー視され、研究対象になりにくかった経緯がある」[3]と述べている（『朝日新聞』二〇〇〇年二月八日）。

長いあいだ学術研究が手つかずのままであったため、日本では当事者団体やセルフヘルプ・グループの活動が先行する結果となった。一九七〇年代には、「口唇・口蓋裂友の会」や「関西地区口唇口蓋裂児と共に歩む会」など、先天性疾患をもつ子どもの母親による組織が設立された。一九九〇年代になると、「熱傷フェニックスの会」や「円形脱毛症を考える会」など、疾患や外傷をもつ当事者を中心とした組織がつくられるようになった。当事者による組織的活動として特筆するべきなのは、セルフヘルプ・グループ「ユニークフェイス」である。ユニークフェイスは、右顔面に単純性血管腫という赤あざをもって生まれたジャーナリストの石井政之が、顔に疾患や外傷をもつ人々を取材してまとめた『顔面漂流記――アザをもつジャーナリスト』を一九九九年三月に刊行すると同時に発足した。ユニークフェイス以前の当事者団体は、疾患・外傷別に組織されたものであるうえ、疾患や外傷をもつ当事者本人ではなく、その親や医療関係者が主導するものが少なくなかった。これに対してユニークフェイスは、疾患や外傷の種別を超えて「病気やけがなどが原因で、機能的な問題の有無にかかわらず、明らかに『ふつう』と異なる容貌をもつ人たちの集まり」(松本ほか編 2001: 8)を組織した点、また親や医療関係者が運営の中心を担う「親の会」や「患者会」とは異なるセルフヘルプ・グループである点で、きわめて画期的であった。

セルフヘルプ・グループのような、これまでそうは見なされてこなかったものを問題としようという「問題を定義する主体性」(岡 1994: 11)が現れる背景には、その問題を経験している人々に対する周囲の無理解がある。ユニークフェイスのメンバーによる体験記には、「世の中には障害者で、目が見えない人や、手や足のない人でも、努力して立派に生きているんだよ」(石井ほか編 2001: 52)、「たかだか見た目のことくらいにこだわって」(藤井編 2001: 193)といった言葉を周囲から投げかけられるうちに、疾患や外傷によって特徴のある顔をもつことは苦しむに値する問題ではなく、それを気にしている自分を恥ずかしく思ってきたというエピソードが綴られている。つまり、顔に疾患や外傷をもつ人々の苦しみはこれまで、学術的な関心を向けられてこなかっただけでなく、社会的にもまったくと言ってよいほど認識されてこなかったのである。

本書はこうした問題意識から、顔にあざのある女性たちによって語られたライフストーリーをもとに、彼女たちの存在や苦しみを可視化していこうとするものである。顔にあざのある女性たちはどのような苦しみを抱え、その只中を生きているのか。ライフストーリー研究法を拠点として、それを描き出したい。

顔に疾患や外傷をもつ人々のなかでも、本書があざのある女性に注目する理由を述べておこう。まず、女性の苦しみに目を向けるのは、次の理由による。私が顔に疾患や外傷をもつ人々にライフストーリー・インタビューをはじめたきっかけのひとつは、ユニークフェイスの発足を取り上げたニュース番組である。直感的に感じるものがあったのか、私は慌ててビデオの録画ボタンを押し、画面に釘づけになった。番組では、顔の右半分が赤いあざで覆われている男性や、右目の上に大きな腫瘍のある男性が画面に映し出され、これまで経験してきた差別やセルフヘルプ・グループが持つ可能性について語っていた。録画したビデオを何度も見返しながら、私は彼らの壮絶な差別経験とそれに裏打ちされた言葉にほとんど圧倒されていた。しかし、同時にひとつの疑問が浮かんだのである。それは、番組にはわずかながら女性メンバーも出演していたのだが、必ずと言ってよいほど顔にはモザイクがかけられ、匿名扱いとなっていたことに関係している。それ以降もテレビ番組や新聞記事でユニークフェイスの活動が紹介されているのを目にする機会があったが、顔や名前をさらけ出し、自分の経験を語っているのはつねに男性なのである。女性であるということ、それが顔の問題を語ることを困難にさせてしまうのではないだろうか。いまだ語られてこそいないが、女性であるがゆえの特有の経験があるのではないだろうか。こうした素朴な問題関心から、女性メンバーのライフストーリーを聞いてみたいと考えたのである。

また、あざという疾患をもつ女性たちの苦しみに考察の対象を限定するのは、次の理由からである。ライフストーリー・インタビューをはじめて以来、単純性血管腫[4]や太田母斑[5]といったあざのある女性だけでなく、口唇・口蓋裂[6]、円形脱毛症[7]、アルビノ[8]などの疾患や、熱傷（やけど）や交通事故による外傷をもつ女性たちにライフストーリーを聞かせてもらう機会に恵まれた。同時に、疾患や外傷の種類によってどのような苦しみを抱えているかには大きな違いがあることにも気づかされた。疾患・外傷によっては、外見の特徴と同程度に、あるいはそれ以上に、身体的な機能制約が日常生活上の困難と関係していることが少なくない。たとえば、口唇・口蓋裂の女性（三〇代）は、明瞭な発音ができないために就ける職業が限られたり、仕事中の電話ではいつもひどく緊張してしまったりするという日常の困難を語ってくれた。口唇・口蓋裂はある程度治療法が確立されており、ごく幼少の頃から外科的治療が施されるが、五〇音の特定の行が発音しづらいなど、言語への影響が残る場合があるためである。また、アルビノの女性（二〇代）は、将来どんな仕事に就けるのか、なかなか見定められないでいる現在の苦しみを語ってくれた。彼女によると、進学や就職に際してさまざまな制限が課されてきたのは、外見に著しい特徴があることだけではなく、弱視であることに関係している。このような疾患・外傷の種別による違いを検討するという方法もありうるが、疾患・外傷ごとの苦しみや日常生活上の困難さえもいまだじゅうぶんに明らかにされていない日本の状況を考えると、比較研究はやや時期尚早と思われる。そこで本書は、外見の特徴をめぐる苦しみを考察の中心に据えるため、言語や視力などの機能制約をともなわない場合が多いあざをもつ女性の苦しみに注目することにした。

以下では、苦しみに代わって「問題経験」という用語を取り入れたい。問題経験とは、日常生活のある事柄をめぐる「『何かおかしい』、不満、不快、疑問、怒り、憤り、悩み、違和感、苛立ち、疲労感、不調、生きづらさ」（草柳 2004: 35）をさす。本書の問題関心にそくしていうならば、「たまたま顔が人と違うだけで感じている生きにくさ」（松本ほか編 2001: 9）ということになる。

草柳千早による「問題経験」という語には、従来の社会問題研究への批判が込められている。M・B・スペクターとJ・I・キツセは、社会構築主義的アプローチを採用することで、社会問題研究に方法論的転換をもたらした。社会問題研究の対象を、実態としての社会状態から社会問題を定義する人々の活動、すなわちクレイム申し立てへと移行させたのである（Spector & Kitsuse 1977=1990）。この立場からすると、何が社会問題なのかは、研究者ではなく問題があると主張する人々の観点から定義されることになる。しかし、草柳によれば、クレイム申し立ては問題経験への対処法として現代ではそれほど一般的ではなく、キツセらの議論には、それが創成された一九七〇年代のアメリカという時代性と地域性が刻印されている（草柳 2004）。そこで草柳が主張するのは、クレイム申し立て以前の「問題経験の語り」に照準を合わせる社会学の重要性である。

「問題」はもっとさまざまな形で語られている。社会学はそうしたリアリティに接近し、また「問題」を経験している人たちの訴えや存在が認知されず、まさに不可視化されていることが「問題」であるような経験の過程をもっと視野に入れていくことができるはずである（草柳 2004: 86）。

顔にあざのある女性たちもまた、これまでクレイム申し立てという対処法をほとんどとることなく、その存在や苦しみが学術的にも社会的にも不可視化されてきた人々である。そして、ユニークフェイスのメンバーによる体験記からわかるように、顔にあざのある女性たちの苦しみが不可視化されている状況で周囲から向けられる言葉やふるまいが、彼女たちをより苦しめている。こうした状況をふまえ、本書では彼女たちの（クレイム申し立ての形をなさないような）「問題経験の語り」に目を向けていきたい。

第2節 研究のスタート地点——個人的経験とひとつの出会いから

しかし、ライフストーリー・インタビューを開始してすぐに私が彼女たちの問題経験の語りをきちんと聞きとめることができていたかというと、けっしてそうではない。詳しくは第7章で検討するように、ある強固な想定のもとでインタビューに臨んだ私は、顔にあざのある女性たちが経験している問題を彼女たち自身とはやや異なる観点からとらえることになってしまった。具体的には、顔にあざのある女性たちが「普通でない顔」であるがゆえの問題経験を語っているのに対して、私はそれを「美しくない顔」であるがゆえの問題経験として聞いているというディスコミュニケーションが生じてしまったのである。その背景にあるのは、ジェンダーの視点で外見の美醜をめぐる問題経験を検討したいという私自身の問題関心であり、顔にあざのある女性たちがそうした問題を語ってくれるものと期待しながらインタビューを開始したという経緯である。その結果、顔にあざのある女性たちの「問題を定義する主体性」を無視してしまうことになったわけである。

なぜ、顔にあざのある女性たちは美醜をめぐる問題経験を抱えているのだと想定して研究を出発させることになったのか。このことを突き詰めて考えるならば、私自身の問題経験にふれないわけにはいかないだろう。私にとって自己身体（の外見）をめぐる経験は、上野千鶴子による以下の鋭い指摘のとおり、まさに葛藤をはらんだものであった。

> 女性は「視られる身体」としての自己身体を、早いうちから否応なしに発見させられる。その身体は、誘惑の客体として、視線の持ち主＝男性主体から、評価され、比較され、値踏みされる。女性は「視られる対象」としての自己身体と折り合いをつけるために、思春期から何十年にもわたる葛藤に満ちた経験をすることになる（上野 1998: 49）。

自分がその思惑とは無関係に「視られる対象」としてこの社会に存在していることをもっとも痛感したのは、大学に入学して間もない頃に経験したサークルの「セレクション」である。セレクションとは、サークルに入ってほしい女子学生を文字どおり選定することである。表向きは「サークルを楽しくしてくれる人」を募っていたようだが、何よりも外見が選定基準になっていることは明らかだった。私は、男子学生が一方的に女子学生の外見を値踏みしていることに納得のいかない感情を覚えながらも、その反面、選ばれなかった自分が何か欠けているような気持ちになったのも事実である。

フェミニズムとの出会いによって、私は自分が経験したセレクションが何だったのかを理解した。女性の美の基準はつねに男性の手によってつくられており、美は女性にとって特権ではなく強制であること。女性が外見の美醜をめぐって劣等感、自己嫌悪、羞恥、嫉妬、自信のなさといった否定的感情を抱いたり、ほかの女性と自分を比較してしまったりすることは、個人的な問題ではまったくなく「政治の問題」(Wolf 1991=1994: 338)であること。セレクションとは、この社会の「女性の『美への疎外』と男性の『美からの疎外』」(上野 1995: 21)の縮図であること。セレクションのからくりを鮮やかに説明してくれたフェミニズムは、私の自己解放にどれだけ役立っただろう。

しかし、それと同時に私は、外見の美醜をめぐる問題経験へのフェミニズムのアプローチに物足りなさを感じてもいた。フェミニズムの議論の焦点はこれまで、美の基準や美醜の秩序が社会的に構成されるマクロな過程や、女性が規範的な美に駆り立てられていく社会的メカニズムに置かれてきた（Lakoff & Scherr 1984=1988, Chapkis 1986, Freedman 1986=1994, MacCannell & MacCannell 1987, Wolf 1991=1994, Bartky 1990, Bordo 1993, 1997, Morgan 1998）。たしかに、美が社会的産物であることを見事に看破し、なぜ女性は自分の顔や身体を理想の美に合わせようとするのか、その心理的傾向に還元することなく説明してみせたフェミニズムの功績はきわめて大きい。しかし、「政治の問題」という新たな認識を獲得することと、外見の美醜をめぐる否定的感情から解放されることは同じではない。たとえ外見の美醜を政治の問題として位置づけなおすことができたとしても、依然として否定的感情が残り続けることはじゅうぶんにありうるのではないだろうか。フェミニズムの議論は、そのことを過分に小さく見積もっているのではないだろうか。実際、ある個人が（それがたとえ社会的構築物だとしても）美の基準や美醜の秩序のなかで苦しんだり悩んだりしながらどのように生きているのかという視点からの研究は、日本ではほとんど手つかずのままである。(9)

こうした問題関心が次第に明確になりつつあるなか出会ったのが、生まれつき顔に赤あざのある女性であり、フェミニストでもある町野美和の論考である。町野は、母親や親戚からしきりに「アザがあると結婚できない」と言われ、経済的自立を説かれながら育つ（町野 1985）。しかし、町野が母親らの言葉から受け取ったのは、経済的自立のための発起心ではなく、その裏に隠された「女の幸せは結婚であり、女は顔で選ばれる」「女の価値は顔の美しさ」という価値観の方であった。思春期になると、顔に「醜いアザ」があることで、町野自身も恋愛に対して卑屈になり、クラスメイトたちにも恋愛をする資格がないかのように扱われたという。「女の幸せは結婚である」という理想像と自分の現実の姿とのギャップを埋めるべく、ある男子生徒に好かれようとするが、クラスメイトから「○○君がオマエみたいなお岩さんを好きになるはずがない」と罵倒される結果に終わっている。町野はその頃の心情を振り返り、次のように述べている。

ただ、ひたすら「私にアザがあるからこうなってしまったのだ」と短絡的に思い込み、ただただアザを怨み、アザさえなければ、と思いつめるようになった。心理的には、私自身の身体の一部である顔のアザを外化し、分離し、アザそのものを憎んでいった。さらに心の安定を得るためにアザそのものをないものとして、私自身の意識から抹殺しようと試みた。その頃の私にとって、アザが顔にあることによって「女としての失格者との烙印を押されている」と感じさせられてしまっていた（町野 1985: 14）。

こうして町野は、あざを否定しようと、あざを隠すための化粧品「カバーマーク」を使いはじめる。カバーマークによって自分の顔を「人並みらしく」見せることはできたが、今度は「あざを隠している」という意識に振り回されてしまったという。こうした心理状態は、程度の差こそあれ、化粧をする女性の多くにあてはまるのではないかと町野は指摘している。

「女らしく」あるために自己を外見のみの存在である対象物に、女自身が仕立ててしまう。しかし、女も人間であるから、見られる存在としてのみの対象物となりきれない。そこにさまざまな矛盾が噴き出し、「女の不幸」が誕生する。「女の不幸」は、女の価値を顔だと規定する社会において、男から少しでもきれいに見られたいと女が顔に化粧させられ、男に媚をふりまかなければ女が存在できないことである。そして、顔にアザがあることで私が苦しんだ体験は、このことを凝縮しているのだ（町野 1985: 25, 強調点は引用者による）。

町野の体験記からは、顔にあざのある女性にとって「女の価値は顔の美しさ」という価値観がいかに抑圧的であり、いかにそれを意識しながら生きてこなければならなかったかがわかる。外見の美醜をめぐる女性の問題経験に関心をよせていた私は、町野が余すことなくそれらを語っていることに心を揺さぶられ、運命的な出会いすら感じたものである。そして、外見の美醜をめぐる女性の問題経験が「凝縮」されているであろう、顔にあざのある女性の問題経験に注目しようと考えたわけである。

以上が、顔にあざのある女性たちは美醜をめぐる問題経験を抱えているのだという想定のもとになった私の個人的経験と出会いである。しかし、インタビューに着手し、そこで得られたライフストーリーを分析していくうちに、私のこうした想定は性急すぎたことが次第に明らかになっていった。顔にあざのある女性たちが実際に語ってくれた問題経験と私の想定とは、どのように齟齬をきたしていたのか。その齟齬を認識することで、彼女たちの問題経験に対する私の視点はどのように変化していったのか。これらは第7章で詳しく検討されることになるが、ここでは研究のスタート時の問題関心について述べた。

第3節 本書の構成

次に、本書の見取り図を示す。第1章では、一九八〇年代以降におもに英米で蓄積されてきた、顔に疾患や外傷をもつ人々を対象とする心理学研究を概観する。これらの研究は、顔の疾患や外傷がもたらす多大な心理的・社会的困難について詳細に報告しているが、疾患や外傷をもつ人々によるそうした困難への対処法にはほとんど目を向けていない。また、顔の疾患や外傷がもたらす困難が個人の人生という過程のなかでどのように変化するのかを把握できないという点でも、検討の余地が残されている。これらの問題点を乗り越えるためには、E・ゴフマンによるスティグマをもつ人々による情報操作という視点と、行為者の「生きられた時間」が把捉可能なライフストーリー研究法が有効であることを述べる。

第2章では、本書が採用するライフストーリー研究法の特質と方法論的視座について検討する。ライフストーリー研究法は、個人の主観的な現実やこれまで主題化されてこなかった人々を研究対象とする際に有効性を発揮するものであり、まさしく本書の研究課題に適している。

第3章から第5章では、顔にあざのある三名の女性のライフストーリーにアプローチし、彼女たちの問題経験を検討する。とりわけ、問題経験とそれへの対処法がその人の人生という過程のなかどのように変化しているかという点に注目しながら、彼女たちのライフストーリーを再構成していく。

第6章では、三名のライフストーリーをふまえ、彼女たちに共通する問題経験を五つに整理し、それぞれについてより踏み込んで考察していく。第3章から第5章では、顔にあざのある女性たちが経験している問題を個別事例のコンテクストのなかでとらえることに重きを置くのに対し、第6章で試みるのは、個別事例のコンテクストからあえて離脱し、五つの問題の内実や背景に迫っていくことである。また、顔にあざのある女性たちによる対処法についてゴフマンやキツセらの先行研究との関連から考察したうえで、彼女たちの問題経験とそれへの対処法の時間的推移をとらえる。顔にあざのある女性たちは、自分が直面する問題に対して何らかの対処をとっており、その結果、当初の問題は解決するものの、それとは別様の問題を抱えることになっている。この新たに生じる問題は、先行研究の視野にはほとんど入れられてこなかったが、彼女たちにとってはより重大な問題として経験されていることを指摘する。

第3章から第6章までは、ライフストーリーのうち、おもに出来事が時間的に配列される語りに焦点化するのに対して、第7章で分析するのは、語り手とインタビュアーの関係をあらわすメタ・コミュニケーションである。調査に臨むにあたって私が抱いていたのは、インタビュー対象者が、顔にあざのある女性であるがゆえの美醜をめぐる問題経験について話してくれるのではないかという期待であった。しかし、いざインタビュー調査を開始してみると、彼女たちが実際に語ってくれたのは、「(美しくない顔以前の)普通でない顔」であるがゆえの問題経験なのであった。第7章では、あざのある顔をどのようにとらえるか、インタビュー対象者と私とのあいだの齟齬が端的にあらわれたインタビューの局面を分析しながら、私が当初の想定やそれにもとづく問いを修正していく過程を検討する。

終章では、第6章で整理したうち「社会的認知の不足」と「対面的相互行為の困難」に限定してではあるが、顔にあざのある女性たちの問題経験を少しでも軽減していくための方法について考察する。社会的認知の不足という問題をめぐっては、顔の疾患や外傷という問題と機能制約という問題とを異なるものとしてとらえていく方向性を主張する。対面的相互行為の困難をめぐっては、ゴフマンによる「敬意」や「儀礼的無関心」というアイディアを参照しながら、顔にあざのある女性たちと接する私たちの側に求められるものとして、ごく当たり前の相互行為を遂行するという方法を提示する。

顔に疾患や外傷をもつ人々を対象とした先行研究とライフストーリー研究の方法論には関心が

ないという方には、第3章から読み進めてもらっていっこうに構わない。本書の最大の目的は、顔にあざのある女性たちの存在や苦しみを可視化させ、それを社会へと媒介させていくことである。そのためには、ライフストーリーの聞き手として、彼女たちの「ライフ」の一端にふれてもらうことが何よりの近道だと思う。

次章以降の記述においては、本文中で文献やトランスクリプトから引用する場合には「 」を、(10) 本書が強調したい言葉や表現には〈 〉を付す。

■注

(1) 顔に疾患や外傷をもつ人が日本にいったいどれぐらいいるのか、統計データはまったく存在しない。顔に疾患や外傷をもつ人々を支援しているイギリスの慈善団体「チェンジング・フェイス(Changing Faces)」が二〇〇七年に実施した調査によると、疾患や外傷が原因で顔に目立つ特徴をもつ人がイギリスに五四万二〇〇〇人いるという。これは、一一一人にひとりの割合である(Changing Faces)。日本の人口がイギリスのおよそ二倍であり、疾患の発生率に地域や人種による偏りがとくにはみられないことから、顔に疾患や外傷をもつ人々が日本には約一〇〇万人いると推測される。

(2) 顔には目、耳、口といった器官があり、言語的コミュニケーションの起点である。また、さまざまな表情をつくり出すことができるため、顔は非言語的コミュニケーションの重要な起点のひとつである(Synnott 1993=1997)。そのほか、顔の社会的機能に関するものとしては原嶋(1998)、顔の現象学的考察としては鷲田(1995→1998)、顔面に対して抱かれる感覚を考察したものとしては春日(1998)、顔の魅力の認知に関する社会心理学的考察としてはZebrowitz(1997=1999)がある。

（3）イギリスの心理学者であるR・ブルとN・ラムズィもまた、一九六〇年代にわずかにみられるようになるまで容貌の心理学的研究や社会心理学的な実験がおこなわれなかった理由について、次のように述べている。「その理由を、心理学者たちは、容貌の役割の研究を避けることで、『人がどう判断されるかにはルックスが重要だ』という不愉快な見解を科学的に証明するはめになるのを回避したのではないか、と考える者も多い」（Bull & Rumsey 1988=1995: 30）。

（4）毛細血管の増殖・拡張のためにできる赤色のあざ。はじめはピンク色や赤色であるが、加齢につれて暗赤色になり、部分的に隆起することもある（草壁 2007）。

（5）顔面の片側の上下眼瞼、頬骨部、前頭部など、三叉神経の第一、二枝領域に生じる淡青色のあざ。生後まもなく発症するものと、思春期に発症するものとがある（大村・栗原 2006）。

（6）生まれつき上口唇（上くちびる）が裂けている状態を「口唇裂」、口蓋（上あご）が裂けている状態を「口蓋裂」という。上口唇と口蓋の両方が裂けている状態を「口唇・口蓋裂」という。四～五〇〇人に一人の割合で発生すると言われており、顔の先天性疾患のなかでは発生頻度がもっとも高いもののひとつである（鳥飼・佐武 2006）。

（7）頭髪や体毛が抜ける後天性の皮膚疾患。ストレス性であるとされることが多いが、原因は特定されていない（植木 2006）。頭髪の一、二箇所が円形に抜ける「単発型」だけでなく、それが複数できる「多発型」、頭髪全体が抜ける「全頭型」、頭髪だけでなく、まゆ毛やまつ毛、さらに体毛までが抜け落ちる「汎発性」など、さまざまなタイプがある。

（8）常染色体劣性の遺伝性疾患であり、全身のメラニン色素をつくることができないか、わずかしかつくることができない。そのため、皮膚は白く、目の色は青や灰色、頭髪や体毛は白、金、薄い茶色など、外見に著しい特徴がみられる。遺伝タイプによってさまざまではあるが、多くの場合、視力障害をともなう（矢吹 2008）。

（9）フェミニズムについてのこうした現状認識は、たとえば以下の論者にもみられる。伏見憲明が編者を務める『クィア・ジャパン』の「魅惑のブス」という特集のなかでは、「フェミニズムは『ブス』を救えるか」という挑発的な問いかけがなされている。この問いかけの裏には、「男社会の女性差別をあぶり出すという切り口以外に、フェミニズムで『美醜』をめぐる問題が深められてきたような印象はない。それでいいのかフェミニスト、という疑問がある」（伏見編 2000: 115）という。また、マンガ家の藤野美奈子と哲学者の西研による対談本『不美人論』においては、以下のようなやり取りがなされている。「結局、フェミニズムは、美醜の問題をきちんと考えてないから、なぜ女性が『かわいい』と言われたいのかという問題にも答えられないし、ブスの苦しみをきちんと理解することもできないんですよね』。「ぼくたちは、美醜の秩序のなかで苦しんだり悩んだりして生きているわけで、それから切り離して自分がいるわけではないでしょ。『じゃあどうやってそのなかを生きていけばよいのか』という問題は、考えられなければいけない」（藤野・西 2004: 60-61）。フェミニズムに対するこれらの問題提起は、どのような立ち位置からなされているかが問われるべきではあるが、真摯に受けとめるべき内容が含まれていると私は思う。

一方、英米では個人の意味世界に焦点をあてた研究も蓄積されている。たとえば、美容整形の経験者へのインタビュー調査（Davis 1995, 2003, Gimlin 2000, 2002）、ティーンエイジャーに蔓延するやせ願望や身体嫌悪についての研究（Hesse-Biber 1997=2005, Frost 2001）などがある。

（10）トランスクリプトからある程度まとめて抜粋する場合の表記記号は以下のとおり。＊は、調査者の発話であることを示している。また、二重斜線（//）とブラケット（[ ]）はそれぞれ、話されているところに発話が重複した場合と筆者による内容の補足であることを示している。

第１章

異形がもたらす心理的・社会的困難

先行研究の検討

本書がめざしているのは、ライフストーリー研究法に依拠して顔にあざのある女性たちの問題経験を把握し、それを社会的に可視的なものにしていくことである。こうした課題に取り組んでいくにあたり、顔に疾患や外傷をもつ人々の心理や社会生活に注目してきた先行研究においてどのような議論が積み上げられてきたのか、確認しておきたい。そこで第1章では、おもに心理学の領域における先行研究の成果を概観したうえで、残された課題とそれを乗り越えるための有効な視点について検討していく。

第1節　異形《いけい》とは何か

疾患や外傷によって特徴のある顔をもつ人々は、日本ではごく最近まで、英米でも一九七〇年代まではほとんど研究対象とされてこなかった。日本に比較すれば早い時期に研究が着手された英米でも、形成外科手術による外見の改善といった医学的アプローチ以外は軽視されてきた経緯がある。しかし、一九八〇年代以降は、疾患や外傷による顔の特徴が深刻な心理的問題をもたらし、社会的相互行為にも多大な影響を及ぼしていることが広く認識されはじめ、おもに心理学的視点による研究が蓄積されてきた。

こうした研究において、疾患や外傷による顔の特徴はさまざまな用語で表現されている。たとえば、イギリスの心理学者であるR・ブルとN・ラムズィは、その著書"The Social Psychology of Facial Appearance"（邦訳『人間にとって顔とは何か——心理学からみた容貌の影響』）において、facial disfigurementやvisible handicapなどの表現を採用している（Bull & Rumsey 1988=1995）。訳書では、それぞれ「損なわれた容貌」、「目に見える形のハンディキャップ」という訳語があてられている。また、これまでの心理学研究をレビューしたラムズィとD・ハーコートが使用しているのは、facial disfigurementやvisible differenceなどの語である（Rumsey & Harcourt 2005）。心理学者で自身も顔に疾患をもっている松本学は、従来の用語を三つに分類[1]したうえで、中立性ややわかりやすさを考慮し、「疾患固有の容貌」という用語を提唱している（松本 1999）。

しかし、本書の立場からすると、この用語にも問題がないわけではない。それは第一に、顔にあざのある女性たちの問題経験が生物医学的な視点に還元されるという危険性があるためだ。医療人類学者のA・クラインマンは、「病い illness」と「疾患 disease」という言葉を対比的に用いている（Kleinman 1988=1996）。「疾患」が治療者から見た視点であり、病気を生物学的な構造や機能の変化ととらえる言葉であるのに対し、「病い」は病者やその家族から見た視点であり、「患うこと suffering」の個人的な経験をあらわす言葉である。つまり、「病者やその家族メンバーや、あるいはより広い社会的ネットワークの人びとが、どのように症状や能力低下（disability）を認識し、それとともに生活し、それらに反応するのかということを示すもの」（ibid: 4）なのである。

クラインマンによるこの区別にしたがえば、顔にあざがあることを「疾患」とみなすのは、それを生物医学の問題として定義することを意味する。このとき、顔にあざがあることはたんなる血管の異常に還元され、その個人的な経験は無視されてしまう。よって、顔にあざのある女性たちの問題経験を把握しようとする本書において、「疾患」という語を採用するのは適切ではない。(2)

第二に、顔にあざのある女性のうち、あざを「疾患」や生物医学モデルでいう「病気」とはとらえていない人が少なくないためである。たとえば、単純性血管腫という赤いあざをもつある女性は、次のように語っている。以下は、彼女が顔のあざを「病気」と表現したのを受けて、私が質問をしているくだりである。

＊：あの、△△さんがご自分のあざのことを、先ほど「病気」っていうふうにおっしゃってたと思うんですけど、あの、ご自分では病気だっていうふうに認識してらっしゃる？

△△：あのね、私ね、手術するまで、正式な病名、知らなかったんですよ。あざっていうのは病気じゃないって、ずっと思ってたんですよ。でね、一七歳のときにはじめて病院に行って、あの、「あなたの病名は血管腫ですね」って［皮膚科の医師に］言われて、ああ、病名あったんやなぁと思って。なんか、「病気」っていう言葉にすごい、なんか、びっくりして。あざっていうのは、あの、たとえばこ［＝腕］打ったりしても、あざが出てきますよね。だから、その、病気じゃないと思ってたんですよ。

医師の診断を聞くまでは顔のあざを「病気」とは認識していなかった彼女は、単純性血管腫という疾患名を知った現在でも、「病気」という言葉に対して特別な意味づけはしていないという。彼女にとってそれは、自分の顔のことを他者に説明する際の「便宜的な言葉」にすぎない。私たちの社会では、それほど親しくない他者に病気についてあれこれたずねることは非常識だと考えられている。よって彼女は、初対面の人から「その顔、どうしたの？」と質問をされたとき、それ以上の詮索を避けるために「血管腫っていう病気です」と説明しているのである。

また、単純性血管腫をもつ石井政之は、自身の微妙な立場を次のように表現している。

［あざは］痛みもかゆみもない。これ、ほんとうに病気というの？ みたいな感覚。でも、皮膚科の教科書を見ると、皮膚病のなかに入っている。「皮膚病か、僕は？」って考える。でも、病気という感じじゃない。病気なのか、健康なのか、よくわからない。ややもやっとした感じ。健康と病気の間のもやもや感もあるし、障害者と健常者の間のもやもや感もある（中村・石井 2004: 209）。

あざを「疾患」や「病気」と規定すると、石井が述べているような自分という存在の位置づけがたさは見落とされてしまう。本書で取り上げる顔にあざのある女性たちのなかにも、「障害者ではないが（日常生活で実際に経験しているさまざまな困難を考えれば）まったくの健常者と言い切ることもできない」「あざは病気であって病気でないような」というように、自分の立場をひじょうにあいまいなものとしてとらえている人がおり、このことは自己の問題経験を表明していく際の語り方とも密接に結びついている。こうした問題を的確に把握するためにも、あざを疾患と規定してしまわないことは重要である。

石井は、顔にあざや傷のある人々を「障害者でもなく健常者でもない存在」という意味で「異形《いけい》の人」とよんでいる（石井 2000: 402）。顔にあざや傷のある人々は、機能的には問題がないため障害者ではないが、一瞥しただけでわかる外見の特徴ゆえに特殊な社会的状況に置かれるため、健常者とも区別されるというわけである。この「異形」という語は、それが外見上の姿形の異なりであることを端的に示しており、顔にあざがあることを疾患としてではなく、外見や可視性の問題として考察する際に適した用語である。よって本書では、疾患や外傷による特徴のある顔を「異形」と、それらをもつ人（々）を「異形の人（々）」とよぶことにする。以下の記述においては括弧を付さないが、「異形と見られてしまう顔」という意味で用いていることは強調しておきたい。

異形とそうでないものとの境界を定めるのは容易ではない。なぜなら、何を異形とみなすかは、過去の経験や保持している価値観、文化的・社会的環境に大きく左右され、人によって異なるためである（Rumsey & Harcourt 2005）。そこで何人かの研究者が採用しているのが、「『異形 disfigurement』とは、他者から可視的で、文化的に定められた標準との違い」（Rumsey &

Harcourt 2005: 88）という定義である。ラムズィらが「他者から可視的であること」を定義に含めるのは、第一に、醜形恐怖症のような本人による想像上の症状を除外するためである。第二に、そうした「違い」が社会的相互行為に影響を与える可能性があるのは、状態としての「違い」そのもののせいではなく、それが人の目に見えることによる結果だからである。本書もまた、可視性とその社会的帰結を重視する立場から、この定義を採用する。

以上のように定義される異形には、単純性血管腫や太田母斑のほか、口唇・口蓋裂、円形脱毛症、熱傷、アルビノなどのさまざまな種類が含まれる。これらは、先天性（単純性血管腫や口唇・口蓋裂など）と後天性（熱傷や交通事故による外傷など）に大別することができる。

第2節　異形の人々が抱える心理的・社会的困難

1　欧米の研究

第二次世界大戦後、戦争で顔を負傷した人に対する治療の必要性から、アメリカの形成外科の技術は目覚ましい発展を遂げるが、患者の心理的・社会的困難についての研究は立ち遅れたままであった。患者の多くが対人関係や社会的な出会いをめぐる問題を抱えていることに気がつきはじめたアメリカの形成外科医たちは、形成外科手術が患者に与えうる効果を見定める必要性を認識するようになった。こうしたなか、異形の人々の心理的・社会的困難をアメリカでいち早く研究した草分け的存在は、医療社会学者のF・C・マグレガーである。マグレガーは、一九四六年から四八年にかけて、異形が引き起こす心理的・社会的影響と形成外科手術の効果を検討するために、約四〇名の患者を対象に予備的調査を実施した（Macgregor 1974, 1979）。マグレガーによるこの調査は、形成外科医、精神科医、臨床心理学者などから構成された学際的な研究チームによる一九四九年から五二年にかけてのパネル調査の端緒となった。この研究チームは、異形を心理学的・社会学的・文化的観点からとらえ、異形とパーソナリティの構造や発達との関係、対人関係や社会的適応に及ぼす異形の影響、そしてこうした適応に形成外科手術が与える効果を検討する目的で、形成外科患者へのインタビュー調査を実施した（Macgregor et al. 1953=1960）。マグレガーによると、疾患や外傷をもった年齢や期間、生育環境やパーソナリティによって多様性がみられるものの、異形の人々は多くの共通した問題を抱えていたという。それらは、「見つめられたり、とやかくいわれたり、他人からの質問」といった他者からの否定的反応であり、「職業を得ること、友達を作ること、結婚の機会、差別待遇に関するもの」であった（ibid: 77）。

一九六〇年代のアメリカとイギリスにおいて、ごく限られた研究者たちではあるが、異形がもたらす心理的影響に関心を向けはじめた（Rumsey & Harcourt 2005）。アメリカでは、一九七〇年代後半から九〇年代にかけて、臨床心理学者たちがとくに口唇・口蓋裂の子どもの適応についての研究成果をあげ、心理的ケアの必要性を提唱した。イギリスでは、一九八〇年代以降、異形の人々が直面している心理的・社会的困難に関する調査が数多く実施されるようになった。以下では、異形の人々を対象とする心理学研究が蓄積されはじめる一九八〇年代以降の先行業績を概観していこう。

従来の心理学研究は、研究対象とする異形の種類や発達段階において多様であるが、異形の人々が抱える困難を強調している点では一致している（Clarke 1999, Rumsey & Harcourt 2005）。つまり、ある発達段階（幼少期、思春期、成人期など）において異形の人々が直面する心理的・社会的問題に注目するという共通点を持っているのである。これまで指摘されてきた心理的・社会的問題は、不安や抑うつなどの否定的感情の経験、自己認知や自己評価への悪影響、他者との出会いにまつわる困難の三つに分類することができる。

否定的感情の経験

幼少期の否定的感情の経験については、異形の人々自身ではなく、その親を対象とする研究がほとんどである。たとえばエンドリガらは、子どもの口唇・口蓋裂が判明する出生前診断や子どもの誕生のあと、両親が経験するストレスや混乱について指摘している（Endriga & Kapp-Simon 1999）。

成人期の否定的感情の経験については、六五〇名の異形の人々を対象としたラムズィらの研究が詳しい（Rumsey et al. 2004）。精神疾患を判定するための尺度を用いて調査したところ、対象者の約半数に不安の症状が、約三割に抑うつの症状が確認できたという。マグレガーによると、従来の心理学は注目してこなかったものの、異形の人々における際立った否定的感情は「羞恥」であり、この感情は彼らが経験している社会的相互行為の困難とも密接に結びついている（Macgregor 1990）。自分の顔は異形であるという羞恥はひじょうに耐えがたく、うつむいて顔を隠したり、視線を避けようとしたりする。「この感情こそが、異形の人々とそうでない人々との相互行為過程を特徴づけ、そして妨害する顕著な役割をはたしているのである」（Macgregor 1990: 253）。

自己認知や自己評価への悪影響

幼少期の自己認知や自己評価への悪影響については、初期の研究がそれを強調するものであったのに対して、近年では異形の子どもとそうでない子どもに別段違いはないという研究結果も出されている（Rumsey & Harcourt 2005）。ただし、自分の外見に対する不満と自尊感情の低さとの相関関係を指摘し、異形のせいで子どもが肯定的な自己認知や自尊感情を持てなくなる可能性を示唆している研究もある（Pope & Ward 1997）。また、とりわけ思春期において、異形は自己認知や自尊感情に関連する問題を引き起こしたり悪化させたりすると考えられている。たとえばケレットは、深刻なニキビが思春期の自己イメージや集団への適応に困難をもたらし、心理的・身体的・性的な発達に重大な影響を及ぼす可能性があると主張している（Kellett 2002）。

成人期における自己認知や自尊感情への悪影響についても、多くの研究が指摘している。たとえば、五八名の脱毛症の女性に半構造化インタビューを実施したドンクらによると、対象者の約七割に自信のなさや劣等感などの自尊感情への悪影響がみられたという（Van der Donk et al. 1994）。

他者との出会いにまつわる困難

他者との出会いにまつわる幼少期の困難については、仲間から拒絶される機会を減らすために、異形の子どもが社会関係から撤退してしまうことが指摘されている（Endriga & Kapp-Simon 1999）。ブルらによれば、口唇・口蓋裂の子どもはそうでない子どもと比較するとひとり遊びが多く、いじめられたり遊びの集団に加われないこともしばしばあるという（Bull & Rumsey 1988=1995）。思春期における他者との出会いにまつわる困難については、ガン治療のために髪の毛を失った若者へのウォーレスによるインタビュー調査が興味深い。外見が劇的に変化してしまったことを気にかけるあまり、彼らは外出や友達とのつき合いなどの社会的活動を制限してしまうという（Wallace 2004→Rumsey & Harcourt 2005）。また、学校での昼休み中の相互行為について口唇・口蓋裂の生徒とそうでない生徒を比較したところ、前者は後者よりも、たとえば会話をするといった他者にアプローチをする機会も他者からアプローチされる機会も少ないという

（Kapp-Simon & McGuire 1997）。

他者との出会いにまつわる困難は、異形の人々が成人期に直面する重大な問題として研究成果が蓄積されている。異形の人々は、その日常において、見知らぬ人々による否定的反応を受けている。それは、じろじろ見られる、ぎょっとされる、指を差される、無遠慮に感想を言われる、異形の原因や状態について立ち入った質問をされる、憐れみや嫌悪の感情を向けられる、嘲笑されるなどさまざまである（Macgregor 1978, 1979, 1990, Bull & Rumsey 1988=1995, Robinson 1997, Kish & Lansdown 2000, Rumsey 2002a, Rumsey & Harcourt 2004, 2005）。このような否定的反応のために、異形の人々は「一般人の気楽さ（集団のなかの匿名性）」（Bull & Rumsey 1988=1995: 253）を失うことになる。マグレガーの表現を借りるなら、異形の人々は「視覚と言葉の暴力」（Macgregor 1990: 250）にさらされているのである。私たちの日常においてごく当たり前の「人混みにまぎれる」という経験は、異形の人々からみればまさに特権といえる。

異形の人々は、私的領域に侵入されてしまうというこうした困難だけでなく、他者に回避され拒否されてしまうという逆のベクトルの困難も経験している。たとえば、人通りの多い通りで四五〇人の通行人を対象としたラムズィらの実験は、被験者は異形の人々から離れて立ったり、異形のない側（顔の右側にあざがある場合は左側）に立ったりする傾向があることを示している（Rumsey et al. 1982, Bull 1985）。また、異形の人々が街中で何かを頼もうとするとき、通行人の多くは歩調を早めたり、視線をそらしたり、無視したりして避けようとするという（Rumsey

& Bull 1986, Bull & Rumsey 1988=1995)。こうした回避や拒否は非言語的行為であるが、それは言語的コミュニケーションとは違って抑制することが難しく、ほとんど自動的に伝わってしまうのである。

交通事故による熱傷のサバイバーであるJ・パートリッジは、人が異形を目にしたときに示す反応として「凝視」「好奇心」「不安」「後ずさり」「当惑」「恐怖」をあげ、それぞれの頭文字をとって「脅かされ症候群(SCARED syndrome)」(Partridge 1990=2002: 100)とよんでいる(表1)。異形の人々は、他者のこうした否定的反応を予測して、次第に他者との出会いを避けるようになってしまう。

異形の人々が経験している対面的相互行為における困難を、異形の人々とそうでない人々が居合わせる際の「緊張」という観点から分析しているのがマグレガーである(Macgregor 1979, 1990)。マグレガーによれば、異形の人々は凝視や無遠慮な質問などの否定的反応を受けるために、他者との対面的相互行為に緊張や疲労を感じてしまうが、これは異形の人々の側だけではない。異形の人々とそうでない人々が対面するとき、通常の社会的出会いと比較して、相互行為のルールが明確ではない。つまり、異形の人々と接する側は自分が何を言うべき

表1 脅かされ症候群(SCARED syndrome)

凝視(Staring)	じろじろ見る
好奇心(Curiosity)	「その顔どうしたの?」という直接的な質問をする
不安(Anguish)	不安を感じ、その感情をあらわにする
後ずさり(Recoil)	後ずさりする、目をそらす
当惑(Embarrassment)	居心地が悪い、どうしたらいいかわからない
恐怖(Dread)	警戒する、恐怖を感じる

(Partridge 1990=2002: 135-152 を参照して作成)

で何を言うべきでないのか、何をするべきでないのか、確信が持てないのである。そのため、異形の人々と接する側の人々もまた、緊張や居心地の悪さを覚えることになる。

異形の人々はさらに、見知らぬ人との出会いだけでなく、他者とのより長期的な関係にも問題を抱えている。皮膚科医のラニガンらが調査した単純性血管腫をもつ女性の約一割が、パートナーにもカムフラージュメイク[3]を落とした素顔をけっして見せないという（Lanigan & Cotterill 1989）。また、白斑をもつ人々の性的関係を調査したポーターらによると、調査対象者の約半数がパートナーとの性的接触が減少しており、その原因はパートナーの反応というよりも、むしろ自分自身の不安や苦痛であると感じているという（Porter et al. 1990）。

イギリスでは、異形の人々がこうした問題に対処するための戦略が専門家サービスとして提供されている（Rumsey & Harcourt 2005）。代表的なサービスとしては、社会的相互行為スキル（社会的スキル）トレーニングと認知行動療法がある。社会的スキルトレーニングは、他者との出会いにおける不安を低下させ、異形が社会的相互行為に与える負の影響を克服するために有効だと考えられている（Rumsey et al. 1986, Thompson & Kent 2001）。異形の人々のための慈善団体「チェンジング・フェイス（Changing Faces）」[4]が社会的スキルのワークショップを導入したところ、不安が軽減されたり社会的な出会いを回避する傾向が改善されたりするなどの効果がみられ、参加者のおよそ九割がワークショップの有効性を認めたという（Robinson et al. 1996）。認知行動療法は、異形の人々に限らず、摂食障害などの外見に関係する問題を抱えている人の身体イメージを変化させるための心理学的介入である（Newell 2000, Thompson & Kent 2001, Rumsey 2002b）。白斑の患者に認知行動療法プログラムを実施したところ、自己イメージや自尊感情に改善がみられ、それは五ヶ月後にも持続していたという報告もなされている（Papadopoulos et al. 1999）。

2　日本の研究

日本では、異形の人々の心理的・社会的困難に関する専門的研究はようやく着手されたばかりである。こうしたなか、先駆的業績としてあげることができるのが、心理学研究者の松本学と看護学研究者の近藤佳代子らの研究である。松本は、異形がもたらす心理的問題として「対人関係の悩み」と「自尊感情の低下」を指摘している（松本 2005）。異形の人々にとって、顔を凝視されること、その視線のなかに相手の驚きや嫌悪を感じ取るのは日常茶飯事である。そうした経験を重ねるうちに、異形の人々は対人関係全般が苦手になる可能性が高いという。松本によれば、このような対人関係の困難が顕著にあらわれるのが、顔の印象が多大な影響を及ぼしていると考えられる初対面の人間関係、就職の面接、恋愛や結婚など異性とのつき合いである。また、異形の人々は他人にじろじろ見られたり避けられたりするために、「多かれ少なかれ、なんらかのかたちで自信を喪失すると考えることは難しくはない」（ibid: 96）という。対人関係の悩みと自尊感情の低下は、対人関係をうまく築けないことが自信の低下につながっていくというように、密接に関わりあっている（松本 2004a）。

これらの心理的問題に加え、松本が強調している異形の人々の困難がある。それは、異形が「ほかの障害などと比較されやすい」（松本 2001: 103）という問題である。顔にあざや傷があっても機能制約はない場合が多いため、身体障害など機能制約を抱えている人々と比較されて「大した問題ではない」と言われてしまうのである。(5) 異形の人々は「『障害者』と『健常者』のはざまにある」（松本 2000: 408）という言葉は、特徴のある顔ゆえに健常者から区別されると同時に、機能制約を持たないがゆえに障害者からも区別されるといったジレンマを見事に表現している。

近藤らの質問紙調査は、見知らぬ人からの意に反する注目など、異形の人々が経験している自分の「異常性」が際立つ出来事が彼らの心理的健康に与える影響を分析しようとしたものである（Kondo & Yamazaki 2005）。近藤らによると、見ず知らずの人と居合わせる場所でのこうした出来事と心理的健康には明確な関連がみられなかったが、調査対象者にとって身近な人物が関係した出来事は、彼らの心理的健康に負の影響を及ぼしている。たとえば、医師の不適切な態度や、家族や友人との対立や不和がこれにあてはまるという。

3　批判的検討

心理学の先行研究は、異形の人々が過酷な心理的・社会的困難に直面していることを明らかにし、顔の異形を主題とする学術研究の意義と重要性を提示した点で、大きな功績を残している。しかし、本書の問題意識からすると、以下のような問題点を指摘することができる。

第一の問題点は、クラインマンが慢性の病いを理解するうえでの中心的要素として指摘した病いの「個人的経験にもとづくタイプの意味」（Kleinman 1988=1996: 39）が見落とされていることである。クラインマンの事例をもとに考えてみよう。糖尿病のために下肢を切断したある白人女性は、生物医学的観点からすると合併症を併発しており、精神医学的観点からすると深い悲嘆と抑うつ状態にあった。しかし、個人主義や勤勉さを重視するカルヴァン主義という彼女が持つ文化的背景を考慮すると、糖尿病を患うことはそれらにとどまらず、自分が無力で無価値な存在になってしまうこと、すなわち家庭や地域社会でこれまで着実に築き上げてきた関係や立場を喪失することを意味していたのである。この事例が示唆するように、病いの経験にアプローチするには、病者の個人的経験にもとづく意味を的確に理解する必要がある。ところが、心理学の先行研究は、異形の人々が直面する困難として好ましくない心理状態を指摘しているものの、それらが彼らの個人的経験にもとづいて具体的にどのような意味を持っているのか、まったく注目していない。

第二に、人生という過程における調査対象者の変化に対応できないという難点もある。たとえば、幼少期に劣等感を抱えていた人が、成人期になっても同じような状態にあるとは限らない。あるいは、幼少期には何でもなかった事柄が、思春期を迎えると困難に感じられることもあるだろう。時間が経過するにつれ、異形がもたらす問題はどのように変化するのか。変化の契機は何か。心理学の研究は、これらの問いに答えることができない。

これらの問題点はいずれも、多くの研究が採用している質問紙調査という方法に関係している。質問紙調査は、個別事例から一般化をめざす必然的な結果として、各事例が持ちあわせている個別性を捨象してしまうのである。クラインマンは、患うという個人の世界について理解するには、質問紙調査や構造化インタビューをおこなうだけでは不十分であると主張している。「身体の痛みや精神医学的症状という単純な響きをもつものの背後に、病いを生きることの心の痛手、失望、精神的《モーラル》な痛み（そしてまた克服）という錯綜した内なる言語が存在することを理解する」ためには、エスノグラフィや伝記などの「病いの語り」を聞く必要がある（Kleinman 1988=1996: 35）。

第三に、異形の人々が直面する心理的・社会的困難を強調するあまり、それらに対する彼らの対処法がほとんど検討されていないという問題がある。異形が深刻な心理的・社会的困難を帰結するとはいえ、当事者たちの体験記からわかるように、多くの人々が何らかの形でそれらに対処している（Severo 1985=1992, Partridge 1990=2002, Grealy 1994=1998, 石井 1999, 石井ほか編 2001, 藤井編 2001, 熱傷フェニックスの会編 2001, ひどりがもの会・阿部編 2001, 高橋撮影・茅島構成 2002, Lee 2003=2004, 円形脱毛症を考える会編 2005, Lamont 2008）。にもかかわらず、異形の人々が抱える問題ばかりを強調するのは、彼らを無力な存在とみなすことになってしまう。また、当事者たちの体験記からは、心理的・社会的困難に対処することで、その困難が解消したり、反対に新たな困難が生じてしまったりしている様子がうかがえる。つまり、心理的・社会的困難への対処法は、人生という過程における調査対象者の変化を把握するうえでも注目すべき点なのである。

異形の人々の困難のみに研究対象を限定してきたという反省から、彼らの対処法という「前向きな経験」（Rumsey & Harcourt 2005: 119）に関心を向けはじめている研究者たちもいるが、まとまった成果を導くには至っていないのが現状である。その理由は、これらの研究が、異形の人々による対処を心理的・社会的困難への「適応 adjustment」やそこからの「回復力 resilience」[6]としてきわめて狭くとらえたうえで、「適応」や「回復力」を促進したり阻害したりする要因に注目していることによる[7]（Browne et al. 1985, Brown et al. 1988, Rumsey 1998, 2002a, Rumsey et al. 2004, Moss 2005）。すなわち、異形の人々を心理的・社会的困難に適応しているか否かという二分法でとらえ、それを左右する要因の特定に終始しているのである。そのため、異形の人々が心理的・社会的困難にどのように対処しているのかという具体的なあり方は、ほとんど明らかにされていない。

そもそも心理的・社会的困難への「適応」やそこからの「回復力」――先行研究に照らせば、否定的感情を緩和したり解消したりすること、自己評価や自尊感情を高めたり維持したりすること、異形が社会的相互行為に与える負の影響を克服すること――だけがはたして困難への対処なのだろうか。他者からの凝視や質問、回避や拒否が繰り返されるうちに、異形の人々は他者との出会いを避け、社会と接点を持たなくなってしまうことが指摘されている（Rumsey & Bull 1986, Bull & Rumsey 1988=1995, Rumsey & Harcourt 2005）。異形の人々への心理学的介入のあり方を検討する研究においては、社会的スキルを習得することが「積極的な対処戦略」として奨励される反面、他者との出会いの回避や社会関係からの撤退は「消極的な対処戦略」として問題視されてきた（Clarke 1999）。というのは、他者から否定的反応を受けるリスクを減らすなど、他者との出会いの回避や社会関係からの撤退は一時的には有効であるが、異形の人々が他者と関係を取り結び、社会的活動に従事する機会を奪ってしまうという点で、長期的に見れば大きな問題をはらんでいるためである（Kent 2000, Kondo & Yamazaki 2005）。しかし、ラムズィらが指摘するように、心理学的介入というアプローチに求められるのは、回避や撤退を「適応不全」として分類することではなく、ひとりの人が持つ対処法のレパートリーを増やすことである（Rumsey & Harcourt 2004）。なぜなら、そうすることで、異形の人々が社会的相互行為において遭遇する多様でしばしば予測のできない困難に対応できるだけの柔軟性を身につけられるためである。「適応」や「回復力」だけを積極的な対処戦略と位置づけ、そのほかの方法を適応不全として退けることは、異形の人々が多様な対処法を獲得するのを妨げることにつながりかねない。「適応」や「回復力」はあくまでも対処法のひとつでしかないことに注意が必要である。

異形の人々による対処法に焦点をあてた研究としては、以下のものがある。トンプソンとケントは、社会的な出会いを回避する、異形を隠蔽する、社会的な出会いにおいて主導権を握る、下方比較することで肯定的な自尊感情を確保するなどの方法を指摘している（Thompson & Kent 2001）。ただし、トンプソンらの議論は、他者の煩わしい反応を管理するために社会的スキルを習得するという特定の方法だけを「前向きな戦略」と評価している点で、本書の立場からすると検討の余地がある。

マグレガーは、異形の人々による他者との出会いにまつわる困難への対処法を「隠遁または回避」、「明白な攻撃」、「過度な愛嬌、親しさの表現、滑稽な話し方、あるいは他人をギョッとさせることによって、彼等と他人との間の緊張と社会的距離を少なくしようと試みる」ことの三つに分類している（Macgregor et al. 1953=1960: 81-82）。マグレガーが例示している具体的な対処の方法をみてみよう。「隠遁または回避」としては、地下鉄やバスなどの混雑した場所では隅っこに座って窓の外を眺めること、変装として眼鏡をかけたり帽子をかぶったりすること、見ず知らずの人に質問されても無視することなどがある。「明白な攻撃」としては、視線を向けてくる人をにらみ返したり「見たければよくご覧なさい」と挑発したりすることや、相手の欠点を逆に指摘することなどがある。他者との社会的距離を縮めようとする試みとしては、相手の注意を異形からそらすためにひっきりなしに話し続けること、相手にもそうあってほしいと期待しながら、異形について冗談を言ってそれを重要視していないように装うこと、相手が異形に慣れるだけの時間を与えるために初対面のときにはあまり近くに寄らないようにすることがあげられている。これらは種類が違うものの、「屈辱、羞恥あるいは不安の感じを防ぎ、［自分自身または相手に］より安心感をもたせる」（Macgregor et al. 1953=1960: 81,［ ］内は引用者による）という機能は共通している。ただし、マグレガーもトンプソンらと同様に、他者との社会的距離を縮めようとする試みを積極的なものとして評価する一方、「隠遁または回避」と「明白な攻撃」を異形の人々と他者との社会的距離を増幅させるという理由で問題視している。しかし、のちにマグレガー自身が主張しているように、「それぞれの状況によって、彼らは［異形を］隠したり隠さなかったり、活動的だったり受動的だったり、敵意に満ちていたり受容力があったりする」（Macgregor 1990: 251.［ ］内は引用者による）のである。異形の人々による多様な対処法をとらえるためには、特定の方法のみを望ましいとするような恣意的な判断はいったん保留しなければならない。

加えて重要なのは、異形の人々による対処がはらむ陥穽を視野に入れていくことである。マグレガーによると、社会的な出会いに付随する脅威に立ち向かおうとすることで、異形の人々は多大な心理的負担を抱えることになる（Macgregor 1990）。自分がどう見えているかに気を取られ、他者の反応に注意を払いながら防御機制をはたらかせることで、人生のもっと別のところに注げたはずの時間と身体的エネルギーを消費してしまうのである。また、ケントが指摘するように、社会的な出会いの回避や異形の隠蔽は、一方では不安を軽減するが、他方では行動に制限を課すというように「トレードオフ」（Kent 2000: 126）を含んでいる。これらの主張をふまえると、ある困難への対処が何をもたらすのか、その結果にも目を向ける必要がある。

第3節　ゴフマンのスティグマ論

1　情報操作という視点

異形の人々が対面的相互行為において経験している困難を説明するにあたり、多くの研究者が社会学者であるE・ゴフマンのスティグマ概念に言及している（Macgregor 1990, Bradbury 1996, Hughes 1998, Rumsey & Harcourt 2005, Kondo & Yamazaki 2005）。ゴフマン自身、『スティグマの社会学――烙印を押されたアイデンティティ』の冒頭で「鼻がない娘」による絶望に満ちた手紙を引用し、「兎唇」や「顔に醜いきずのある人」を考察の素材としている（Goffman 1963b=1970）。そうしたこともあり、スティグマという概念が異形の人々の心理的・社会的困難を説明するうえで注目を集めたと考えられる。しかし、前節で取りあげたマグレガーによる先駆的な研究を除けば、従来の心理学研究はゴフマンが提示した視点を正確に継承しているとは言えない。というのは、スティグマを個人の本質的な属性とみなし、スティグマとは「属性ではなくて関係を表現する言葉なのだ」（Goffman 1963b=1970: 12）というゴフマンの基本的視点をなおざりにしているためである。その結果、人々が異形に否定的反応を向けるのはそれが望ましくない属性であるからだといった説明に終始してしまっている。しかし、ゴフマンによれば、ある属性は文脈によって信頼を失わせるものにも信頼を得るものにもなりうるため、目を向けるべきはスティグマ的属性そのものではなく、それがスティグマとして生起する関係なのである。スティグマを相互行為現象としてとらえるゴフマンの視点は、もっぱら心理学的着想で研究されてきた異形の人々が抱える困難というテーマを社会学的主題に転換する際の重要な基盤となるだろう。

前節では、先行研究に残された問題点として、異形の人々による対処法が検討されていないことを指摘した。ここまでの整理をふまえると、この問題点もまた、スティグマを属性ではなく関係ととらえるゴフマンの基本的視点の等閑視に由来していることがわかる。つまり、従来の心理学研究は、特異な属性に向けられる人々の否定的反応やそれが帰結する心理的ダメージを明らかにすることはできても、他者との関係における異形の人々のスティグマ管理に照準することはできなかったのである。しかし、ゴフマンの議論が画期的であったのは、具体的な相互行為場面に定位し、「まだ暴露されていないが［暴露されれば］信頼を失うことになる自己についての情報の操作」(Goffman 1963b=1970: 75)、すなわちパッシングをはじめとするスティグマ者のさまざまな対処戦略を記述した点にあったことは言うまでもない。

石川准は、こうした情報操作以外にも「名誉挽回」「解放」「価値の奪い取り」といったスティグマ者による対処戦略を提示している(石川 1992: 27-33)。このうち、本書にとって有効なのは前二者である。「名誉挽回」とは、能力や資格を獲得したり社会的威信の高い集団に帰属したりすることで、「無価値な自分を返上しようとする」(石川 1992: 28) 方法である。また「解放」とは、これまで否定的とされてきたアイデンティティの価値を肯定的なそれへと反転させることで自己の価値を取り戻そうとする方法である。

2　批判的検討

ゴフマンのスティグマ論は、心理学の先行研究に残された課題に取り組むにあたって示唆的ではあるが、なお検討の余地がある。第一の問題は、ゴフマンのスティグマ者観に根ざしている。J・I・キッセによれば、ゴフマンの議論はスティグマを貼る人と貼られる人が道徳秩序を共有し、信頼を失う可能性を重視する点で一致しているかのように仮定している（Kitsuse 1980）。たしかに、ゴフマンの描くスティグマ者は対面的相互行為における気づまりや当惑を周到に回避することで相互行為秩序を保持し、パッシング等のさまざまな情報操作を駆使してスティグマの不可視化に努める存在である。これをキッセは「過度に社会化された」（Kitsuse 1980: 5）逸脱者の概念であると批判している。こうした立場からキッセが注目するのは、スティグマ者の政治的抗議行動とそこでのカミングアウトである。

制度的に是認された排除によってこれまで文化的に定義され、カテゴリー化され、スティグマを付与され、道徳的に降格され、社会的に差別されてきた人々が、彼らの存在を公然と主張し、堂々と市民権を要求する際に、社会問題をつくり出すという政治に関与することを私は議論したい（Kitsuse

1980: 2-3)。

草柳千早による整理を参照すると、ゴフマンの描くスティグマ者は社会から付与されるアイデンティティの管理に腐心するが、キッセのそれは彼らを不利な立場に置くアイデンティティをみずから引き受け、共通のアイデンティティを持つ人々と連帯して社会変革を要求する（草柳2004）(8)。すなわち、ゴフマンとキッセの議論におけるスティグマ者は、自己の問題経験への対処法が異なるのである。前者がスティグマを不可視化することで対処するのに対して、後者はむしろスティグマをカミングアウトし、それに依拠してみずからを「逸脱」と定義する社会にクレイムを申し立てるわけである。ただし、草柳によれば、ゴフマンとキッセの議論のいずれも、現代の日本社会には必ずしもうまくあてはまらない。つまり、スティグマを隠蔽するか開示するか、社会に同調するか社会を改変するか、情報操作という孤立した戦略か抗議行動という政治的連帯かという単純な二分法では、現代日本のスティグマ者の状況を的確には理解できないのである。

ゴフマンの研究に残された第二の問題点は、〈時間〉という視点に関係している。ゴフマンが取り組んだ研究対象は、人が人と身体的に居合わせる対面的相互行為であり、そこに成立している相互行為秩序であった。そのため、ゴフマンの社会学には、個別の相互行為場面を超えた時間、言いかえるならば行為者の〈生きられた時間〉という観点が欠落しているのではないだろうか。一例をあげると、ある状況でパッシングを有効な対処法として行使していたスティグマ者が、別の状況では逆にそれが原因で苦しみを覚えることがありうる。また、かつては名誉挽回に腐心していたスティグマ者が、今度はむしろスティグマに依拠してクレイムを申し立てることもありうる。こうした変化は、個別の相互行為場面を超えた時間軸を導入しなければ、けっして理解することのできない過程である。

第4節　本書の視点と方法

この章ではまず、異形の人々が直面する心理的・社会的困難についての心理学領域の先行研究を批判的に検討した。その結果明らかになったのは、従来の心理学は焦点をあてていないものの、異形の人々の問題経験を把握しようとするとき、個人的経験にもとづく病い（＝異形であること）の意味と彼らによる心理的・社会的困難への対処法がきわめて重要なテーマだということである。次に、心理学の先行研究に残されたこれらの問題点のうち、後者を克服するための導きの糸としてはゴフマンのスティグマ論があることを確認した。ゴフマンの社会学は、異形の人々が他者との関係のなかで実行しているスティグマ管理を考察するうえで、大きな手がかりを与えてくれるものである。

しかし、ゴフマンの枠組みは、その場その場の相互行為場面を分析するには適しているが、異形の人々が抱える問題経験とそれへの対処法を個人の人生という過程のなかでとらえることはできない。そこで、行為者の〈生きられた時間〉を把握するための道具立てとして本書が採用するのが、ライフストーリー研究法である。というのは、ライフストーリー研究法は、個人が人生を歩むなかで、他者の反応に照らしながら自己の行為を絶え間なく再構成していく過程をみるのに適しているからである（Becker 1966=1998, Plummer 1983=1991）。ライフストーリー研究法はまた、心理学の先行研究に残されたひとつめの課題、つまり個人的経験にもとづく病いの意味をとらえ損ねているという問題点の解決策としても有効である。そこで次章では、ライフストーリー研究法の方法論的視座について考察していく。

■注

（1）第一に、facial anomalies や malformation などの医学用語であり、日本語では「奇形」「欠損」などと訳されるものである。松本は、医学用語は難解であるうえ、当事者を傷つける可能性があるため適切ではないと主張している。第二に、facial handicap など、それが障害であることを強調する用語がある。松本によれば、顔にあざや傷があることが直接的に障害であるわけではないため、それを強調するのは問題がともなう。第三に、facial difference や visible difference など、心理学研究において新たに考案された用語がある。visible difference は「可視性――つまり人の視線――を介して容貌の差異が増幅されるということを捉えていて興味深い」ものの、日本語に訳した場合に「可視性の相違」「見た目の違い」となり、誤解を招く恐れがある（松本 1999: 89）。松本のこの主張はやや不明確であるが、疾患や外傷のために特徴のある顔が一般的な「見た目の違い」に包摂されてしまい、その固有の問題が看過される結果となることを懸念していると思われる。

（2）クラインマンもまた、慢性の病いのひとつの事例として「生まれつき、ほとんど顔の左半分すべてを覆う、大きくて醜い赤いあざ」（Kleinman 1988=1996: 211）のあるパン屋の男性を取り上げている。

（3）カムフラージュメイクとは、あざや傷跡をファンデーションでカバーして目立たなくするメイクのこと。通常のファンデーションよりもカバー力の高いものを使用する。日本では、カムフラージュメイク、スキンカムフラージュ、メディカルメイク、セラピーメイク、リハビリメイクなど、企業や団体等によってさまざまな名称でよばれているが、欧米ではカムフラージュメイクまたはスキンカムフラージュという名称が一般的である。

（4）一九九二年、交通事故による熱傷のサバイバーであるJ・パートリッジによってロンドンで設立された。心理、教育、雇用、ヘルスケア、メディアなどの専門家チームによる個人プログラム（異形の人々を支援するもの）、専門家プログラム（教師や医療関係者など、異形の人々と関わりのある専門家を支援するもの）、社会プログラム（一般社会を啓蒙するもの）の三つのプログラムを提供している。パートリッジの熱傷体験およびチェンジング・フェイスによる異形の人々（とくに熱傷のサバイバー）への支援プログラムについてはPartridge（1990=2002, 1997, 1998, 1999）、Partridge & Robinson（1995）およびClarke（1999）、異形の子どもとその家族への支援プログラムについてはKish & Lansdown（2000）が詳しい。

（5）松本は、中学生のときに「少年の主張」に参加した際の興味深いエピソードを紹介している（松本 2001）。顔をめぐる生きづらさを主張した松本の次に壇上にあがったのは、視覚障害の女性であった。会場が彼女の話に同情的であったのに対し、松本の話は関心を引かなかったように思われたという。松本は、「あのとき、顔の違いは、社会に、少なくとも会場の人たちには『生きづらさ』としては認知されるものではなかったのだ」（ibid: 105）と述べている。

（6）クーパーの定義によれば、「回復力 resilience」とは「社会的・心理的なプレッシャーに耐えるための自信を身につけられること」であり、「ひどい困難を乗り越え、嵐を切り抜け、何が起きても自分に価値を認め続けられること」である（Cooper 2000: 31）。

（7）ラムズィらは、異形がもたらす心理的・社会的問題への適応を促進させたり、反対に適応不全を促進させたりする要因を特定しようとする研究を三つのグループに分類している（Rumsey & Harcourt 2005）。第一グループは、異形の種類や程度、治療歴などの「身体や治療に関係した要因」に注目している研究群である。第二グループは、年齢や発達段階、ジェンダーや人種、家族環境や社会的サポートなどの「人口学的、社会文化的要因」に注目している研究群である。そして第三グループは、自尊感情や自己イメージなどの「心理学的要因」に注目している研究群である。

(8) 草柳は、ゴフマンのスティグマ者とアイデンティティに関するモデルを「『モノポリー』モデル」、キッセのそれを「『肯定主張』モデル」と名づけている(草柳 2004: 97-102)。「モノポリー」モデルの基本路線は「自己否定と社会への同調」であり、「肯定主張」モデルの基本路線は「自己肯定と社会の否定・改変」である。

第２章

問題経験を聞き取る

ライフストーリー研究の方法論的視座

本書は、顔にあざのある女性たちの問題経験を把握するという研究課題に対して、彼女たちのライフストーリーを聞き、それを読み解いていくという方法で取り組んでいく。そこで第2章では、ライフストーリー研究を中心に、ライフヒストリー研究、インタビュー論やエスノグラフィ論などの先行研究を参照しながら、本書の方法論的立場を明確にしていきたい。

第1節　ライフストーリーを聞く意義

ライフストーリーは一般に、個人の人生《ライフ》についての語り《ストーリー》と定義される。ストーリーとは「二つ以上の出来事をむすびつけて筋立てる行為」（やまだ 2000: 1）であり、その結果語られた語りでもある。「人生を理解し自分自身を表現するためには、経験が『ストーリー storied』されねばならず、経験に帰せられる意味を決定するのはこのストーリーなのである」（White & Epston 1990=1992: 28-29）。すなわち、人は過去や現在の経験、未来に予測される出来事をストーリーとして語ることで人生を理解し、それに連続性と意味を与えるのである。

ライフストーリー研究法の強みは、何よりもまず、個人の主観的な現実を把握できるところにある。K・プラマーは、「社会科学の大部分は『客観的なもの』を得ようと努める。しかし生活研究は、ほかでもなく主観的なものの領域を明らかにしようとするのだ」(Plummer 1983=1991: 24) と強調している。プラマーが指摘するライフヒストリー研究[1]の領域は、個人の主観的な現実のほか、「過程、多義性、変化」「全体を見わたす視座」「歴史」である。本書では、このうち前二者に注目したい。まず、「過程、多義性、変化」について、プラマーは次のように述べている。

> 殆どの社会科学は、一般化を目指すことで、対象となる経験や社会的世界に秩序や合理性を押しつけてきた。(中略) 研究者は、対象者の生活が首尾一貫していないことが多いにもかかわらず、その反応に一貫性を見いだそうと努める。これに対して生活史は、日常の生活経験のなかで演じられる混乱、多義性、矛盾を発見するのに、きわめて有効な技法である (Plummer 1983=1991: 102-103)。

多義性や変化を把握するためには、人生という「過程」に目を向けなければならない。さらに、「全体を見わたす視座」については、ライフヒストリー研究には個人を誕生から現在に至る人生の全体性のなかで提示できるという特長がある。多くの社会科学が人生全体からある部分を切り取ってくる (たとえば心理学者は「態度」や「パーソナリティ」を切り取ってくる) のに対して、ライフヒストリー研究はある人の人生を包括的に把握しようとするのである。第1章で確認したように、こうした視点は異形の人々を対象とする心理学から決定的に欠落しているものである。ライフストーリー研究法によって、顔にあざのある女性たちの人生全体をとらえることが可能になる。

ただし、プラマーの立場は人間が社会的に拘束されていることを否定するものではない。言うまでもなく、人間は関係的・社会的存在である。そのため、行為者としての個人とそうした個人を規定する社会構造とを二項対立的にとらえ、前者よりも後者を優位に置くことが批判されるべきであるのと同じように、その主観性だけを切り取ってライフストーリー研究の輪郭を描くことには意味がない。つまり、プラマーが主張しているのは、ライフヒストリー研究における個人は「社会」へと接近するためのフィールドであり、「個人というフィールドにおいて作用する社会の重層的な効果の発見こそが、ライフヒストリーが開く社会学の新しい扉」（佐藤 1995: 35）だということである。

ライフストーリー研究法が有効性を持ちうるのは、これまであまり主題化されてこなかった問題や人々を研究対象とするときである。C・ショウによる非行少年スタンレーへのインタビューやスタンレー自身によるストーリーから構成された作品『ジャック・ローラー』の序文において、H・ベッカーはライフヒストリー研究の利点について次のように述べている。

ライフヒストリーは、それが社会的行為者の「自身の物語」（own story）であるからこそ、「その場」（down there）からの生き生きとしたメッセージとなるのであり、また我々が決して顔を合わせないような人にとってそれがどういう意味をもつのかを教えてくれるのである（Becker 1966=1998: 12）。

序章で述べたように、顔にあざのある女性たちの問題経験は学術的にも社会的にも不可視化されてきた。また、彼女たちの存在ですら、私たちにとってこれまでけっして見えやすいものではなかった。顔にあざのある女性たちはどのような苦しみを経験し、何を問題とみなしているのか。こうした問いを掲げ、顔にあざのある女性たちの問題経験の可視化を試みる本書にとって、彼女たちの生活世界へと誘うライフストーリー研究法はまさに有効である。

第2節 構築主義的なライフストーリー研究法

1 相互行為としてのインタビュー

ライフストーリー研究法は、社会的現実をどう認識するかによって、実証主義の立場と構築主義の立場とに分類できる。実証主義とは、ライフストーリーを語る人や研究者から独立して社会的現実が客観的に存在し、科学的に適切な手続きをとることによってそれに到達しうると考える立場である。構築主義とは、社会的現実は人々の相互行為のなかで構成されるとする立場である。D・ベルトーは、この区別を「リアリスト」と「アンチリアリスト」(ベルトーはこれを「テクスト派」ともよぶ）との対立と表現し、両者の袂を分かつのは「一人の人によって生きられたヒストリー」と「研究者の依頼で、個人の歴史のある時期に語られるストーリー」についての認識枠組みであると指摘している（Bertaux 1997=2003: 31）。ベルトーによれば、リアリストはストーリーが客観的な歴史、すなわち語り手が本当に経験したことを描写するという立場をとる。語り手によって生きられた経験とそのストーリーとのあいだには語り手の記憶違いやインタビュー状況の要因などが介在するにせよ、ストーリーは経験の表象にほかならないと考えるのである。これに対してアンチリアリストは、むしろこうした介在に注目し、ライフストーリーを主観的および相互行為的に構成されたものとみなす。

桜井厚もライフストーリー研究法を同様に分類し、実証主義を「解釈的客観主義アプローチ」、構築主義を「対話的構築主義アプローチ」と名づけ、みずからは後者を採用している（桜井 2002, 桜井・小林 2005）。対話的構築主義アプローチとは、「ライフヒストリーの語りが、かならずしも語り手があらかじめ保持していたものとしてインタビューの場に持ち出されたものではなく、語り手とインタビュアーとの相互行為を通して構築されるものである、とする見方」（桜井 2002: 28）である。

インタビューを語り手とインタビュアーとの相互行為とする見方を徹底させているのは、ホルスタインとグブリアムのアクティヴ・インタビュー論である（Holstein & Gubrium 1995）。

> 本書の主張は、あらゆるインタビューは解釈という観点からするとアクティヴなものであり、つまりインタビュアーと回答者の両方の側での意味制作のおこないを含んでいるということである。もしインタビュー・データが共同的なものであることを避けられないとするならば、インタビューから相互行為の要素を取り除こうとすることは無駄である。（中略）本書が提示するのは、社会調査にとって、意味を産出する過程がそこで産出される意味と同じくらい重要だと考える社会構築主義的アプローチである。言いかえれば、インタビューにおいて意味制作の過程がどのように（how）展開するかを理解することは、実質的に何が（what）質問され、伝達されるかを理解することぐらい決定的に重要な意味を持つと考えるのである（Holstein & Gubrium 1995: 4）。

アクティヴ・インタビュー論の特徴は、第一に回答者の想定に、第二にインタビュアーの役割の想定にある。実証主義的アプローチにおいて、回答者は事実や経験の内容を保持するだけのパッシヴな「回答の容器」とイメージされてきた。これに対してアクティヴ・インタビュー論における回答者は、事実や経験の内容をインタビュアーに提供する過程でそれに何かをつけ加え、そこから何かを取り除き、それを変形させる「アクティヴな意味の制作者」である。回答者は、同じようにアクティヴな主体であるインタビュアーと共同で意味を構築していると考えられているのである。また、従来のアプローチにおけるインタビュアーの役割は、「公正無私な触媒」とイメージされてきた。インタビュアーが中立的な質問をし、バイアスのかかっていないコミュニケーションを遂行すれば、回答者がその内部に保持している事実や経験の内容を損なうことなく引き出せるというわけである。一方、アクティヴ・インタビュー論におけるインタビュアーは、回答者の語りの産出を促す責務を負っている。回答者が語りやすい環境を設定し、その語りを誘発するためにアクティヴかつ意図的に関与するインタビュアーでなければならないのである。つまりアクティヴ・インタビュー論では、回答者もインタビュアーもともにアクティヴに意味制作に関わる者と想定され、インタビューは「ダイナミックな意味構築の場」と位置づけられる。

以上をふまえると、語り手が何を語るかは、インタビュー過程での語り手とインタビュアーとのコミュニケーションと密接に関係していることになる。だとするならば、求められるのは、インタビューで意味が産出される「方法」とその「内容」という二重の問題関心である。ライフストーリーの位相に関する桜井の議論は、ホルスタインらのこうした主張と重なりあう。ライフストーリーにおいて出来事が時間的に配列される語りを「物語世界」、語り手とインタビュアーの関係をあらわすメタ・コミュニケーションの次元の語りを「ストーリー領域」と区別したうえで、桜井は次のように主張している。(2)

これまでの調査インタビューでは、語り手の情報内容、すなわち〈物語世界〉にだけ注意がはらわれ、調査者－被調査者の社会関係はまったく異なる次元の問題としてインタビュー行為とは区別されてきた。〈語られたこと whats〉である〈物語世界〉と〈語り方 hows〉としての〈ストーリー領域〉

の相互関係については、まったく無頓着だったのである。リアリズムの見方も〈語られたこと〉をデータと見なすために、こうした傾向を色濃くもっている。しかし、これらはひとつの言語行為としてわかちがたくむすびついており、インタビュー過程の発話のなかにも現れているのである（桜井・小林 2005: 43-44）。

これを、ストーリー領域にも目を向けるべきだという主張として理解するのは正確ではない。なぜなら、物語世界とストーリー領域はそれぞれ独立したものではないためである。桜井が指摘しているのは、ライフストーリーは物語世界とストーリー領域との二つの位相から構成され、物語世界はストーリー領域に媒介されて成立しているということである。従来のライフストーリー研究は、語りの内容を重視して語りの方法にはほとんど注意を払ってこなかったが、両者はきわめて緊密な関係にあるため、物語世界の内容はストーリー領域のあり方を無視しては理解することができないのである。

それでは、語りの内容と方法という二重の問題関心は、ライフストーリーの分析に何をもたらすのだろうか。これについては、ホルスタインらも桜井もあまり明示的には述べていないが、アプローチの有効性に関わる重要な点であるため、ここで検討しておきたい。語り手が語ったことのみに焦点をあてる分析を超え出ることで新たに見えてくるのは、インタビュアーによるインタビュー過程の統制である。ライフストーリー・インタビューでは語り手にできるだけ自由に語ってもらうことが推奨されるが、実際にはインタビュアーが話題を転換したり、満足のいく回答が得られるまで執拗に質問を続けたりと、さまざまな統制をはたらかせている。とはいえ、桜井が指摘するように、インタビュアーの統制権はつねにインタビュアーの側にあるわけではない（桜井 2002）。語り手もまた、インタビュアーの質問に拒否的な態度を示したり、インタビュアーに対して逆に質問を向けたり、ときにはインタビュアーの研究姿勢そのものに疑問を投げかけたりすることで統制をはたらかせているのである。三浦耕吉郎は、次のように述べている。

> 聞き取りという方法の特徴のなかで、往々にして見落とされがちなのが、調査者が、被調査者から面と向かって当の調査にたいする批判を浴びせられるチャンスを恒常的に提供している、という点である。それは、別の表現をつかえば、聞き取り調査は、その調査方法のなかに、被調査者が直接、調査や調査者にたいする批判をおこなうことができる回路を内蔵しているということであり、他の調査方法と比較して特筆されてよいものである（三浦 2004: 214）。

これらの議論をふまえれば、調査者‐被調査者関係は互いに統制権を行使しあう流動的な権力関係ということになる。ここで強調しておきたいのは、インタビュアーが語り手に行使する統制であれ、反対に語り手がインタビュアーに行使する統制であれ、両者のコミュニケーションを検討対象に据えなければけっして見えてこないということである。

このように、語りの内容と方法という二重の問題関心を組み入れることで新たな分析が可能になる。しかし、調査者が相互行為としてのインタビューを反省的に検討することに重点を置くあまり、結果的に語りの内容の分析がおろそかになってしまうという批判もある。「終わりのない自己言及的な批判は、具体的な人間の経験にほとんど関係のない、テクストの山を生み出してしまいかねない」(Lincoln & Denzin 2000: 1050) のである。ライフストーリー研究法の醍醐味は、あくまでも語り手の主観的な現実に接近し、そこに含まれる豊穣な意味を理解することにある。これを忘れては、ライフストーリー研究法を採用する意義を見失ってしまう。

2 表象の危機への対応策

ここでは、構築主義的アプローチを「表象の危機」[3]との関連で位置づけておきたい。これはすなわち、構築主義的なライフストーリー研究において、人々の経験とは何を意味するのかを問うことでもある。

一九八〇年代中盤以降、質的研究、とくにエスノグラフィの領域で表象の危機をめぐる議論が蓄積されてきた。言語論的転回により、研究者は調査対象者の生きられた経験を直接とらえることができるという考え方に異議が差しはさまれるようになったのである。ライフストーリー研究における表象の危機とは、過去の出来事や経験と、語り手のストーリーとが直接的に関連しているという見方が疑問視される事態である。ライフストーリーを通じて語り手の生きられた経験をとらえることができるという素朴な認識が再考を迫られ，それはむしろ研究者が書くテクストのなかで産出されるのではないかと考えられるようになったのである（Denzin & Lincoln 2000）。

こうした議論をふまえ，A・シュッツ，N・グッドマン，P・リクールらの議論を参照しながら表象の危機を回避するための視点を提示しているのがU・フリックである（Flick 1995=2002）。

特定の研究設問の下で人生を再構成することによって，個々の経験のバージョンが作られ解釈される。その人生と個々の経験が報告通りに現実に起こったかどうかは，この場合検証できない。しかし，語る主体が自分の人生と経験に関してどんなバージョンを提示し，またその調査状況でどんなバージョンが成立したかを確かめることは可能である（Flick 1995=2002: 47）。

ここでフリックは，ライフストーリー研究の対象を語り手が過去に実際に経験したこととの表象から，インタビューのなかで語り手が構築する「世界＝ヴァージョン」（Goodman 1978=1987: 7）や語り手とインタビュアーが共同で構築する「世界＝ヴァージョン」へと移行させている。ライフストーリー研究はすでに解釈された世界を対象としているというフリックの見方にもとづくと，表象という概念に付随する問題を回避することができる。語り手が過去に経験したことがライフストーリーやそれをもとに研究者が産出するテクストに単純に映し出されるのではない以上，研究者は語り手の生きられた経験をとらえられるかどうかという問いはもはや無意味だからである。

構築主義の立場をとるライフストーリー研究がアプローチを試みるのは、語り手の主観的な現実であり、インタビュー過程での語り手とインタビュアーとのコミュニケーションであった。ここでの議論をふまえると、前者は語り手が構築する「世界＝ヴァージョン」、後者は語り手とインタビュアーが共同で構築する「世界＝ヴァージョン」と言いかえることができる。つまり、構築主義的アプローチは、表象の危機に敏感にならざるをえない状況下で質的研究者が提示してきた対応策として位置づけられるのである。

3 本書の立場

ホルスタインらや桜井の議論と表象の危機をめぐって質的研究者が講じてきた対応策をふまえ、本書は構築主義の立場を採用する。もっとも私は、一貫して構築主義的アプローチを試みてきたわけではなく、研究をはじめた当初は（今から振り返れば）実証主義の立場をとっていた。〈転向〉のきっかけは、私自身の調査経験にほかならない。実証主義的なアプローチをしていた当時の私は、インタビューにおいて中立性を維持するべく躍起になっていた。語り手の回答に影響を与えてしまったと感じるたびに反省し、自由に語りを展開してもらえるように、なるべく自分の存在を消去しようと努めたものである。その頃に作成したトランスクリプトは、語り手の語りは逐語起こしされているのに対して、インタビュアーである私の発話は大幅に省略されている。調査対象者からバイアスのかかっていない語りを引き出すのがインタビューである、という当時の頑な信念がうかがえる。しかし、インタビューの回数を重ね、どれほど細心の注意を払っても、いわゆるバイアスのない語りを収集することができない。たとえば、インタビューでは語り手がインタビュアーである私の発話を引用して語るということが頻繁に起こる。また、調査者である私がインタビューにあたって保持している「構え（志向性）」（桜井 2002: 171）を題材に、語り手と私が応答しあったり、語り手から思わぬ反論を返されたりすることがある。こうした調査経験によって、私はインタビューに対する認識の抜本的な修正を迫られたのである。インタビュアーが適切な質問をすれば、調査対象者からバイアスのない回答を引き出せるという考え方それ自体に疑問が向けられるべきはないか。相互に言葉を駆使し、あるテーマやトピックをめぐって応答や応酬を繰り返しながら、多様な意味が生成する過程としてインタビューをとらえる方がむしろ適切なのではないか。語りはすべて個別の相互行為の産物であるのだから、どんな語りも何らかのバイアスから逃れられないのではないか。とするならば、どのような相互行為のなかでどのような意味が産出されているかを分析対象とするべきなのではないか。ホルスタインらや桜井の議論は、私にこうした新たな視点をもたらしてくれたのである。

ライフストーリー研究は、研究者が自分の研究目的に都合のよいデータだけを選択し、研究結果をそれらしく提示しているのではないかという「選択的なもっともらしさ」（Flick 1995=2002: 272）を疑われることがある。質的研究をどのように評価するかという問題は解決済みではなく、議論の方向性も多様である。

第3節 妥当化という評価基準

フリックによれば、質的研究の評価基準に関する議論は、量的研究で古くから使われてきた基準である「信頼性」と「妥当性」をどう考えるかによって三つの方向性に分けられる。第一の方向性は、量的研究における信頼性と妥当性を質的研究にも応用するというものである。第二の方向性は、質的研究の研究特性や研究方法を考慮し、それらに適した評価基準を新たにつくり出すというものである。第三の方向性は、表象と正当性の二重の危機に直面している今日、学問的知の有効性を問うことにはもはや意味はないと考え、評価基準からは自由な立場を取ろうとするものである。[4] フリックが指摘するように、質的研究の意義や有効性が問われ続けている現状をふまえると、研究者のたんなる開き直りにも見える第三の方向性は適切ではない。また、量的研究の基準を応用するという第一の方向性は、質的研究の研究特性を考慮すれば明らかに無理があるし、たとえ応用したとしても、それらが重要な意味を持つとは言えない。[5] そこで以下では、質的研究の研究特性や研究方法に適した評価基準を設定しなおすという第二の方向性にしたがい、ライフストーリー研究法において重要となる評価基準を検討する。

フリックは、従来の妥当性概念を書き換えようとする質的研究者のいくつかの試みを紹介し、それらを「妥当性 validity」という状態から「妥当化 validation」という過程への移行と位置づけている（Flick 1995=2002: 281）。理論→仮説の生成→サンプリング→データ収集→データ分析という直線的過程をたどり、研究の諸段階が分離可能な量的研究とは違い、質的研究ではデータ収集と分析・解釈が循環的であり、研究の諸部分は互いに依存しあっている。こうした特徴を考慮すれば、質的研究において研究のある部分だけを取り出し、それが妥当かどうかを評価してもほとんど意味がない。妥当性は研究の流れのなかで判断されるべきであり、研究者は研究全体を通じて、自分の研究を信用に値するものにしていくため「妥当化」の過程を踏む必要がある。妥当化の作業としてフリックが例示するのは、インタビュー状況の分析（データが生成した状況の検証）やメンバー・チェック（発言内容やデータの意味連関を確かめるための調査対象者とのコミュニケーション）である。[6]

これらの妥当化の作業は、桜井のいう研究過程の「透明化」（桜井 2002: 39）とも共通する。透明化とは、語り手の選択、インタビュー過程の記録、語りの分析の仕方など、調査過程を読み手に明らかにしていくことをいう。桜井によれば、透明化の作業は「これまでの信頼性が調査者を記述のなかでは極小化することで確保されていたのに対し、むしろ積極的に調査者と調査過程を記述することであり、とりもなおさず調査者である『私』自身を問う反省的な過程なのである」（桜井・小林 2005: 50）。好井裕明もまた、フィールドワークやライフストーリー・インタビューなどの質的研究をどうおこなうのか、それがどうおこなわれているかを考えるとき、「『調査するわたし』の存在」（好井 2004: 5）やその調査実践を検討する作業が不可欠であると主張している。

本書では、研究過程の透明化を妥当化に包摂されるものとして位置づける。序章で研究の出発点となった出来事や問題関心について述べたのに続き、本章の第5節では、インタビュー調査に至るまでの経緯と調査対象者の選び方、ライフストーリーを分析する際の視点について説明する。また第7章では、インタビュー調査の進行にともない、調査者である私の視点や問いがどのように変化していったのか、調査過程を検証する。これらの作業は、妥当化の一環である。

第4節 「書くこと」の政治性

「書くこと」は研究の結果や過程の提示であり、政治的実践でもある。

ヴァン＝マーネンは、エスノグラフィの提示形式を「写実的物語」「告白体の物語」「印象派の物語」の三つに分類している（Van Maanen 1988=1999）。本書が注目したいのは、告白体の物語である。写実的物語と鋭い対比をなす告白体の物語では、フィールドワーカーはその存在がテクストから消去されることなく、フィールドワークにともなう視点の変化やフィールドでの失敗を告白する。この形式が示唆しているのは、「書くこと」は研究結果のみならず、研究過程の提示でもあるいうことである。前節で述べた妥当化を実践しようとするとき、どのような過程をたどってそうした結果に到達したのかを読者に開示することはきわめて重要である。よって、本書ではインタビュー調査の経過やそれにともなう私の視点の変化を「告白」したいと思う。詳しくは第7章で検討するように、インタビュー調査が進行していくなかで、調査に先立って私が持っていた想定は顔にあざのある女性たちの主観的な現実を理解するうえで適切とは言えないことがわかった。そのため、研究開始時の問いはインタビュー調査の途中で修正されることになったのである。本書では、こうした循環的な研究過程をできる限りそのまま組み込んだ記述をめざす。

さらに、構築主義の観点からすると、「書くこと」は研究の結果や過程の提示にとどまらず、現実を構築するという機能をもっている。リンカーンとデンジンによれば、質的研究を「書くこと」は特定の立場や価値観にもとづいて社会の現状を問題化する政治的実践であり、客観的で中立的な位置からの俯瞰ではありえない（Lincoln & Denzin 2000）。したがって、エスノグラフィは特定の立場に拘束されない無色透明なものでも、あらゆる立場にあてはまる普遍的なものでもない。それどころか、次のような意味でエスノグラフィはつねに政治的なのである。

そうした研究［＝質的研究］は、その価値や批判を公表し、ある特定の政治的・道徳的立場を支持してそれと手を組むという危険をおかすまさにそのとき、攻撃されやすい《ヴァルネラブル》。（中略）これは読者を怒らせ悲しませる記述であり、すなわち、この世界で行動するように、また自己とコミュニティとの道徳的関係が構成される条件を再考するように読者を仕向ける記述である。こうした批判的なヴァルネラビリティは、現状批判の手段として、特殊なものや個人的なものをあえて利用する（Lincoln & Denzin 2000: 1054.［　］内は引用者による）。

野口裕二もまた、社会構築主義の立場をとる記述そのものが、それが俎上に載せてきた言説と同様、政治的実践であることを指摘している（野口 2001）。野口によれば、あらゆる記述が政治的であるという認識のもとであえてそれをおこなうには、「どのような政治性を遂行するのかという選択」（ibid: 59）を迫られることになる。この意味で本書は、顔にあざのある女性たちの個人的な現実を根拠に、これまで不可視化されてきた彼女たちの問題経験を可視化し、それらをできる限り軽減し、社会の現状を問題化していくという政治的実践である。

第5節　調査の概要とライフストーリー分析の視点

1　調査対象者

私が顔にあざのある女性たちへのインタビュー調査をはじめることができたのは、セルフヘルプ・グループ「ユニークフェイス」の副会長（当時）を務めていた松本学さんより、このグループの女性メンバーを紹介していただいたことによる。その後は、インタビューにご協力くださった方からの紹介という、いわゆる芋づる式サンプリングで調査対象者を集めた。また、一九九九年の石井政之による『顔面漂流記――アザをもつジャーナリスト』の出版とユニークフェイスの発足に後押しされる形で、顔にあざのある当事者の立場でホームページを開設する女性が現れるようになった。こうした女性たちに電子メールでインタビューの依頼をし、協力していただいた。二〇〇〇年一〇月から二〇〇七年一月のあいだに、十数名の顔にあざのある女性たちのライフストーリーを聞かせてもらうことができた(7)。

本書でおもに扱うのは、このうち三名の女性のライフストーリーである。十数名分すべてを取り上げ、全員に共通する傾向や調査対象者ごとの相違点に注目するという方法もありうるだろう。しかし、本書は調査対象者それぞれの人生《ライフ》を包括的に描き出すことを重視する立場から、三名に限定した。三名を選定した基準はまず、調査対象者の人生が把握できている程度である。インタビューでの掘り下げがじゅうぶんでない、解釈がうまくできていないなどの理由で、調査対象者の人生に対する私の理解が及んでいないと判断したライフストーリーについては、本書では取り上げることができなかった。さらに、わずか三名の対象者ではあるが、いくらかのヴァリエーションを提示できるように心がけた。具体的には、治療や手術の経験の有無、カムフラージュメイクの使用の有無、セルフヘルプ・グループへの参加の有無、結婚経験の有無などについて、ばらつきが出るように配慮した。調査対象者の基本的情報については、以下の表に示す。

2　インタビュー調査の方法

ライフストーリー研究は、誰にでもあてはまるような一般化や理論化からはこぼれ落ちてしまう主観的な現実やそこに含まれる豊かな意味を丹念にとらえるための研究法である。ここで重要となるのは、調査対象者の人数ではない。たくさんの人に

表2　調査対象者一覧

	Aさん	Bさん	Cさん
年齢	40代前半	30代後半	20代後半
あざの種類	単純性血管腫	単純性血管腫	単純性血管腫
治療歴	レーザー治療	なし	外科手術
カムフラージュメイク	使用している	使用していない	使用している
ユニークフェイスとの関係	メンバーではない	メンバー	メンバー
未婚／既婚	既婚	未婚	未婚
インタビューの回数	3回	2回	4回

＊年齢、ユニークフェイスとの関係、未婚／既婚は、第1回目のインタビュー当時。

インタビューをしたからといって、主観的な現実やそこに含まれる意味に迫れるわけではない。もちろん、ひとりに限定したからといって、調査や分析の方法が適切でなければ、それらをすくい上げることなどできない。そこで私は、同じ対象者に対してインタビューの回数を重ねるというやり方で、その主観的な現実やそこに含まれる意味をとらえようと努めた。その際に参照したのが、G・ローゼンタルによるインタビュー調査の設計に関する議論である（Rosenthal 2004）。ローゼンタルは、インタビューを三段階に分類している。第一段階でおこなうのは、テーマを限定する質問を避け、語り手に自由に語ってもらうインタビューである。このとき聞き手は、相づちやアイコンタクトで関心を表現したり、「それで何が起こりましたか?」といった語りを産出する質問をしたりして、聞くことに徹する。第二段階でおこなうのは、語り手がすでに言及したあるテーマに注目し、それについてさらに詳細を引き出していくインタビューである。そして第三段階でおこなうのは、いまだ語られていない新しいトピックや抜け落ちているテーマを取り上げるインタビューである。私の場合、第一段階では、顔にあざのある女性たちの人生がどのようなものなのかを知りたいことを伝え、自分が重要だと考える過去の出来事や経験をはさみながらライフストーリーを語ってくれるように依頼した。カムフラージュメイクや恋愛の困難などがインタビューで頻出するテーマであることがわかると、第二段階のインタビューへと移行した。こうしたテーマに焦点化し、もっと詳細に語ってくれるように依頼したのである。第三段階では、あえてこちらから質問をしなければ不在のトピックとなりがちであった仕事や家族関係について取り上げた。

インタビューを実施した場所は、おもに喫茶店や調査対象者の自宅である。所要時間はインタビューによって異なるが、平均すると三時間程度である。調査対象者の承諾を得て、インタビューの内容はすべて録音した。収集したライフストーリーは、インタビューの終了後、できるだけ早く文字テクストに変換し、トランスクリプトを作成した。作成したトランスクリプトには、簡単な編集作業を施した。まずは、ライフストーリー全体をストーリーごとに分節化し、それぞれに小見出しをつけた。この小見出しには、調査対象者が繰り返し語った言葉や調査者である私の印象に残った言い回しを用いている。こうした編集作業のあと、トランスクリプトを調査対象者に郵送し、語り手の単純な言い間違いや文字起こしのミス、さらに公表を控えてほしい箇所のチェックをお願いした。

3　ユニークフェイスというセルフヘルプ・グループ

ここでは、調査に協力してくださった方の多くがそのメンバーであるセルフヘルプ・グループ「ユニークフェイス」の発足の背景と活動経緯について説明しておく。

K・プラマーによれば、ストーリーが語られるためには、それが進んで聞かれ、受け入れられるような社会的条件が整っていなければならない（Plummer 1995=1998）。私がインタビュー調査に着手できたのも、顔にあざのある女性たちがライフストーリーを語るための「時機」が到来したことによる。それをもたらしたのは、右顔面に単純性血管腫という赤あざをもって生まれたジャーナリスト・石井政之による『顔面漂流記――アザをもつジャーナリスト』の出版とユニークフェイスの発足である。日本において、顔に疾患や外傷をもつ当事者による体験記はそれまで出版されたことがなかった。そのため、一九九九年三月に石井の著書が刊行されると、当事者たちに大きな衝撃を与えると同時に、深い共感を呼び起こした。石井によれば、発売一ヶ月後から毎日一通のペースで読者からの手紙が届き、電子メールや電話を合わせると、ユニークフェイスが発足して二年で約二〇〇〇以上の反響があったという(石井 2005)。また、ユニークフェイスの発足や活動内容はテレビや新聞で報じられ、顔に疾患や外傷をもつ人々のストーリーは増長されることになった。

ユニークフェイスは、『顔面漂流記』の刊行と同時に、東京、名古屋、大阪で発足した。発起人となったのは、石井のほか、心理学研究者の松本学や看護学研究者の藤井輝明らの当事者を含む数名である。発足当時、ユニークフェイスの会員になることができたのは、異形の人々とその家族であったが、二〇〇二年にNPO法人化されて以降は、それ以外の人も「賛助会員」としての入会が可能になった。会員数は、もっとも多いときで全国で約三〇〇名にのぼった。

「ユニークフェイス」とは、「固有の(=unique)顔(=face)」を意味する。たしかに、疾患や外傷のある顔は目立つ特徴があるために「固有の顔」である。しかし、考えてみれば、疾患や外傷があろうとなかろうと私たちの顔はそれぞれ固有であり、同じ顔をもつ人はひとりとして存在しない。だからこそ、身分証明書には顔写真が貼付されるのである。つまり「ユニークフェイス」とは、「運動の果てに、ユニークフェイスの『固有性』をも、だれもがもっている顔の違いと同様の違いとして認められるようになることを志向する言葉」（松本 2001: 100-102）なのである。「ユニークフェイス」はまた、当事者がみずからを名指すための言葉でもある。これまで、医学の専門用語か差別語以外、顔に疾患や外傷をもつ当事者が自分を表現するための言葉はなく、集団としての自分たちを総称する言葉も見当たらなかった。ユニークフェイスの発足以降は、「ユニークフェイス当事者」や「ユニークフェイスな人たち」といった表現ができるようになったのである。

ユニークフェイス発足の背景には、顔の疾患や外傷という問題に対する「周囲の無理解」（石井 2000: 405）がある。藤井によれば、身体障害や精神障害などの社会的に認知された諸問題の当事者とは異なり、顔に疾患や外傷をもつ当事者は今なお差別に苦しんでいるにもかかわらず、彼らへの医療現場や教育現場の関心は依然として低い（藤井 2001）。専門家からの援助が得られないなか、ユニークフェイスは当事者が当事者をサポートするセルフヘルプの実践として立ち上げられたのである。

二〇〇九年現在、ユニークフェイスは活動休止の状態にある。休止に至るまでの活動を大まかに整理するとするならば、ひとつはメンバー同士の交流やサポートであり、もうひとつはそれを超えた社会変革的な取り組みである。前者としては、定例会の開催と会報の発行がある。発足から二〇〇五年頃まで、「ストレスとうまくつき合う方法」「ユニークフェイスにとっての恋愛・結婚」など、毎回ひとつのテーマを設定してメンバー同士が語りあう定例会が各地で盛んに実施されていた。また、二〇〇五年まで、事務局による活動報告やメンバーの寄稿からなる会報が年に四回のペースで発行され、その後はメールマガジンに引き継がれた。後者としては、『見つめられる顔――ユニークフェイスの体験』『知っていますか？ ユニークフェイス一問一答』『顔とトラウマ――医療・看護・教育における実践活動』（いずれも二〇〇一年発行）といった一般向け書籍の出版やドキュメンタリー映画『ユニークフェイス・ライフ』[8]の製作・上映、カムフラージュメイクを扱うメイクの専門家を対象にした「メイク塾」[9]がある。「これからは自分たち自身が、一般の人、医療に携わる人、メイク関係者などにぼくたちの苦しみを教えていく」（石井 2004: 145）といった方針にもとづく社会変革的な活動は、異形の人々によるほかのグループと比較しても特徴的である。

4　ライフストーリー分析の視点

次章からは、顔にあざのある女性たちの問題経験とそれへの対処法を検討していく。本書が問題経験への対処法に注目する理由をもう一度確認しておこう。それは第一に、顔にあざのある女性たちを無力な存在として描いてしまわないためである。あざのある顔で生きることは困難の連続ではあるが、彼女たちはそのつど、さまざまな方法でそうした困難に対処しようとしている

（もちろん、次章以降のライフストーリーが示しているように、あらゆる困難に対処できるわけではない）。彼女たちの〈生きるための戦略〉をつぶさに描きたいと思う。

第二に、問題経験を個人の人生という過程のなかで的確に把握するためである。顔にあざのある女性たちのライフストーリーを分析していくと、時間の経過にともない、問題経験に変化がみられることがわかる。彼女たちは、自己の問題経験に対して何らかの対処をしており、その結果、かつての問題が必ずしも問題ではなくなったり、以前とは別様の問題として立ち現れたりしているのである。つまり、問題経験への対処は、それが変化していく契機となっているわけである。この意味で、顔にあざのある女性たちの人生を包括的に理解するには、問題経験のみならず、それへの対処法に目を向けることが不可欠なのである。

これらは、ライフストーリーにおいて出来事が時間的に配列される語りである物語世界を分析する際の注目点である。構築主義的な立場をとる本書は、ライフストーリーのもうひとつの位相、すなわち語り手とインタビュアーの関係をあらわすメタ・コミュニケーションの次元の語りであるストーリー領域も分析対象に含む。ストーリー領域を分析する際の鍵となるのは、ライフストーリーが語られる〈現在〉の語り手の自己と、語り手によるインタビュアーのカテゴリー化である。

自己物語論において、語り手は結末としての〈現在〉をどのようなものとするかにしたがって過去の出来事を選択し、配列することが指摘されている（浅野 2001, 野口 2002）。「自分自身について語る物語は、その結末部分において今ここにある自分（物語を語っている自分）に説得的なやり方で到達する必要がある」（浅野 2001: 9-10）。よって「今ここにある自分」からみて重要な出来事は、転機やターニング・ポイントとして意味づけされるが、そうではない出来事はこうした重大な意味は与えられないか、もしくは語られることとすらないかもしれない。

さらに、語り手とインタビュアーは、互いに相手をカテゴリー化している。インタビュアーが年齢や性別、職業や居住地などの属性によって語り手をカテゴリー化しているのと同様に、語り手の側もまた、属性や調査の目的にもとづいて、インタビュアーをカテゴリー化しているのである。インタビュアーによる語り手のカテゴリー化に比較すると、語り手によるインタビュアーのカテゴリー化の問題は、これまであまり議論されてこなかった。それは、インタビュアーはつねにインタビュアーであって研究者であるという暗黙の前提があったためである。しかし、S・ラインハルツが指摘するように「調査者であること」は私たち調査者の自己のひとつでしかない(Reinharz 1997)。調査者は、「調査者」「インタビュアー」といった「調査にもとづいた自己」のほかにも、「女性」「アメリカ人」などの「フィールドに持ち込まれた自己」や「一時的なメンバー」「友達」などの「フィールドでつくり出された自己」でもある。こうした多様な自己に応じて、対象者も私たち調査者をさまざまに規定しているのである。桜井は、対象者による調査者のカテゴリー化について、次のように述べている。

> 私たちが調査の枠組みによって対象者をカテゴリー化するのとおなじように、じつは調査対象者も私たちをカテゴリー化し、その相互行為で語りが構成されているとするなら、フィールドにおいて、私たちが語り手からどのようにカテゴリーをあたえられ、どのように認知されているのか、に無関心ではいられないはずである（桜井 2002: 92）。

桜井によれば、こうしたカテゴリー化と語りとは「相互反映的《リフレクシブ》な関係」（ibid: 96）にある。相互行為において語りが展開するにともない、語り手がインタビュアーに与えるカテゴリーも変化するというわけである。一方、桜井は言及していないが、カテゴリー化と語りが相互反映的であるならば、逆の関係も指摘できるはずである。すなわち、語り手がインタビュアーに与えるカテゴリーにともない、相互行為における語りも変化するのである。[10] 第3章から第5章では、これらの視点にも注目しながら三名の女性のライフストーリーを検討していく。

■注

（1）類似概念の「ライフヒストリー」は、ライフストーリーだけでなく、日記などの個人的記録、公文書などの公的記録を加えて構成される記録である。桜井厚は、ライフストーリーのストーリー性に着目しながら、ライフストーリーとライフヒストリーの違いを明確化している。桜井によれば、ライフストーリーとは「〈いま－ここ〉の語り手と聞き手の相互行為、とりわけインタビュー行為によって生み出されるもの」（桜井・小林 2005: 9）である。

(2) ライフストーリーには、いつ、どこで、誰が、何を、なぜ、どのようにおこなったかという一連のプロットで構成される部分と、それ以外の部分とを区別するフレームがある。桜井は、このフレーム内の語りを「物語世界」、フレーム外の語りを「ストーリー領域」とよんでいる（桜井 2002）。

(3) フリックによれば、質的研究の文脈では「表象と正当性の二重の危機」（Flick 1995=2002: 40）として論じられる。デンジンとリンカーンは、これに「実践の危機」を加えて「三重の危機」とよんでいる（Denzin & Lincoln 2000: 17）。正当性の危機とは、テクストを現実の表象へと還元することはもはやできない結果、学問的知の正当性に疑問が投げかけられる事態である。また、実践の危機とは、もし社会的現実がつねにテクストでしかないならば、はたして質的研究は社会の変化をもたらすのかという疑念が抱かれる事態である。

(4) 正確には、フリックは第一の方向性を「妥当性や信頼性といった量的研究でも使われてきた古典的な基準を応用したり、またそれらを質的研究に合うように書き換えたりするという方向性」として、第二の方向性を「質的研究の特質によりかなうように、『方法に適した評価基準』を新たに作り出すというもの」として分類している（Flick 1995=2002: 272）。しかし、この分類では「書き換え」（第一の方向性）と「新たに作り出す」（第二の方向性）との違いがやや不明確である。よってここでは、第一の方向性を量的研究の評価基準の応用ととらえ、第二の方向性との相違を明確化して議論を進める。

(5) たとえば、信頼性という基準をライフストーリー研究にあてはめると、同一の方法で同一の語りが得られる程度ということになる。しかし、同一の語り手であっても、インタビューの時期が違えば以前とは異なる語りが語られるのはむしろ当然であるし、聞き手が違えば語りはおのずと変わってくる。また、妥当性という基準をライフストーリー研究にあてはめると、インタビュアーが語り手から事実を引き出している程度ということになる。しかし、すでに述べたように、本書が採用する構築主義的アプローチは、語り手を回答の容器とはみなさず、インタビューを語り手から事実を引き出す場とは考えない（桜井・小林 2005）。

(6) ナラティヴ分析を採用するC・K・リースマンによる妥当性概念の再考も、ここでのフリックの議論と共鳴する（Riessman 1993）。リースマンによれば、ナラティヴ分析の目的は実証主義の立場で真実を明らかにすることではないため、信頼性という伝統的基準は適用できず、妥当性も抜本的に書き換えられる必要がある。そこでリースマンがこれらの基準に代わって提起するのが「妥当化 validation」（ibid: 65）であり、この過程を通じて研究者は自身の解釈が信頼に値するものであることを主張するのである。妥当性が唯一の真実に依拠した状態であるとするならば、妥当化とは、語り手のライフストーリーの「一貫性 coherence」、調査者による調査対象者への「応答 correspondence」、読者に対する「説得力 persuasiveness」、ほかの研究者による「実用的な利用 pragmatic use」などに基礎を置く過程なのである（ibid: 65-68）。

（7）依頼にあたっては、インタビュー調査の目的と方法、データの扱い方について説明した。顔にあざのある女性たちの問題経験を考察したいという調査の目的と同時に、顔に疾患や外傷をもつ人々の社会生活に関する研究がほとんどなされていない日本の現状を説明し、調査協力への理解を求めた。また、インタビューで得られた語りは、文字テキストに変換したうえで学術論文を作成する際に一部を抜粋する形で用いること、語り手の特定がなされないように名前や地名などの固有名詞は任意のアルファベット文字に置き換えることを説明した。

（8）初公開は二〇〇六年二月四日。出演者のプライバシー保護のため、劇場公開やDVD化はせず、上映会のみでの公開となった。

（9）「メイク塾」とは、カムフラージュメイクの専門家やそれをめざす人を対象に、クライアントのニーズが置き去りにされてきたこれまでのカムフラージュメイク・サービスを見直し、クライアントが満足するサービスを確立するために開催された勉強会である。詳しくは、終章第2節および終章の注（8）（9）（10）を参照されたい。

（10）ここでの語りの変化とは、第1節での整理をふまえると、語りの内容（何が語られたか）の変化と語りの方法（いかに語られたか）の変化とに区別できる。カテゴリー化にともない、語りの内容と方法のいずれも変化すると考えられるが、本書で焦点をあてるのは語りの内容の変化である。

第３章

隠して生きるのはつらい

Ａさんのライフストーリー

Aさんは、生まれつき顔、首、肩などに単純性血管腫をもつ四〇代前半（第一回目のインタビュー当時）の女性である。大学卒業後、企業の一般職に就いている。三一歳で結婚し、その後は何度か転職を経験している。Aさんのあざは広範囲に及んでいるため、手術や治療を受けることはあきらめ、大学二年生に進級する前の春休みにカムフラージュメイクをはじめている。あざをテーマにしたホームページを作成しており、Aさんへのインタビューはそのページに出会ったことがきっかけとなった。

外見は社会的な関心事であり、顔の異形は社会生活のなかで現実に利害関係を生み出すものであるにもかかわらず、これまで社会学のテーマとしてはほとんど扱われてこなかったこと。異形の人たちの問題経験に関心を持っていること。これまでの人生でどんな経験をしてきたか、当事者の話を聞かせてもらいたいこと。インタビューに先立ち、私は自分の問題関心と調査の目的をこのように説明していた。これに対してAさんは、「見た目の問題に研究として取り組んでくれてうれしい」と、私の研究に少なからず期待をよせてくれたようである。

Aさんには、合計三回のインタビューを実施している。(1) インタビュー中に何度も「ハンディ」という表現を使い、ホームページのプロフィール欄にも「ハンディと向き合って」というタイトルをつけていることからもうかがえるように、Aさんのライフストーリーの中心的テーマはあざという「ハンディ」による問題経験である。より詳細にみていくと、この「ハンディ」には二種類の意味が込められていることがわかる。ひとつは、あざのある顔のままで生きる「ハンディ」

であり、もうひとつは、あざを隠して生きる「ハンディ」である。Aさんのライフストーリーをあえて大づかみにとらえてみるならば、カムフラージュメイクであざを隠しはじめたという人生最大の転機を境に、前者のハンディから後者のハンディへの変化が語られているのである。

以下ではまず、あざのある顔のままで生きる「ハンディ」の内容を確認したうえで、カムフラージュメイクによってそれらがどのように変化したのか検討していく。次に、カムフラージュメイクによってもたらされたあざを隠して生きる「ハンディ」の内容を確認し、それらに対してAさんがどのような対処法をとっているのか検討していく。

第1節　カムフラージュメイク以前の問題経験

第一回目のインタビューが中盤に差しかかった頃、Aさんが何度か「ハンディ」という言葉を発していることに気がつき、私はその含意を確認しようとした。この問いかけに対してAさんは、あざのある顔のままで生きる「ハンディ」がどのようなものであるかを示すことによって答えている。

＊：あのー、なんか、あざが「ハンディ」だって、あの、ホームページで「ハンディ」っていう言い方を、いくつか、何箇所かされていて、で、今日のお話でも、あの、何度か「ハンディ」ってお使いになったと思うんですけど、それは、あの、どういう意味で使われてるのかなーと。

A：うん、ですよね。私もなんかね、使いながら、ハンディって「障害」ってことですよね？

＊：一般的に、なんか、うん、うーん、身体障害とかで使うかなーと。

A：ですよね。なんか「ハンディ」って書きながらも、うん、なんか、ほんとのハンディの人に、ちょっと悪いかなと思いながらも（笑）、でも、あのー、やっぱり、やっぱり障害なんですよね。なんか、ほんとにいちいち。うーん、あの、手も動くし、足もあれだし、なんか、走ったりとかもできるんだけど、やっぱり、うーん、ハンディですよね。素顔で生きてれば、うーん、①人の視線にさらされるし、子どもは追っかけてくるし（笑）。②で、就職は困難だし。うーん、あのー、なんか、③恋愛したり結婚したりするのも、やっぱりネックになるし。だから、ハンディ以外の何ものでもないと思うんですけど。

「ハンディ」とは通常は身体障害をさす言葉ではないかという考えを述べた私に対して、身体に障害をもつことと顔にあざがあることを区別し、身体障害者への遠慮をみせながらも、Aさんは顔にあざがあればやはり「障害」に直面することの連続なのであり「ハンディ以外の何ものでもない」と語っている。Aさんのこうした考えの根拠とされているのは、①人の視線にさらされる、②就職が困難である、③恋愛・結婚に支障をきたすなどの、あざのある顔のままで生きることにともなうさまざまな問題経験である。そこで次に、カムフラージュメイクをはじめる以前のこれらの問題経験がどのようなものなのか、Aさんのライフストーリーを確認していこう。

【人の視線にさらされる】

あざのある顔のままで生きることにともなう問題経験は、まず何よりも、あざが人目につきやすいことによる。小・中学生時代、友人に恵まれたこともあり、あざが原因でいじめられたりからかわれたりすることはなかったAさんではあるが、見ず知らずの人、なかでも幼い子どもからじろじろ見られたり追いかけられたりすることには頻繁に遭遇してきた。油断をしていると「突然、冷や水を浴びせられるような思い」をすることがあるため、「傷つかないために、自分は普通ではないことを一瞬たりとも忘れてはいけない」とみずから言い聞かせていたという。

A：あのー、それ［＝カムフラージュメイクをはじめる］までは、もう、人の視線がすごく気になって。あの、ホームページでもよく書いてるんですけども、電車に乗ってても、右をかばうというか、右には必ず誰も来ないように、あの、窓際に向いてみたりとか。あのー、ユニークフェイスの方も言われてたんですけど、(2)子どもがやっぱり怖いですね。うん。

＊：あー、あけすけに言うから？

A：もう、情け容赦がない（笑）。ただ、正直なんでしょうけどねー。子どもがああいうふうだっていうことは、大人は理性があるから、ああいうふうにならないだけで、ああ、みんな思ってるんだっていうことがわかるじゃないですか。（中略）ただ、あの、やっぱり、もう、とにかく、初対面の人とかすれ違った人でも、もう、すぐに、ぱっとわかるんですよね。［相手が］ハッて、こう、した感じが。だから、それとの、毎日、つき合いっていうか。だから、ほんとに気持ちが休まらないっていうか。

Aさんのあざが視界に入ったとき、ほとんどの大人は「一瞬ふっと」驚きや当惑を示すものの、じろじろと無作法に見返すようなことはしない。しかし、子どもにはこうした配慮がなく、むき出しの好奇心を向けてくるため、子どもとすれ違いそうになるとAさんは逃げるようにその場を立ち去っていたという。こうした「情け容赦がない」子どもの態度を、Aさんは大人の真意を代弁するものとしても受けとめている。自分の顔は「本当のところは」どのように見られているのだろうか。子どもに好奇の視線を投げかけられたり追いかけられたりすることは、Aさんにとって大人の「理性」の裏に隠されたものを確認する機会となっていたわけである。さらに、たとえそれらを率直には表現しないとしても、自分の顔を目にしてつねに驚きや当惑の感情を示されること自体、気持ちの平穏さが脅かされる出来事なのであった。

【就職が困難である】

Aさんは、勉強が好きではなかったにもかかわらず、就職を先延ばしにしたい一心で受験勉強に励み、大学進学をはたしている。このエピソードからは、学生時代のAさんにとって職業の選択はかなりの難題であったことがうかがえる。姉から指摘されたという「(Aさんが)がんばるのは、何かをしたいということからではなくて、何かから逃れたいというときだけ」という言葉にAさん自身が納得しているように、彼女の大学進学には「社会に出る」ことからの逃避という意味が込められていたのである。

大学生になったAさんは、母親や姉の口利きで飲食店とレジャー施設でのアルバイトを経験している。それらの店では、アルバイトの多くがAさんと同年代の女性であるなかで、彼女だけが「奥の部署」に配置されたという。

A:[最初にアルバイトをした]洋食屋さんは大きいお店だったから、たまたま高校の友達とかも、たまたまバイトに来てて。同じぐらいの歳の子ばっかりだったんですけど、私だけは厨房だったんです(笑)。

＊:ほかの人は注文とったり?

A:そう。注文とったり運ぶ役で。私だけなかで。で、注文がくると紙もらって、[店の]だんなさんに、あの、とんかつ揚げてる人にその紙を渡したり、あと、ちょっと洗い物したりとか。でも、そのときは、なんか、なんだろう、きっとぼーっとしてたから、意外とピンとこなくて。で、あんまりよく意味がわかってなかったんですけど、なんか、だんだん、「ああ、そういうことか」って見えてきて。イヤだなーって思うようになって。あと、スケート場のアルバイトは、姉が行ってて、口利いてくれて。で、高校のときからの友達も誘って行ったんですけど、友達とか、同じくらいの大学生がいっぱいいたんですけど、その子たちはスケートの貸し靴のカウンターの受付なんですけど、私だけは、なんか、あんまりそこに立たせてもらえなくって。裏にある、同じ系列のガソリンスタンドの洗車とかやらされて。フフフ。

＊：全然違う仕事じゃないですか。フフフ。

A：うん。で、「なんでかな」って思わなくても、それはもう、ピンときて。

Aさんによると、カムフラージュメイクをする以前も通常のファンデーションを塗っていたため、完全な「すっぴん」の状態ではなかった。にもかかわらず、自分だけ客と接する機会のない「奥の部署」に配置されてしまうのだから、もし「すっぴんだったら（アルバイトの採用を）断られたと思う」と推測している。こうした経験を通して、Aさんはあざのある顔で就ける職業がかなり限定されていることに気づかされていく。

【恋愛・結婚に支障をきたす】

Aさんによると、カムフラージュメイクをはじめる前、一度だけ複数の男女が集まったコンパに参加したことがある。コンパの会場が薄暗かったせいもあり、通常のファンデーションを塗っただけであったが、顔のあざに気づかれることはなかった。楽しい時間を過ごしていざ帰宅しようとしたとき、Aさんの顔が地下鉄ホームの入り口の照明に照らされ、あざの存在に気がついた男子学生が「ハッと引いた」のが手に取るようにわかったという。こうした「素顔のときの苦い経験」を重ね、恋人ができはじめた周囲の友達と自分との境遇の違いを目の当たりにするにつれて「自分のことが見えてきた」Aさんは、「恋愛はできない」というあきらめの境地に達している。

A：大学入ったときに、恋愛はできないって思ったんですね。友達はどんどん、彼氏とかできるんですけど、なんか、声かけられたこともないし。うん。見えてきますよね。自分のことが。なにも好き好んで、ねぇ、こんな人、選ばないなって見えてきて。恋愛はできないなって思って。

第2節 転機としてのカムフラージュメイク

Aさんがカムフラージュメイクをはじめたのは、大学一年生のときに大学病院で医師に勧められたことによる。病院で治療を受けようと思ったのは、人から視線を向けられるなど「外でつらい思いをしていた」ためであり、周囲の友達に恋人ができはじめ「みんなそういうふうになってくのに、自分は悲しいなと思った」ためでもある。それまであざにまつわる苦しみやつらい出来事を家族にもほとんど打ち明けないできたAさんであったが、こうした状況を少しでも変えたいと思い、母親に治療をしたいという気持ちを伝えている。ある大学病院を訪れたものの、当時は有効な治療法が確立されていなかったため、医師にカムフラージュメイクを紹介されたのである。このときの状況についてAさんは、「何もわからず、何も考えず、医師に勧められるがままにはじめてしまった」と表現している。

Aさんは自分の人生を振り返りつつ、カムフラージュメイクをはじめたことを「転機」として位置づけている。というのは、カムフラージュメイクをするようになったことで「良くも悪くも」劇的な変化を経験したためである。

A：やっぱり、でも、お化粧が一番転機でしたかねー。まぁ、ほんとに、一八〇度変わったので。あの、良くも悪くも。

＊：ああ、良くも悪くも？

A：あのー、異性との、異性の人との関係にしてもそうだし。（中略）あと、子どもが集団で来たら、怖いから逃げてたんですけど、それはもう、なくなりましたよね。就職もね、とりあえずできるし。で、うん、まぁ、そういうことぐらいですかね。でも、それは、かなり気が楽になって。でも、悪いことも、なんか同じぐらい出たんですけどね。

カムフラージュメイクをはじめたことによって、Aさんの問題経験（①人の視線にさらされる、②就職が困難である、③恋愛・結婚に支障をきたす）には大きな変化が生じている。Aさんにとってカムフラージュメイクは自分が置かれた状況を変えようと意識的に選択したものではないが、結果的には自己の問題経験への有効な対処法となったわけである。①の問題経験については、カムフラージュメイクで「普通の顔」になることで不特定多数の人々のなかに「埋没」できるようになり、もはや特別な関心の対象にはならない気楽さを手に入れたという。

【仕事ではカバーマークがあってよかった】

②の問題経験については、「カバーマーク[3]がなければ、就職も難しかった」というように、カ

ムフラージュメイクはAさんの就職を強力に後押ししたものとして語られている。また、カムフラージュメイクはAさんが利害関係に巻き込まれることなく仕事を継続していくために欠くことのできないものである。

A：あの、私は絶対、仕事では素顔になるつもりはないんですね。なんでかというと、会社とか仕事では利害関係が発生するじゃないですか。

＊：うんうん。

A：やっぱり不利なんですよね。で、もう、私生活だったら、もう、あの、人間関係は利害関係ないから。うん。たとえば、こう、私のことを、こう、よくないこと感じたら、侮蔑があるとか感じたら、私生活なら、もうつき合わなければいいけど〃＊：はいはい〃会社とか仕事関係だと、そういうわけにはいかないじゃないですか。つき合ってかなきゃいけないじゃないですか。あと、たとえば、なんだろう、そこまで考えたことないんですけど、おんなじ仕事の失敗とかしても、なんか、あの、やっぱりそういうのがあるとマイナスイメージになっていっちゃうから、やっぱり利害関係が発生するから。だから絶対、仕事では、素顔になるつもりはないんですね。仕事ではカバーマークがあってよかったなって思う。

Aさんは、私生活上の人間関係と仕事上のそれとを比較しながら、後者において顔のあざが

「利害関係」を生じさせる可能性について述べている。あざのことで「侮蔑」された場合、私生活上の人間関係であればそのような相手とのつき合いをやめてしまえばすむのとは違い、仕事上の人間関係は、自分が職場を去らない限り、そう簡単に断ち切ることができない。こうした利害関係を説明するにあたってAさんが紹介してくれたのは、ある企業で働いていた際のエピソードである。職場の人たちから「気の強さ」を快く思われていない女性社員がおり、病気かケガか原因はわからないが、彼女の顔は歪んでいたという。Aさんが親しい職場仲間たちと居酒屋に出かけた際、その女性社員が話題にのぼり、普段は「聡明」な同僚が不意に「顔が歪んでるくせに」と言い放ったという。この場面に居合わせたAさんは、酒の席ということもあるだろうが相手がたとえどんなに聡明であったとしても人間関係がこじれれば「思わず本音が出る」のであり、「いつどんな目にあうかわからないから、人には（あざのことを）知られない方がいい」と改めて強く認識したのである。このように、Aさんが仕事では絶対に素顔にはならないと決めているのは、人間関係がぎくしゃくした際にあざが攻撃の対象にされたり、人と同じミスをした際に同僚たちによりマイナスのイメージを与えてしまったりするのを避けるためである。

【急にモテはじめた】

さらに、③の問題経験についても大きな変化が訪れている。カムフラージュメイクであざを隠した途端、男性に声をかけられるようになったのである。ときには、旅行先で知り合ったり、喫茶店で居合わせたりしただけの男性に交際を申し込まれることもあったという。「素顔のときの苦い経験」と対比させながら、Aさんはカムフラージュメイクをはじめてからの「モテモテ」ぶりについて次のように語っている。

A：なんか、「カムフラージュメイクをはじめたら」急に声かけられるようになっちゃったりして（笑）。

＊：うん（笑）。ホームページにも、その変化っていうか、書いてあって、ああ、こんなに大きな違いなのかなってすごくびっくりしたんですけど。

A：なんか、それまで、男の人に声かけられることなんて、ただの一回きりもなかったのに、もう、モテ出して。今はすっかりおばさんだけど（笑）。

＊：いえいえ。アハハハハ。

A：あの頃はまだ細くて。なんか、ほんとに、モテモテになっちゃって（笑）。びっくり。なんか、「ちぇっ」て感じ。ウフフ。「どういうこと？これは？」って感じ。ウフフ。

＊：反面うれしいけど、反面うれしくないみたいなですか？

A：うん、複雑ですよね。「じゃあ、化粧とってやろうか！」みたいな（笑）。「コノヤロウ！」みたいな。ウフフフフ。

カムフラージュメイクは、結婚においても大きな役割をはたしている。Aさんは、カツラを使用している男性に「共感」を示しながら、カムフラージュメイクが「出会いのきっかけ」になると指摘している。

A：カツラの人が、前、テレビで観たんですけど、若いのにカツラの男の人がいて、その人がカツラ被ってるんですけど、最初、たとえば恋愛なりお見合いなりするときに、まぁ、若いのに、なんか、すごい頭ツルツルだと、やっぱりちょっと引かれちゃうんですって。

＊：うんうん。

A：だけど、カツラ被って、出会う。それで、こう、あの、こう、自分の人となりをつき合ってるうちにわかってもらって、そうすると、だんだんわかってもらうと、「実は、僕はカツラなんだよ」とかって言ったときでも、もう人となりをわかってもらってるから、自分の内面に惹かれてもらってるから／／＊：うんうん／／だから、そのまま、うまくいくこともあるかもしれないけど、カツラをしてないと、まず出会いもない。

＊：あー、そうですねー。

A：うん。最初から引かれちゃうから。それを考えると、カバーマークも、あの、悪いことばっかじゃないと思うんですけどね。たぶん、あの、その、なんか、きっかけを。すっぴんだったら、たぶん、お見合いもたぶん、なんか、する勇気も出なかっただろうし。あえて聞かないですけど、もしすっぴんだったら、あの、夫もね（笑）、引いたかもしれないし。でも、［あざを］見たときには、もう私の人となりをわかってて、もう、ねぇ、惹かれてくれてたから。うん、「そんなことなんでもない」とかって思ってくれたけど。

カツラやカムフラージュメイクはたしかに「本来の自分を隠す」ものであるが、それをしないと薄毛やあざが「ネック」となって「出会い」の段階でつまずいてしまう。自分の「人となり」を理解してもらう段階になれば、薄毛やあざなどまったく問題にならないかもしれないのに、その段階まで進めないというわけである。Aさんと夫は見合い結婚である。カムフラージュメイクをして見合いに臨んだAさんは、相手が自分に惹かれていることがわかってから、顔のあざを見せている。カムフラージュメイクは、Aさんと夫が出会い、関係を深めていくうえでも大きな役割をはたしたのである。

第3節　カムフラージュメイク以後の問題経験

カムフラージュメイクをはじめたことが「良い意味での転機」とAさんが語っているのは、以上のような意味においてである。しかし、カムフラージュメイクという対処法によって、Aさんはこれまでとは別の問題を抱えることになった。カムフラージュメイクをはじめたことが「悪い意味での転機」でもあるのは、このためである。そこで次に、あざを隠して生きる「ハンディ」についてみていこう。

【架空のつき合いをしてるような感覚】

Aさんによれば、カムフラージュメイクは「普通の顔」として「イヤな思いをしないで生きていくうえでの必需品」であり、以上でみたように実際に「メリット」も多いものの、「それと同じくらいなくすものも多い」という。「なくすもの」としてインタビューで頻繁に語られたのは、親密な人間関係である。たとえば、素顔を隠しているため友達と泊まりがけで出かけることができないし、何より隠し事をしていて「ほんとに友達なんだろうか」という思いが「澱」のようになって心の底に溜まっているという。

A：あの、『顔面漂流記』のなかの手記の女性。町野さんだったと思うんですけど。
＊：ああ、はいはい。
A：あの方が言われているのもその通りだと思うんですけど、うーん、女の友達とでも、親しくなっても、やっぱり、自分の素顔を知らないってことは、隠してるってことは、ほんとに友達なんだろうかっていう。旅行に誘われたりだとか、なんか、いろんなこと誘われても、隠してるから行けないじゃない

ですか。
＊：ああ、はい。
A：うん。だから、一回隠してしまうと、途中から、あの、話したりとか見せたり、まぁ、話すくらいならできても、うん、見せたりとかっていうのは無理なんですよね。そうすると、ほんとに、あのー、なんか、いつも、なんか、なんでしょうか、あの、架空のつき合いをしてるような感覚。

石井政之の著書『顔面漂流記——アザをもつジャーナリスト』に深い感銘を受けたというAさんは、(4)そのなかで紹介されているあざのある女性、町野美和の手記(5)に自分の経験を重ねあわせながら、カムフラージュメイクによって新たに生起した問題経験について語っている。町野がカムフラージュメイクによって好奇の視線から解放されたように、Aさんもまた、不特定多数の人々が居合わせる場所で特別な関心の対象にならない気楽さを手に入れたのであった。しかし、町野が今度はあざを隠しているという意識に振り回され、「直接的には他者との関係を結ぶことができなくなってしまった」（町野 1985: 26）のとちょうど同じように、Aさんも友人関係に深刻な変化を感じざるをえなかったという。Aさんがカムフラージュメイクをはじめたのは、大学一年生の春休みといういささか区切りのよくない時期であるため、大学の友人の多くはAさんにあざがあることをすでに知っていた。新学期に突然カムフラージュメイク姿で登場したAさんを目にして、友人たちはやや驚いたような戸惑ったような様子であったが、露骨に聞いてくる人はいなかったという。このように、友人たちとのつき合いに表面上は特段の変化は起こらなかったが、Aさん自身は、素顔を隠しはじめたことで心に「曇り」を感じることになったのである。

これに加えて、カムフラージュメイクをはじめて以来の変化としてAさんが自覚しているのは、「すぐ人に迎合しちゃう」傾向である。カムフラージュメイクをしていてあざが実際に見えているわけではないとはいえ、あざについて不意に「攻撃」されるのではないかという不安をぬぐい去ることができないため、「敵はつくらないように」心がけているという。

A：やっぱり、あの、きつく出ると、なんか、あざがあるくせにとか／／＊：うん／／ハンディがあるくせにとか、なんか、すごくいい人がある日突然、なんかころっと変わっちゃうんじゃないかっていう不安があって。やっぱり、ちょっと、迎合しちゃうかなーって。あの、なんか、神田うのみたいにきれいだったら、フフフ、言いたいこと言って生きてるかもしれないと思って。だから、敵はつくらないようにしてるのは／／＊：うん／／あざのせいかもしれない。ただ、そうするとやっぱり、自分を自己主張できないから、無理があるじゃないですか。だから、深くつき合えないっていうか。薄く広くつき合って。すごーく親しくなっちゃうと、怖くなって引いちゃうみたいなところがあって。だから、なんか、不義理なヤツになっちゃう（笑）。

＊：不義理？

A：うん。不義理なヤツになっちゃって。友達だと思って、こう、深く入ってこられても、なんか、すごく負担になってきちゃって。

さらにAさんは、「もう化粧なしでは生きていけない」という「強迫観念」に駆られるようになった。この強迫観念は、ノーメイクのAさんがいる部屋に突然誰かが入ってくる夢をしばしば見たり、寝坊してメイクをする時間がなくなってしまうのを心配するあまり熟睡できなくなったりするほど強いものだった。最近でこそ、こうした夢を見ることはなくなったが、天変地異など不測の事態でカバーマークが入手できなくなるのが不安なので「できれば二〇年分くらいは買い置きしたい」と思っていたこともあったという。

【生活の糧を失いかねない】

親密な関係以外にカムフラージュメイクによって「なくすもの（なくしかねないもの）」としてインタビューで語られたのは「生活の糧」である。カムフラージュメイクのおかげで大学卒業後に無事に就職し、何度か転職を経験しながら、職場の利害関係に巻き込まれることなく仕事を続けてきたAさんではあるが、メイクのせいで逆に大きな問題を抱えることになった。それは、カムフラージュメイクがこすれ落ちてしまうような会社の制服や泊まりがけのイベントのせいで、あざの存在がいつか露見してしまうのではないかという不安と恐怖である。

Ａ：とにかく制服がネックで。社員旅行も、宿泊はもちろんできないじゃないですか。で、研修なんて、なんか宿泊研修なんてあろうものなら、ノイローゼになっちゃうぐらい。アハハハハ。だから、ほんとに、なんか良いのか悪いのかっていう感じですね。カバーマークも。（中略）

＊：やっぱり社会に出ることに対して、抵抗っていうか、そういう気持ちはありました？

Ａ：やっぱり怖かったですね。だから、うーん、じっとテレビ観てても、なかなかなれるものないんですよね。これだけのハンディで。化粧してるってだけのハンディで。もちろん、スポーツ選手は無理ですよね。ダラダラ汗かいて。スポーツも運痴［＝運動音痴］だからいいんですけど（笑）。で、たとえば、こう、キャリアウーマンでバリバリしようとしても、働くとしても、なんか、たとえば宿泊の出張が多かったり、なんかそういうものあると、こう、こっちの方で気を使わないといけないから、もう、そっち、仕事に集中できないだろうなって。なんか、ちょっとずつ、全部引っかかるんですよね。

Ａさんのあざは首や肩にまで及ぶため、顔だけでなく首周りにもカムフラージュメイクをしている。それが目につきやすい襟の大きく開いたブラウスや、こすれ落ちたカムフラージュメイクが目立ってしまう白い服など、どうしても着られない衣服がある。その典型ともいえるのが、多くの企業で女性社員の制服として採用されている白いブラウスである。制服がないことを確認して志望したにもかかわらず、Ａさんが大学卒業後すぐに就職した会社では、入社後まもなく制服が導入されることになった。「制服ごときで退職するわけにはいかない」との思いから、Aさんは制服担当の上司に相談のうえ、夏にもハイネックの冬用制服を着用したという。泊まりがけの研修や社員旅行に際しても、Aさんは同じような対処法をとっている。

A：とんでもないネックとかね、必ず起きてくるんですよ。あの、とくに会社だと。社員研修だとか、社員旅行とか。そのたびに会社辞めるわけにいかないから。ああ、どうしよう、ああ、泊まりの研修があるって。研修の前に、もう辞めようと思うんだけど、でも、そんなことしてたら、［職を］転々としてねー（笑）。

＊：［転職した先々で］また研修あるし（笑）。

A：そういうときに、苦肉の策で、アンテナ張って、網張って、引っかかった人に打ち明けて。

こうした対処については、Aさんのホームページに詳しく記されてある。たとえば、いろいろな理由をつけては社員旅行への参加を断ったり、個室に泊まれるように上司に相談したり、個室が無理な場合は味方になってくれる「いい人」の見当をつけようと「アンテナ」を張りめぐらせ、あざの存在を打ち明けて同室になってもらったりしたという。しかし、Aさんによれば、研修や社員旅行などの「ピンチ」を何とか乗り切ってはきたものの、会社にいる以上はその連続であり、いつか「糧を失うのではないか」という「危機感」を持ち続けていたという。「糧を失う」とは、社員旅行や研修によってあざのことを周囲に知られるくらいならいっそのこと会社を辞めてしまいたいが、もしそうなればいつかは経済的困窮に陥ってしまうという状況をさしている。

「カバーマークがなければ、たぶん就職もきつかった」というように、カムフラージュメイクはAさんが就職するにあたって重要な役割をはたしている。しかし、「化粧してるっていうだけのハンディ」が「ちょっとずつ、全部引っかかる」という言葉が如実に示しているように、カムフラージュメイクは職業生活に関するAさんの行動や思考を大きく制限している。つまり、あざを隠しているということが、あらゆる計画を立てる際の出発点となり、すべての思考の前提条件とならざるをえないのである。

【引け目を感じなくてすむ相手としか恋愛できない】

カムフラージュメイクをはじめてから「モテ出した」Aさんではあるが、恋愛や結婚の困難を完全に克服できたわけではない。カムフラージュメイクによってこれまでのように出会いの段階でつまずくことはなくなったものの、今度は恋愛関係を進展させていくことに困難を感じるようになったのである。たとえ好意をよせられても「(あざのある)自分には不つり合いだ」と思いとどまってしまい、あざがあるという「負い目」を「ちゃらにしてくれるような」人[6]としか恋愛できなかった過去を、次のように振り返っている。

Ａ：自分にそういう、こう、負い目があるから、なんか、それに見合うような人を選んじゃうんですよね。なんか、たぶん自分の性格もあるかもしれないんですけど。

＊：見合う人？

Ａ：うん。なんか、たとえば、なんだろう、うーん、ほんとしょうがないな、しょうもないなって、たとえばものすごく年上の人だったりとか、うん。うーん、なんか、うーん、なんか、なんかうまく言えないんですけど。

＊：引け目を＝

Ａ：＝そう、ちゃらにしてくれるような。

＊：あーー。

Ａ：そういう感じの人。もう、ねぇ、選ぶっていうか、言われたら、いろいろ言われてくるんですけど、そんなかで、もうこれくらいなら、なんか、こう、あれかなっていう。ずるいんですけどね。弱いっていうか。

あざがＡさんに「負い目」をもたらし、そのせいでＡさんはあざと差し引きゼロになるような事情のある相手をあえて選んでいたのではないか。この章をまとめる過程でこうした解釈をフィードバックしたところ、あざがあることと恋愛の相手をそれに見合う人に限定していたことを（「負い目」を媒介にしているとはいえ）直結させている点について、Ａさんが注釈を加えてくれた。Aさんによると、あざが帳消しになるような相手を選んでいたのは、厳密にはあざそれ自体のせいではなく、「自分の弱さのせい」であり「弱さからくるずるさのせい」であるという。なぜなら、たとえあざがあったとしても、「弱さ」やそこから生じる「ずるさ」がなければ、恋愛の相手を自分のあざが「ちゃら」になるような人にわざわざ限定する必要などなかったと思うためである。「弱さ」というのは、好意を抱いた相手に素顔を見せられない「弱さ」であり、「ずるさ」というのは、自分が傷つかないために素顔を見せることから逃げようとする「ずるさ」である。私のやや性急な解釈を補足してくれたAさんではあるが、そうした感情を助長させたのは、やはりあざなのだと話している。

複数の男性から交際を申し込まれる経験がありながら、Aさんが恋愛に対して屈折した思いを抱き続けていたことに疑問を感じた私は、モテ出したことで心境の変化は生じなかったのか、質問を向けてみた。

＊：いろいろ、その、つき合うとか言い寄られるとか、そういう経験してるうちに、なんか、自信じゃないですけど、そういうのって生まれなかったんですか？

A：つき合ってるうちに自信？

＊：あのー、なんか、その喫茶店とかで言われる［＝交際を申し込まれる］っていうのも、［その店に］すごい通ってたら、性格とかもわかるかもしれないけど、あの、要するに、その、あの、見た目がす

ごい気に入ったとかで∥A：うんうん∥たぶん、声をかけられたと思うんですけど。そういうのって、なんていうかな、女の人だったらけっこううれしいというか、自信になるところだと思うんですけど。

A：だから、それはやっぱり、あの、うーん、自分自身じゃないからですよね。あの、カバーマークをしてるのが。すっぴんでいるところを気に入ってくれたら、もう、ねぇ、うれしくて、もう二つ返事とかしちゃうんですけど（笑）。もう、ねぇ。四〇分かけたお化粧をして化けた自分を見て言ってくれるんだから、なんか自分じゃない。うん。逆に怖いですよね。

＊：なんか、自分、私がその同じシチュエーションを考えたときに、私はカバーマークじゃなくて普通の化粧ですけど、でも、自分の素顔とはちょっと違うわけじゃないですか。

A：うんうん。

＊：化粧してるという時点で。そのときに、化粧した私の顔を見てこの人は声をかけてきたっては、思わないと思うんですよ。

A：うんうんうん。

＊：と考えると、それだけ、なんか、カバーマークしてる顔としてない顔って、全然違うものとしてとらえてらっしゃるってことかなー。

このやり取りにおいて私は、初対面で男性に声をかけられるというのは外見が気に入られたのであり、それは女性にとっては自信になる経験ではないかとの考えを述べている。つまり私は、そうした女性としての自信が、Ａさんにおいてなぜ恋愛に対する積極性につながらなかったのか、不思議に思ったわけである。これに対してＡさんは、初対面の男性が気に入ったのは「お化粧をして化けた自分」であり、その意味で「自分自身ではない」ため、自信になるどころか「逆に怖い」と語っている。こうした返答を受けて、自分がもし同じ状況に置かれたら、男性が「お化粧をして化けた自分」に声をかけたとはおそらく考えもしないことから、カムフラージュメイクをしている顔としていない顔をＡさんがいかに「全然違うもの」ととらえているかに私の理解が及んでいる。Ａさんのいう「恐怖感」については、インタビューの別の場面では次のように語られた。

Ａ：怖いですよね。つき合ってて、それを見せる瞬間があるかもしれないと思うと、うーん、すごく好きになったあとに。そしたら、もうやめようと思っちゃう。
＊：それで、なんか、そういうのがお互いいなくなるような相手を？
Ａ：そう、そうなんですよね。そこまででもないんですけど、うん、まぁ、ねぇ、そんな引け目を感じないような。

Ａさんの恐怖感は、あざの存在を好きな相手に打ち明けたり素顔を見せたりする段階になり、相手に「引かれる」ことを懸念するところからきている。こうした恐怖感を味わわなくてすむように、そしてたとえ「引かれる」ことがあっても自分が傷つかないように、Aさんは恋愛の相手を「(あざのある自分でも)引け目を感じなくてすむ人」に限定したのである。

いくつかの恋愛は経験してきたものの、こうした基準で相手を選んでいたために、結局のところは「それだけの人」であり、結婚を考えられるような関係には発展しなかったという。しかし、二〇代半ば頃に「仲人を生き甲斐にしてるような世話焼きおじさん」に見合い話を勧められた姉とは違い、三〇歳目前まで独身でいたAさんにはそういう話が持ち込まれることはなかった。

A:私にはそういうおじさんは来なかったんですね(笑)。
＊:え? それは、あの、お姉さん限定で、おじさん来たんですか?
A:そう。
＊:えーー!?
A:姉にだけ来たんですよ。そのとき姉は、二五超えてたから、そういうおじさん来ちゃったんですよね。でも、私は三〇近くても誰も来なくって。だから、私には来ないんですよね。やっぱり。たぶん、あざのことで。

その後Aさんは、幼少の頃から彼女を見知っている人の紹介で、二度の見合いを経験している。最初の相手は「ひと回りくらい年上の人」で、二度目が「バツイチ」の男性(＝現在の夫)である。Aさん自身、「ハンディ」があるにもかかわらず見合いができたのは、相手がかなり年上であったり離婚経験のある相手であったりしたためであると理解している。姉に持ちかけられた見合い相手は適度に年上であり、離婚経験のある男性というのは縁談相手としては到底考えられなかった。「今でこそバツイチなどめずらしくない時代」ではあるが、当時はけっしてそうではなかったという。姉の見合い話と比較しながら、Aさんは「私にはあざがあるから、やっぱり普通のお見合いは難しかった」と語っている。見合いのいきさつを改めて思い起こしてみると、自分にあざがなかったらはたして「バツイチ」の男性を紹介されただろうかと考えずにはいられないのである。

ただし、Aさんの結婚生活はうまくいっており、夫に対して不満を感じているわけではけっしてない。また、見合いを仲介してくれた知人に対しては、意識的にAさんのあざにつり合うような男性を紹介したのだろうかと想像をめぐらせたこともあったが、いずれの見合い相手も人柄的にも経済的にも「申し分のない人」だったこともあり、「なんとか私を幸せにしてあげたいという思いだったのでは」と考えているという。

第4節　カムフラージュメイク以後の問題経験への対処法

ここまで、二種類の「ハンディ」に注目しながら、Aさんの問題経験を検討してきた。Aさんにとってカムフラージュメイクは、人の視線にさらされる、就職が困難である、恋愛や結婚に支障をきたすという問題に対する有効な対処法であった。しかし、カムフラージュメイクは同時に、親密な人間関係を構築できないという問題をAさんにもたらしている。問題経験への対処が、新たな問題経験を生起させているわけである。以下では、この新たに生じた問題経験に対して、Aさんがどのような対処法をとっているか検討していく。

【最終的な戦略／選択としての結婚】

まず、恋愛関係をめぐるAさんの対処をみていく。これまで自分が惹かれる相手との恋愛を徹底して避けてきたAさんであったが、二九歳のときに見合いを通して結婚を意識する男性（＝のちの夫）と出会っている。見合いではカムフラージュメイクをしていたが、お互いの「人となり」を理解しあえたと確信できた段階で結婚を決め、素顔を見せている。それまでのAさんは、自分が好意を抱いた相手に素顔を見せるのを恐れるあまり、「引け目」を感じなくてすむ男性とつき合うという「ずるい選択」のせいで手痛い失敗を重ねてきた。しかし、このときのAさんは、素顔を見せることに恐怖や不安をともなわないような関係を相手とのあいだに築いたのである。それはまさしく、「そんなこと（＝あざがあること）なんてなんでもない」といった信頼関係である。

Aさんによると、結婚はそれまで繰り返してきた不本意な恋愛に終止符を打つことであったと同時に、会社で次々に直面する「ピンチ」を回避するための「最終的な戦略」という意味合いもあったという。

A：あの、最終的な戦略は結婚だったんですね。私の場合。

＊：ああ、うんうんうん。

A：うん。とても私の能力では、自立していけないし。あざがあって、会社も研修やら社員旅行やらでいっぱいいっぱいで。でも、食べてかないといけないでしょ。だんだん歳とっていくし。私は、生きてくためには結婚だって、あるとき思ったんですよ。三〇前に。こんなことじゃ、もうダメやと思って。誰かに、おんぶにだっこして暮らしていけたらいいなぁと漠然と思って（笑）。それで、たまたま［見合いの話が］あったんですけど。

（中略）

＊：逆に考えると、Aさんにとって、顔にあざがあるっていうのは、なんていうかな、経済的な、なんか、食べていけるかどうかの問題と、すごく直結してたっていうことですよね。

Ａ：うん、うん。

Ａさんは、見合いで現在の夫と出会ってから、「ちょっとぐらいはよくなって結婚したい」と思い、レーザー治療を開始している。(7) これはレーザー光線を照射することで一時的にやけどの症状を引き起こす治療法であり、治療後一週間ほどは患部をガーゼや包帯で覆わなければならない。それまでは、職場の人にあざの存在を知られることをひどく警戒してきたＡさんであるが、治療中は「あるときは首に包帯、あるときは顔にガーゼ」という格好で仕事をしていたという。Ａさんが「前だったら、そんなことは絶対ありえなかったんですけど、結婚したいっていう一念が（笑）」と言うように、このエピソードからは、結婚に対するＡさんの並々ならぬ熱意がうかがえる。

Ａさんによると、世間で「負け犬」とよばれる独身女性は、自力で「糧」を得ながら生きているという意味で「ほんとは負け犬なんかじゃない」という。あざを隠さなければならないという「ハンディ」を抱えたＡさんは、それが露見していつ仕事を失ってしまうかわからないため、「負け犬のままではいられない」のである。こうした危機感から見合い結婚をしたＡさんは、結婚という「戦略」の効果について次のように語っている。

＊：あー、じゃあ、最大の戦略は結婚なんですねー。

Ａ：うん。だから、結婚する前は、してからもしばらくは、たとえば、テレビ観ながら、ああ、私にはあれは無理だ、あれは無理だって、なんか、そういうふうに、なんか、悲しいっていうか、冷めてて。いつも、半分そうやって観てる自分があったんですけど、最近気づいたら、そういうふうに思わなくなってるんですよ。ああ、今、幸せなんだなーと思って。このあいだ、荒川（静香）選手の観てて、ああ、私、そういえば、昔だったら、自分はたとえどんなに才能があってもスケーターにはなれないなとかって、絶対、思ったのに、今、そういうこと思いもしないなって。ああ、幸せなんだって。だから、結婚の戦略は、ウフフ、当たったなって。

Aさんによると、恋人の家に突然押しかけるテレビドラマのヒロインを観ては「自分は素顔を見せられないから、この人にはなれない」などと、かつてはテレビに登場する人物と比較し、あざのある自分の境遇を嘆いてばかりいた。しかし、首や肩が露出する衣装を身につけているフィギュア・スケートの選手について、以前のAさんであれば「自分は（首にも肩にもあざがあって）こういう服を着られないから、この人にはなれない」という目線で観ていたはずが、その演技に素直に感動している自分に気がついたという。Aさんは、こうした変化の原因を、結婚によって「糧を失うピンチ」から解放されて「気持ちが楽になった」ことに求めている。まさしく「結婚の戦略は当たった」のである。[8]

Aさんをはじめ、顔にあざのある女性たちが作成しているホームページ上では、「あざ持ちさんは幸せな結婚をする」という書き込みをしばしば目にすることがある。既婚者の体験談をもとに、あざがあることで出会いの機会はたしかに制限されるが、最終的には理解ある相手とめぐり会って幸せな結婚生活を送っているケースが多いと言われているのである。会社での泊まりがけのイベントの際、Aさんが「アンテナ」を張りめぐらせてあざを隠し通すのを助けてくれる人の見当をつけようとしていたことはすでに述べた。Aさんによると、「あざ持ちさんが幸せな結婚をする」のは、幼少期から他者に否定的な反応を向けられてきた経験により、自分を傷つける人とそうでない人を慎重に嗅ぎわける「アンテナの張り方がうまい」ためであるという。

インタビューでのAさんは、結婚をあざのある顔で人生を生き抜くための「最終的な戦略」と表現していた。しかし、この章をまとめるにあたって私の解釈をAさんにフィードバックすると、「『戦略』は誇張しすぎなので『選択』という言葉の方が合っている」とのコメントを返してくれた。たしかに、インタビューの最中は「戦略」という「積極的な言葉」を用いたのだが、あざのことを受けとめてもらえるか両親共々「不安」を抱えつつ、最終的に「夫の人となりを確信して結婚に踏み切った」という経緯を考えると、「もう少し消極的な『選択』という言葉」の方がふさわしいのだという。

【「奇跡の人」としての義兄】

Aさんにとって結婚は、二つの意味において人生の「転換点」である。ひとつは、日常の問題経験を表明することができる相手を得たという意味においてである。Aさんによると、あざのせいで家庭の外でつらい目にあっているということを親に知られるのが「恥ずかしい」という感情があり、悩みや苦しみを家族にもいっさい打ち明けないできた。そのため、Aさんのあざに関する話題は家族のなかで「タブー」になっていった。実際、大学生になってはじめて「治らないかな?」と母親にやっとの思いで切り出すまで、Aさんも家族も、彼女のあざについて触れることはほとんどなかったという。長年にわたってお互いに入り組んだ感情を抱えてきた親子関係とは違い、夫との関係は何のしがらみもないまっさらなところから新たに築き上げていくものである。だからこそ、自己の問題経験を表明したり、相手にそれへの理解を求めるたりすることができるのである。

もうひとつ、Aさんにとって結婚が転換点であるのは、カムフラージュメイクをして以来、はじめて「素顔で人と向きあう」関係ができたという意味においてである。Aさんが相手に素顔を隠していたら成り立たない結婚という関係に飛び込むことができたのは、姉の夫によるところが大きい。すでに他界している義兄について、Aさんは次のように語っている。

A：自分のなかでは、化粧をはじめてから素顔で人とつき合うっていうのは、ありえなかったんですよ。だから、結婚もできないと思ってて。前も言ったと思うんですけど、化粧すればするほど、隠してるっていうその意識、逆に自分のあざを意識しちゃうんですよね。隠してると逆に。で、素顔を見せれなくなっちゃうし。だから、もし、すっぴんのときに火事が起きたら、外に飛び出さずに、燃えて死んだ方がいいと思ってたんですけど。義兄に出会って、義兄に、この素顔を見せるようになったときに、やっぱり火事になったら逃げようと思って（笑）。ここで第一の、心が解き放されて。で、それがあったから、でも、結婚もできたのかもしれないですね。

Aさんはホームページにおいて、彼女のあざを目にした人の反応を、露骨に驚いた顔をする人、平静な顔を装いながらも瞳のなかに驚きを隠せない人、そして瞳のなかにも驚きがない人の三つに分類している。もし立場が逆だとしたら、自分はおそらく二番目の反応をしてしまうことから、Aさんは三番目の人たちを「奇跡の人」とよんでいる。義兄は、Aさんがはじめて出会った「奇跡の人」であり、のちに出会う夫がまさにそうであったように、「奇跡の人」はほかにもっと存在するのだという希望をAさんに与えてくれた人物でもある。

Aさんは、あざがあることで自分が経験している問題が他者にはなかなか理解されないことにもどかしさを感じてきた。たとえ家族であっても例外ではない。たとえば、母親と一緒に買い物に行ったとき、真っ白なブラウスなど、首にもカムフラージュメイクをしているAさんが到底着られないような服を勧められることがあったという。また、長く勤めた会社を辞めたあと、制服も社員旅行もないという条件で次の会社を探していたため転職に苦労していたAさんに対して、姉は「いい加減、働かなあかんがね」と厳しい言葉を投げかけたという。Aさんはこれらの経験を振り返りながら、あざがあることやカムフラージュメイクをしていることがいかに「日々の生活に引っかかる」か、たとえ身内でも「わからない」のであり、友人や知人はなおさら「わかりようがない」と語っている。この意味で、当事者とそうでない人とのあいだには「ギャップ」があり、「あざのない人と共感するのは難しい」のである。そうしたなか、あざがあることやカムフラージュメイクをしていることでAさんが抱えている「痛み」を唯一理解してくれたのが義兄であった。

A：義兄はね、なんていうんでしょうか、あの、うーん、なんか、それまで、うーん、肉親ももちろん、私のことをもちろん、なんかいろいろ心配してくれたりとかしてたんですけど、なんか、でも、わからないじゃないですか、当事者じゃないから。
＊：ああ、はい。
A：でも、義兄はなんかね、なんか、手に取るようにね、わかるんですよ。人の痛みが。

「肉親以上に気持ちをわかってくれた人」としての義兄についてインタビューで語られたのは、次のエピソードである。二〇代前半の頃、会社の近くの喫茶店でアルバイトをしていた男性に交際を申し込まれたAさんは、うれしく思いながらも、それを断っている。相手の男性が「かっこいい人」でなおかつ地元の有名大学の学生だったこともあり、その話を聞いた姉は「すごいね」と大喜びし、母親はなぜ相手の申し出を断ったのかAさんを責めた。そうしたなか、義兄だけはあざのせいで「断らざるをえなかったっていう（Aさんの）気持ち」を推し量り、ひとり「暗い顔」をしていたのだという。このように、問題経験のよき理解者だったからこそ、Aさんは義兄に素顔を見せることができたのである。

【友人・知人へのメッセージとしてのホームページ】

カムフラージュメイクをしているために友人や親戚とのつき合いを制限せざるをえないという問題をめぐっては、Aさんはホームページを通して「メッセージ」を伝えるという対処法をとっている。Aさんがホームページをはじめたのは、第一回目のインタビューのおよそ一年前で、パートを辞めて時間に余裕ができた時期である。ホームページを作成した理由について質問したところ、Aさんは次のように回答している。

A：あとは知人用なんですね。あれ［＝ホームページ］は半分は。知人ていうのは、あの、親戚なんですけど／／＊：あ、そうなんですか？／／あの、見てもらおうと思って。これからずっと、この近い距離で、こう、つき合ってくのに、なんか、あの、いつかは言わないといけないと思ってて。だから、伝えたかったんですよ。そうしないと、ほんとに、突然［自宅に］来られても出れない、出れないと変だと思われるし。絶対、いつかは言わなきゃと思って。言うだけじゃなくて、こんなこと考えてこんなにつらいんだっていうことも、ちょっとついでにわかってもらおうと思って（笑）。うん、で、教えたんですね。あの、「〔ホームページを〕つくったから見てください」って。（中略）あと、友達とかにも、あの、言えなかった人に、あの、読んでもらおうと思って。うん。すべてがわかってもらえるので。

Aさんによれば、ホームページは親戚や友人に向けたものである。「こんなこと考えて、こんなにつらいんだっていうこと」を親戚や友人に伝えようと、自己の問題経験を書き込んだホームページのアドレスを教えて、読んでもらうようにしているのである。それは、突然訪問する親戚に対する、カムフラージュメイクをする時間がつくれるように事前に連絡をしてほしいという要求であり、Aさんの「厚化粧」を不審そうにしている友人に対する、カムフラージュメイクをしなければならない苦しみを理解してほしいという言伝なのである。

以前のAさんも、上司や同僚などの特定の他者に対してあざの存在を打ち明けてきた。しかし、この方法があくまでも（それ以外の多くの他者に）あざの存在を隠し通すためのいわば妥協案であったのに対して、ホームページはAさんにとって重要な他者の認識や行動の変更を求めるための方法であることに注意が必要である。視線にさらされたり仕事を失ったりしないためには、カムフラージュメイクをやめることはできないし、すべての人に向けてあざの存在を明らかにすることなど到底できない。しかし、自分が親密な関係を築いていきたい他者には、あざの存在を知ってほしいし、あざにまつわる問題経験を理解してほしいと思っているのである。

ホームページを作成した理由の半分は、こうした知人へのメッセージのためであり、もう半分は、「今まで溜まっていた澱みたいなもの」を「吐き出したい」と思ったためである。そのきっかけとなったのは、顔にあざのある別の女性のホームページとの出会いである。その日のカムフラージュメイクの仕上がりが薄すぎて会社の洗面所でぎょっとし、メイクが擦れて襟につかないように神経を使うあまり肩凝りに悩まされ、社員旅行や宿泊研修が近づくとそれをどう乗り切るか頭がいっぱいになり、家にいるときでも突然の来客に怯えている。苦しいことだらけではあったが、Aさんは泣いたり苦しみをそれとしてとらえたりすることはほとんどなかった。なぜなら、あざとのつき合いこそが自分自身の日常なのであり、いちいち泣いていたら「一歩も先に進めない」し、あざに悩み苦しんでいること自体を「恥ずかしい」と感じていたからでもある。しかし、自分と同じようにあざのある女性のホームページで「『あざがあってつらい』と感じることは、恥ずかしいことではありません。『つらくて、苦しくて、泣いてもいいいんだよ。我慢することはないんだよ』と、あなたに伝えたい」という書き込みを目にして、思わず大泣きしてしまったという。この言葉に大きく触発され、Aさんは気持ちを整理したり感情を吐き出したりするために「自分も（ホームページを）つくってみよう」と思い立ったのである。Aさんはホームページで、以前の「孤独」について次のように記している。

「あざ」は生死に関わるものでなく、五体満足で、生活の支障になるものでもないため、実際には精神面で多大な障害を受けているにもかかわらず、そのことを口に出すことさえ（自分の中で）タブーとし、「あざがあってつらい。なんでこんなにつらいんだろう」という閉塞感をつねに持ちながら、それについて語りあえる、理解しあえる人に出会えなかった。

作成してすぐに、多くの当事者たちから共感のメールや書き込みが寄せられたという。これについてAさんは、彼女がホームページを作成するずっと以前から、当事者たちは共通する経験や共有できる感情を持っていたはずであり、たんに「各自孤立していて接点がなかっただけ」と述べている。Aさん自身も、メールを送ってくれたり掲示板に書き込みをしてくれたりする人たちから、自分のなかにしまい込んできた感情を解き放つための「新しい窓」を開いてもらっているという。

第5節　現在進行形の問題経験

ここまで、カムフラージュメイクという転機に注目しながら、Aさんの問題経験とそれへの対処法を時間の経過のなかで検討してきた。カムフラージュメイク以後の問題経験にも何とか対処してきたAさんではあるが、現在（最後となる第三回目のインタビュー当時）はまた新たに次のような問題を抱えていると語ってくれた。

【年齢的な限界がくる】

それをはじめて以降、さまざまな問題をもたらしてきたものの、カムフラージュメイクはAさんの日常生活において重要な役割を担い続けている。カムフラージュメイクはカバー力があるかわりに通常のファンデーションよりも粘度が高いため、加齢によってたるみが出てきた肌には塗りづらく、しわが強調されてしまう。四〇代を迎えたAさんは、年齢とともにカムフラージュメイクの乗りが悪くなることを心配しているのである。

A：カバーマークも年齢的に限界がくると思うので。これから。

＊：うーん、そういいますよね。

A：あの、しわ強調しちゃうし。変ですよね、おばあさんが、なんか厚い化粧してたら。うん、だから、あのー、それ考えるとぞっとしちゃうんですよ。つい最近の、最後の［ホームページの］更新にも書いたんですけど、あのー、あの、カバーマークで生きてた人の晩年ってどうされてたんだろうと思って。（中略）だから、それ考えるとねー、ぞっとしちゃうんですよ。カバーマークできない年寄りになったらどうしようと。だから、あのー、そしたらもう、すっぴんで生きてく勇気をもつか、もしくは劇的な治療がなんか出てくるのを待ってるしかないっていう、どっちかなんですけど。

以前のAさんは、歳を取れば顔のあざのことなど気にしなくなるのではないかと、「早く歳を取りたい」と考えていた。しかし、七〇歳を過ぎた母親がまめに白髪を染めたり目尻のしわに悩んだりと、いまだに外見を気にかけているのを見ながら「どれだけ歳を取っても気になることは気になる」ということに気がついたという。「カバーマークで生きてきた人の晩年」について調べてほしいと私にリクエストするほど、Aさんにとって、いつかやってくるカムフラージュメイクができなくなるときの生き方は差し迫った関心事なのである。そのときを考えて、「劇的な治療（法）」が確立されるのを待つか、思い切って「素顔デビュー」をするかという選択肢をあげているものの、前者についてはあざの範囲が広いこともあって「パーフェクトに治るのは無理」だと認識しており、後者については「真っ裸で歩くのと同じくらいの勇気がいる」と語っている。

第3節でみたように、Aさんはカムフラージュメイク以後の問題経験について語るとき、石井政之の著書『顔面漂流記』で取り上げられている町野美和にふれることがしばしばあった。メイクであざを隠すようになったことで「あざを隠している」という意識に翻弄され、他者との関係が途絶えがちになってしまった町野は、障害者運動やフェミニズムとの出会いを契機に素顔で生きていくことを決心する。Aさんは、「アザのある顔が私の顔で、化粧した顔は私の顔ではないと、自己回復できたのだ」（町野 1985: 40）という言葉を引用しながら、この「自己回復」の難しさについてホームページに次のように綴っている。

想像をしてみる。深いしわに厚い化粧を塗りこめた姿で、青空の下運動をしても楽しいだろうか。周りの人も引いてしまうだろう。そもそも、年老いてからは、色は隠せても凹凸やしわを強調してしまうカバーマークをすること自体が、物理的に無理にちがいない。となると、老後はゲートボールを楽しむどころか、外出さえも困難になってしまう。カバーマークで生きてきた人達はいったいどんな晩年をおくったのだろう?という疑問が沸いてくる。

第6節　Aさんへのインタビュー調査の過程

Aさんには、合計三回のインタビューに協力していただいた。最後に、Aさんへのインタビュー調査の過程がどのように展開したのか、Aさんが調査者である私に与えたカテゴリーに注目しながら検討していきたい。

第一回目のインタビューは、調査者である私が保持していた構えに気がつく重要な契機となっている。詳しくは第7章で検討していくが、その気づきを与えてくれたのは、Aさんから返答に窮するような言葉を投げかけられた次の場面である。

A：［カバーマークをするところを］ご覧になったことありますか？ するところ。
＊：するところはなくって、道具というか、その、カバーマークを見せていただいたことはあって。
A：ああ、そうなんですか。ぜひね、自分でやってみてください（笑）。
＊：たいへんですか？
A：それで、なんか、わかりますよ。もうね、なんかね、あのね、ほんとに研究されるんだったら、だとしたら、たとえば、なんか、こんなこと言うのもあれなんですけど、なんか、とってもかわいそうなんですけど、ほんとに、こう、顔を赤のマジックで塗って、外歩いてみてください。
＊：ああ…
A：うん。

ここでAさんは、私に「研究者」というカテゴリーを付与したうえで、こうしたカテゴリーに属する者がやるべきことを主張している。インタビュアーや調査それ自体の紹介といった前置きの作業は、インタビューでなされる会話の準拠点を提供する（Holstein & Gubrium 1995）。私は、当事者の話、なかでも問題経験に焦点化した話を聞きたがっている者としてアイデンティティを提示した。Aさんの立場からすると、当事者の視点で問題経験を語ることが、これから展開されるインタビューにおける準拠点として与えられたことになる。にもかかわらず、私はあらかじめ保持していた構えの強固さゆえに、Aさんの問題経験を適切に聞きとめることができなかった。それに対するいわば抗議として、Aさんは「（少しでも当事者の視点に近づくために）実際に赤あざをつけて歩いてみて」という強い要請を私に投げかけたのである。

このインタビューでは、テーマを限定する質問を避け、Aさんのこれまでの人生を自由に話してもらった。その結果、カムフラージュメイクをはじめて以降、人生が大きく変化したこと、あざを負い目に感じるあまり不本意な恋愛を重ねてきたこと、カムフラージュメイクをしながら仕事を続けるのは物理的にも精神的にも大変だったことなどが語られた。

第二回目のインタビューでは、第一回目のインタビューでAさんが人生の転機として位置づけていたカムフラージュメイクと結婚について重点的に聞き取った。インタビューを開始してまもなく、Aさんはメイクであざを隠すことのメリットとデメリットを語りながら、次のように切り出した。

A：あ、一応、どんなあざか、見てもらっていいですか？
＊：あ、はい。
A：耳だけ［今日は化粧するのを］やめたんです。見ていただこうと思って。こういう感じで。で、色抜けてるのは、うーんと、レーザーが効いたんです。

＊：あー。
A：骨のところすごく効くみたいで。
＊：そうなんですかー。
A：そうなんです。このへんが、ここところ、ずっとあざなんですけど、色的にはこの色。頭のなかもそうで。肩はけっこう濃くて。こんな感じなんですけど。いいですか？
＊：ああ、はい。

Aさんが髪をかき上げ、耳を覆った赤ワイン色のあざを見せてくれたことを今でもよく覚えている。これまで、あざがあった頃（手術や治療を受ける以前）の写真を持参してくれる調査対象者はいたが、実際のあざを見せてもらったのははじめての経験であった。インタビューがおこなわれたのがAさんの自宅であったとはいえ、前回のインタビューで化粧なしでは人に会えないと言っていたAさんがあざを見せてくれたことに驚き、私は少し申し訳ないような気持ちになった。

ここで述べたいのは、Aさんと私とのあいだにラポールが形成されたということではない。なぜなら、Aさんがあざを見せてくれたのは、私が信頼に足る相手になったためというより、むしろ彼女がこれから語ることは「実際に（あざを）見ないとわからない」ためである。このやり取りのあと、Aさんは耳や首にまでカムフラージュメイクをするため、洋服にファンデーションが付着するのが気になってなるべく首を回さないようにしていることや、それが原因でひどい肩凝りに悩まされていることを語っている。こうした日常的な問題経験は、「実際に（あざを）見ないとわからない」ため、Aさんは私にあざを見せてくれたのである。ここから推測できるのは、Aさんが私を〈問題経験の聞き手〉とカテゴリー化していたということである。

このインタビューのトランスクリプトを読み返すと、インタビューの展開にともない、Aさんが私に対して〈女性〉というカテゴリーを与えているような場面が顕在化していくことがわかる。その理由は、恋愛や結婚についての語りの展開過程にある。次に引用するのは、Aさんが二〇代の頃に経験した見合いをめぐるやり取りである。

A：［見合い相手の］歳もね、歳はだいぶ上、私より上で、ひと回りぐらい上だったかもしれない。で、まぁ、おじさんなんですけど、老けてるんですけど、まぁ、別に、うん。でも、なんだろう、もう、これっぽっちもときめかない。
＊：アッハハハハ。
A：ウフフフフ。わかりますか？
＊：うん。いいとこ探せない、みたいな？
A：うん。悪い人じゃないんだけど、これっぽっちも、なんか。だから、あの、そんなにときめかなくっても、なんか、そこそこ、なんだろう、ねぇ、なんか、こう、異性を感じるような人じゃないと、つらいじゃないですか。

＊：うん。
A：ねぇ。あの、ちょっと変な話ですけど、夜のこともあるし（笑）。
＊：うんうん（笑）。

このやり取りで話題となっているのが、結婚相手としての「異性」であることからも、「わかりますか？」というAさんの問いかけは、「女性としてわかりますか？」という意味を含んでいると推測できる。実際に私は、そうした意味の問いかけとして解釈して返答し、話は「夜のこと」にまで及んでいる。つまり、Aさんと私はお互いを〈女性〉とカテゴリー化しながら、恋愛に関する語りを展開させているのである。恋愛のほか、このインタビューでAさんが自発的に語ったテーマとしては、自己の問題経験の語りにくさがある。

第三回目のインタビューでは、前回のインタビューで部分的に語られた問題経験の語りにくさについて、より踏み込んだ質問をした。このインタビューで特徴的なのは、私が語り手にまわっている場面である。

＊：あのー、なんか前、前回のインタビューのときに、あのー、当事者じゃない人とのあいだにはやっぱりギャップがあるっていうお話がすごく印象に残ってて。（中略）なんでそういうふうになっちゃうのかっていうのを、ちょっと考えて。なんか、Aさんが車いすの障害者との比較をされたのがおも

しろくて、私もその比較で考えてみようと思って。たとえば車いすの人だったら、ああ、足が悪くて歩けないんだなーとか、こういう段差があったら移動しづらいなーとか、想像も働くし、知識も、ある程度、私たちは持っているんですけども。なんか、そういうものが、見た目の問題に対しては、まだないんじゃないかなーと思ってて。社会的にみんなが持っているような知識とかが、まだ足りないんじゃないかなーと思ったんですけども、なんか、そういう話を研究会でしたときに、分析がちょっと単純みたいなことを言われてしまって（笑）＝

A：＝え？　誰にですか？

＊：あ、えーと、それを聞いてた仲間とか先生に。

A：ああ。

＊：なんか、知識がないだけの問題じゃないんじゃないかっていう批判をいただいて。ああ、そうかーって思って、それから［分析は］いまいち進んでないんですけど。なんで、そういうふうにタブーになっちゃうかっていうのを、もう少し掘り下げて聞いてみたかったんですけど。

このやり取りにおいては、私の発話のサイズがきわめて大きいことがわかる。ほかのインタビューを含めても、私がこれだけまとめて発話している場面はみられない。前回のインタビューで部分的に語られた問題経験の語りにくさについて、私は大まかな分析を済ませ、ある研究会で報告する機会を得ていた。この報告に対しては批判的なコメントが寄せられ、分析がまだ途上にあることを認識したため、Aさんの考えをさらに聞かせてほしかったのである。研究者としての私の分析をAさんにフィードバックしたうえで、その不十分さを補うための追加の質問がなされ、Aさんの立場をより明確に聞き取ることが可能になったわけである。すなわち、このインタビューでは、問題経験の語りにくさというトピックをめぐってAさんと私とのあいだに「異なった立場間の対話」(Flick 1995=2002: 108) が成立したといえるだろう。

■注

(1) それぞれ、二〇〇四年四月四日、二〇〇五年一月九日、二〇〇六年三月四日に実施した。

(2) Aさんはセルフヘルプ・グループ「ユニークフェイス」のメンバーではないが、グループや発起人である石井政之の著書を読んでおり、インタビューではそれらに言及する場面がしばしばみられた。これはまさに、Aさんのライフストーリーには、石井やユニークフェイスによる異形をめぐる問題経験の言挙げという社会的コンテクストが密接に関係していることを示している。

(3) カバーマークとは、あざや傷跡に塗る化粧品のことである。cover (=覆い隠す) mark (=あざ)。インタビュー対象者の多くはあざを隠す行為のことを「カバーマークする」と表現しているが、カバーマークとはもともと特定の商品名であるため、本書では「カムフラージュメイク」という言葉を用いている。

(4) Aさんは、『顔面漂流記――アザをもつジャーナリスト』を読んで「完璧に感化された」という。ある時期のホームページの書き込みに、この本からの引用が頻繁にみられることからもこのことがうかがえる。「自分はこうだから、仕方ない」というように、自己の問題経験の原因を自分自身に求めてきたAさんは、石井の著書を通してまったく別様の発想を得たのである。自己の問題経験の原因を社会に帰属させる考え方に出会った際のインパクトを、Aさんは次のように語っている。

A：石井さんの本読んだときに、「そうじゃん！」って思って。別に、なにも悪いことしてないのに、どこも悪いわけじゃないのに、お化粧して苦しんだり／／＊：うん／／あの、大枚はたいてレーザー［治療を］受けに行ったり、［治療して］痛い思いしたり。なんでこんなに苦しまなくちゃいけないんだろうって思ったら、そういうの受け入れてくれない社会が悪いんじゃないかっていう石井さんの本読んで、「ああ、そうじゃん！」ってはじめて思って。「そうそう！」と思って。フフフフ。

＊：ああ、それまでは、そういう発想がなかった？

A：うん。それまではねー、ああ、でも、一七、八くらいのときは、みんなが見えるから、みんなに目があって見られるからイヤな思いするんだとか思って。だから、そういうふうに自分のことを見るみんなは敵なんだなと思って、なんか、みんな目が見えなければいいとか（笑）、すごいこと考えたりしたこともあるんだけど、でもそれは、なんか、漠然と思ってただけで、そんな、社会が悪いとか／／＊：うん／／そんなふうには思ったことがなくって。イヤな思いすると、みんなが見るからいけないんだとか、世の中、なんか、夜だったらいいのにとか、そういうふうには思ったりしたんですけど。イヤなことあっても、「仕方ないな、こんなもんかな」って。「仕方ない仕方ない。まぁ、いいやいいや」って流してたんですけど。本を読んで（笑）、感化されて。そうだよなーって思って。

（5）駒尺喜美（編）『女を装う』（勁草書房、一九八五年）所収。

（6）具体的には、極端に年上だったり、離婚経験があったりする男性である。

（7）治療は結婚するまで継続した。このときの治療の成果としては、あざの色が全体的に薄くなる程度で、完全に消えてはいない。

（8）Aさんによると、「気持ちが楽になった」のは「糧」を失うのではないかという不安から解放されたことだけでなく、結婚して「精神的に安らげる場所」ができたことが大きいという。というのは、もし夫からあざのことで「冷や水をかけられる」ような結婚生活であったら、「糧」はあっても「気持ちが楽」になることはなかっただろうと思うためである。

第４章

内面も人より劣っているのではないか

Ｂさんのライフストーリー

Bさんは、生まれつきほぼ全身に単純性血管腫をもつ三〇代後半（第一回目のインタビュー当時）[1]の未婚女性である。短大を卒業後、いくつかの職業を経験し、団体職員となった。小学生以来、母親から何度か手術を勧められるが、成功率の低さや費用の高額さについて情報を得ていたこともあり、一六歳のときに手術は受けないと決めている。通常の化粧はしているが、カムフラージュメイクはしていない。インタビュー当時はセルフヘルプ・グループ「ユニークフェイス」のメンバーであり、運営にも携わった経験がある。Bさんはあざをテーマにしたホームページを作成しており、インタビューはそれに出会ったことがきっかけとなっている。

これまで、十数名の顔にあざのある女性にライフストーリーを聞かせてもらう機会に恵まれたが、そのうちカムフラージュメイクをしていないのはBさんだけである。Bさんによれば、カムフラージュメイクをしていないせいで暴言を吐かれたり指を差されたりと、通りすがりの人からしばしば「しんどい対応」を受けることがある。しかしBさんには、知人に隠し事をしているという「負い目」を背負い、メイクを落としたときの周囲の反応を考えなければいけないなど、「隠すことの苦しみ」の方が大きいように思われたという。「知らない人に罵倒されることより、これから信頼関係を築いていきたい人に隠し事してる方が、私はイヤ」との考えから、Bさんはカムフラージュメイクをしないで生きていくことを選んだのである。

Bさんは第一回目のインタビューで、現在の自分にとっての「大きなポイント」について次のように明快に語っている。

B：やっぱりねー、自分にとってなにが克服できないというと、①自分が異常と言える成長プロセスを経てきたことに関する、自分の内面の異常性を計りようがないことでの、こう、得体の知れない、こう、引け目、劣等感。これがひとつと、②あと、まぁ、女性としては、どんなにがんばっても、こう、健康な方を乗り越えられないっていう劣等感。この二つは、いくらがんばっても、乗り越えられないから。

Bさんによれば、②は「女性としてのコンプレックス」、①は「女性である前の、人としてのコンプレックス」と言いかえられる。Bさんのライフストーリーは、この二種類の問題経験への対処の過程が語られたものとして理解することができる。Bさんは、これらの問題経験に対して、最初は〈名誉挽回〉とも言うべき個人的な努力という対処法を、次にセルフヘルプ・グループへの参加を通じた〈価値の取り戻し〉と〈クレイム申し立て〉という対処法をとっているのである。以下では、時間の経過にともなう問題経験と対処法の変化に注意を払いながら、Bさんのライフストーリーを再構成していこう。まずは、Bさんが個人的な努力で対処する以前の問題経験から確認していく。

第1節　個人的な努力以前の問題経験

はじめに、「女性である前の、人としてのコンプレックス」からみていこう。そもそもBさんはなぜ、「異常と言える成長プロセスを経てきた」と認識しているのだろうか。

【人と同じ発達過程をたどっていない】

＊：その、自分が人と同じような、なんていうか、発達過程をたどってないっておっしゃったのは、その、自分はいじめられたからだっていう？

B：それもあるし、やっぱり、違いますよー。やっぱりーー、ずっと、やっぱり、人から「気持ち悪い」って言われながら育ってる人生って、想像できないでしょ？

＊：……うん。

B：だから、いつ、どっかから、なにか言われるか、つねに覚悟してなきゃいけなくて。ほんとにちっちゃい頃から。で、人が来たら、こうやって、あざが隠れるように髪の毛たらして歩いたりね。

＊：ああ。

B：そういうことが身についてるわけですよ。やっぱり、だからー、そういうふうな、つねに攻撃に備えて神経張りつめて生きてきた人間に、ほんとに豊かな感性とか、実る余地があるのかとか思ってしまうわけですけど。人格形成期に、つねにいじめの嵐のなかに身を置いてきて、つねに周囲からの攻撃に神経尖らして、そんな状態でずっと、暮らす、暮らしてきて。だから、普通の精神状態と、たぶん、全然違う〃＊：うん〃状態で暮らしてきて。同じであるわけがないって思ってしまうんですよね。

幼少期のBさんは、成長が遅く体が小さかったせいもあり、「ものすごいいじめられ方」を経験している。(2)「ものすごい」というのは、Bさんに向けられたのが暴言やからかいにとどまらず、何度も叩かれたり、ランドセルをカッターで切り裂かれたりするなどの激しい暴力行為だったことによる。小学校三、四年生頃までは友達もいたが、Bさんをかばうと友達もいじめの対象となったため、Bさんは次第に孤立していくことになる。クラスメイトと会話する機会もほとんどなく、ただいじめに怯え続ける日々のなかで、Bさんは「周囲とのコミュニケーションの取り方を忘れてしまった」のである。

周囲からの「攻撃」は、これだけにとどまらなかった。子どもの頃、脚をケガして後遺症が残ってしまったBさんは、母親から「まともに産んでやったとこまでかたわにするんだから、この子は！」と叱りつけられている。また父親は、伸ばした髪の毛を頭のうしろで結ぼうとした中学生のBさんに「(あざが丸見えで) どんなみっともない姿かわかってんのか？」と問い詰めたという。

B：やっぱり、こう、折にふれ、けっこう、残酷な物言いもしてたのがうちの家族なので。守ろうとはしてくれたんですよ。一生懸命。でも、やっぱり＝

＊：＝ふとしたときに？

B：そう。あの、手厳しいことを、自分の親に対して言うことじゃないかもしれないけど、手厳しいことを言わせてもらうと、配慮が足りない言葉ではあったと思う。やっぱり、誰がどう言っても、たとえ自分の親であっても、親が子どもを「かたわ」と呼んで育てていいわけないから。（中略）だから、ひいき目に考えても、自分が普通の人間と同じ発達段階をたどってきたとは思えない。

このように、Bさんの「異常と言える成長プロセス」という表現が意味しているのは、学校での長期にわたる激しいいじめであり、家族からの暴言である。自分が「普通の人間と同じ発達段階をたどってきたとは思えない」という認識は、Bさんの「自信のなさ」や「引け目」「劣等感」につながっている。人格形成期に異常とも言える生い立ちを歩んできたために「外見だけでなく内面も人より劣っているのではないか」「内面的にも異常を抱えているのではないか」という思いが絶えずつきまとい、「根源的な部分で自分に自信がない」のである。

B：普通に、健康に生まれた子どもがたどるべき過程を、まったく、ある意味、たどっていない。最初から違う過程をたどって生きているっていうことを、やっぱり、これは大人になってから認識したことなんですけれど、そういうふうなのを振り返ったときに、やっぱり、自分自身に対する、こう、自信っていうものが、ものすごく欠落していくんですね。

＊：ああ、ああ、自信？

B：だから、人と同じ人生を生きていない私は、「体はこんなでも、中身では人に負けない」って肩肘張って生きてた部分があるんですけど、ほんとにそうなのか。そのつもりであっても、健康な体で健全な人生を送ってきてない自分が、内面がほんとに健全と言えるのか。こういうことでは、ものすごく悩みます。

Bさんによれば、こうした自信のなさを象徴しているのは、彼女の「理屈っぽさ」である。理屈っぽいというのは、異常な生い立ちのせいで「内面の異常性」を抱えているかもしれない自分の「感情」が世間からずれているのではないかと不安に駆られるため、「世間の常識と照らしあわせて、何事も理論立てて、ぱしりぱしりと切って、それにもとづいた言動しかできない」ことをさしている。

「健康に生まれた子どもがたどるべき過程をたどっていない」、「健康な方（＝女性）を乗り越えられない」というように、第一回目のインタビューでは「健康に生まれてきた人」とBさん自身とを差異化するような語りがしばしばみられた。そこで、自分は健康ではない（＝病気である）

という意識があるのかどうかBさんに質問したところ、「『病気』っていう表現はあまりしないけれども、医学的に異常があるのは確か」という答えが返ってきた。というのは、Bさんの場合、血管腫は脳を含めてほぼ全身に及んでおり、幼少期にはそれが原因で引きつけを起こしたこともあるためである。また、こうした医学的症状とは別に、多くの人が初対面でマイナスの印象を抱く「異常」をもって生まれてきたせいで「人生をゼロからはじめられない」のであり、その意味で「健康に生まれてきた人」とは否応なしに違っているのである。

【女性として蔑まれてきた】

次に、「女性としてのコンプレックス」をみていこう。これと密接に関連しているのが、幼少期に経験したいじめである。Bさんによれば、子ども時代に受けたいじめは、身体的暴力のほかに「女性として蔑まれる」ことも含んでいた。

B：ほんとに、ものすごい小さいときから、なんか、こう、男の子に「お嫁さんに行けない」とか言われたり、いじめられたし。もうちょっと、中学生ぐらいになったらね、もうちょっと陰湿になって、それで、やっぱり、もろにそういうこと言うと、先生とかに怒られたりするから〃＊：うんうん〃通ったり、顔見たりしたとたんに、みんなで「かわいいねー」とか言ったり、「つき合ってー」とか。それこそ、何十人ではやし立てたりして。実際は、まぁ、反対のことを言わんとしてるんだけども。こう、みんなで、「ヒューヒュー、かわいいねー」とかって、もう、何十人でやるんですよ。

あからさまな罵倒にせよ、反対の意味のことを言わんとする「陰湿ないじめ」にせよ、Bさんはこうした言葉を「おまえには女性としての価値がない」という言明として受け取っている。あざがあるために、「健康な体」で生まれてきた女性とは違って外見を肯定的に評価されることはないし、結婚相手として選ばれることもない、というわけである。こうした経験を通じて、Bさんは女性としてのコンプレックスを抱えるようになる。

第2節　個人的な努力による対処

Bさんは、これら二種類の問題経験に対して、まずは個人的な努力によって対処している。はじめに、「女性である前の、人としてのコンプレックス」に対して、Bさんがどのような努力をしたのか、確認していこう。

【ほとんど力任せの努力】

Bさんは、高校時代を人生の「大きな転機」と位置づけている。というのは、いじめを主導していた男子生徒たちと別の高校に進学したことで、これまでがまるで嘘のように、ぱたりといじめがなくなったためである。いじめのない生活に当初は戸惑ったものの、しばらくすると「自分の正当性の証明」を得た思いだったという。自分はこれまで通りであるにもかかわらず、周囲の人間が入れ替わった途端にいじめがなくなったことで、「今までのいじめは自分に非があったからではない」と理解するようになったのである。

しかし、長年いじめに怯え続けてきたために人とのコミュニケーションの取り方を忘れてしまっていたBさんは、入学当初は周囲にうまく溶け込むことができなかった。やっと手に入れたいじめられない生活を前に、ここから新たに人生をはじめられると考えたBさんは、忘れてしまったものを取り戻すべく、とにかく周囲に話しかけるようにしたという。最初は相手が当惑するようなぎくしゃくしたやり取りしかできず、友達らしい友達もできなかったものの、二年生に進級する頃には次第に周囲と話せるようになっていった。このときのことをBさんは、「私にとっての当たり前の学校生活のはじまりだった」と表現している。Bさんにとって高校時代がいかに「大きな転機」であったかを示すエピソードのひとつは、部活動を始めたことである。それまでのBさんにとって、人間関係を築くことはすなわち「攻撃される場」を増やすことを意味しており、実際に中学時代は部活に入ることを避けていた。こうした過去からすると、文芸部に入ったことはまさしく「信じられないこと」だったという。

B：たぶん、いま、私、すごく最初からしゃべって、初対面の西倉さん相手にしゃべっていたし〃＊：うん〃意外に思われるかもしれないんですけど。これは、ものすごく努力した結果です。私自身が（笑）。（中略）やっぱり、すごくがんばらなくっちゃっていう意識があったんで。それで、人間関係に対する、こう、コンプレックス、いまでも全然ないわけじゃないんですけどねー、克服していったというか。だから、もう、初対面でも全然しゃべるようになったっていうか。

言葉使いが妙にていねいだったり相手に話しかけるタイミングが不自然だったりして「おかしなヤツ」と笑われながらも、とにかく人に話しかけるという「ほとんど力任せ」の努力で、Bさんはコミュニケーションへの苦手意識を払拭していった。私への語りかけにおける「初対面でも全然しゃべる（私）」というアイデンティティ提示からも、このことが彼女にとっていかに重要な意味を持っているかうかがうことができる。Bさんは、こうした努力で人とコミュニケーションが取れないという「障壁」を見事に「克服」してきたのである。

【なんでもできる自分をつくる】

Bさんはまた、学校や家庭での「異常な体験」のせいで外見だけでなく内面も人より劣っているのではないかという不安に対して、「内面を磨き上げる」ことで対処している。こうした対処法をとったことの背景にあるのは、先述したBさんの「理屈っぽさ」である。内面を磨くことで、たとえ外見的には認めてもらえなくても内面的には蔑まれない自分になろうと「理屈で固めた行動」をとったのだという。

B：内面的なことでもすごく努力して。もともと、私っていう人間は、子どもの頃のキャラから言ったら、ものすごく甘えっ子なんですね。甘えっ子で泣き虫で、たぶん、そのまま育ってたらね、こう、趣味嗜好的な部分も、こう、べったり女性的だし、すごく、こう、典型的な、こう、甘えっ子の、まぁ、べったりした感じの女の子に育ってたと思うんだけれども（笑）。でも、それでは認めてもらえなかった。かわいくないから。かわいかったら、それで認めてもらえたんだろうけれど。やっぱり、そういう症状をもっていたがために、かわいいという基準からは外れてしまったから、まずしっかりしなくちゃいけなかった。人に好かれるための努力しなくちゃいけなかったしね。だからー、ものすごく、いつのまにか、世話好きな自分というのができあがってしまい（笑）、それで、わりと、いろいろなことを努力してきて。なんでもできる自分っていうのを、まず、めざした。

＊：なんでもできる自分？

（中略）

B：だからー、うん、手芸とか料理とかがそこそこできたり、まぁ、ほかに趣味、特技的な面、磨いたりしてる部分があって。華道も茶道も十何年続けてるしー。

＊：おーー。

B：わりと、こう、器用貧乏なのがイヤでね。

幼少期のBさんは病弱だったせいもあり、「甘えっ子で泣き虫」であった。そして、成長するにしたがって趣味や関心のあり方も「べったり女性的」なところが出てきたという。しかし、そのまま「べったりした感じの女の子」に成長したとしても、あざがあることで「かわいい（女の子）」の基準外に位置しているのだから、周囲に認めてもらうことはできない。そこで、別の基準で周囲に認めてもらうために「広い範囲でなんでもできる自分」をつくろうとしたのである。内面を磨く例としてインタビューで取り上げられたのは、右の引用で語られている手芸、料理、華道、茶道以外に、パステル画、手話、ギターにまで及ぶ。この努力についてBさんは、「素の自分」を認めてもらえないがためのものであり、その意味では「とても悲しいこと」ではあるが、結果としてできあがった趣味や特技の多い自分は「そう嫌いじゃない」と評価している。

【きれいになってバカにした人間を見返す】

次に、「女性としてのコンプレックス」に対してBさんがどのような努力をしたのか、確認していこう。

Bさんによれば、外見のことで女性として蔑まれてきたために「美しさへの憧れ」がひじょうに強く、「きれいになってバカにした人間を見返したいっていう意識があった」という。しかし、現実には「美しくなっていく同級生」と自分を比較しては「ため息」をついていたBさんは、高校生になると「安っぽいアクセサリーをやたらにチャラチャラさせて」外出したり、二〇代の頃には「人が目を見張る鮮やかな色のスーツ」や「真っ赤な口紅」で着飾ったりしたという。現在とは隔たりのある当時の心境について、Bさんは次のように語っている。

＊：［着飾ったりしていたのは］きれいになりたいっていう?
B：そう。きれいになりたくって。
＊：女性としてっていう、そういうきれいさですか?
B：ええ、ええ。だからー、あざがあっても、きれいと認識される存在になれたら、自分はあざにも勝てるし、社会にも勝てるから。

（中略）

＊：それ、でも、［あざを］完全に隠したうえできれいになるっていうんじゃなくって?
B：じゃなくって。それは意味がなかった。自分にとっては。
＊：ふーーん。ここ、すごく複雑っていうか、おもしろいとこ。
B：うーーん、だから、あざがある自分を認めさせたかったわけだから、あざを隠して、こう、全然認識

させないようにして、それで、こう、化粧も髪も、こう、ばっちりしたら、誰でもそりゃあ、ある程度きれいに見えますよ。それじゃあ、意味がないから。（中略）あざがあることをきっかけに「汚い」「気持ち悪い」って、あざがあることをきっかけに女性として蔑まれてきたから、だからー、あざがあってもこんなにきれいでいられるのよって、言いたかった。

「きれいになりたい」との思いから化粧やヘアスタイル、ファッションにこだわったBさんではあるが、通常の化粧をするだけで、カムフラージュメイクであざを隠していたわけではない。あざが原因で女性として蔑まれてきたために、たとえあざがあっても「きれいと認識される存在」になる必要があったのであり、あざを隠したら意味がなかったのである。Bさんのいう「あざに勝つ」「社会に勝つ」とは、侮蔑されないくらいにきれいになって、周囲に「あざがある自分を認めさせる」ことを意味していた。Bさんによれば、こうした努力の結果、かつて自分をいじめた男性と偶然出会った際に声をかけられるなど、「バカにした人間を見返す」という目的がねらい通りにいったこともあったという。

第3節 個人的な努力以後の問題経験

このようにBさんは、「人としてのコンプレックス」と「女性としてのコンプレックス」に対して、価値のない自分を返上しようというまさに〈名誉挽回〉とよぶにふさわしい個人的な努力によって対処している。しかし、結果的にはこれらの問題が改善されたり解決されたりしたわけではない。それどころか、個人的な努力という対処法は、Bさんのコンプレックスをかえって強化している。こうした対処をとったためにBさんはどのような問題を抱えることになったのか、まずは「人としてのコンプレックス」についてのストーリーからみていこう。

【努力の範囲で届くことじゃない】

いじめや親からの暴言という「異常な体験」のせいで外見だけでなく内面も人より劣っているのではないかという不安に対して、Bさんは「内面的には蔑まれない自分」をつくりあげようとしてきた。こうした個人的な努力を積み上げてきたBさんではあるが、「異常と言える成長プロセス」がもとになった「自信のなさ」それ自体を解消できたわけではない。というのは、「自信のなさ」を導いている「内面の異常性」は実際のところ「計りようがない」ものであり、把握することのできないものだからである。問題を把握することすらできない以上、それを矯正するための方法などわかるはずもない。すなわち、Bさんが抱えている「自信のなさ」は個人的な努力という対処法で及ぶような問題ではないのである。

B：目に見えてわかるものであるなら、矯正しようと思えばできると思うんですよ。［内面の異常性は］わからないから、これはどんなに努力しても、努力の範囲で届くことじゃないから。幼い頃から積み上げてきたものだし。それを、ちょっとやそっとの努力で変えられるとも思わないし。本質になってしまうから、やっぱり。

これまでのBさんは、自分は内面まで劣っているのではないかという不安に対して、手芸や料理、華道や茶道などを身につけることで内面を磨き上げるという対処法をとってきた。しかし、こうした個人的な努力はBさんに〈できること〉や〈得意なもの〉を確実に付加してきたが、激しいいじめや家族による暴言に身をさらしてきたという自分の過去それ自体を変更することはけっしてできない。「異常と言える成長プロセス」をたどってきたことは、どれほどがんばっても「消しようのない事実」なのである。そして、たとえどんなに努力しても変えられないというまさにそのことが、「内面の異常性」を抱えているのではないかという不安をいっそう逃れがたいものにしてしまうのである。

【自分はきれいだと思えなかった】

次に、「女性としてのコンプレックス」についてのストーリーをみていこう。Bさんによれば、高校生から二〇代にかけての頃の「きれいになってバカにした人間を見返す」という試みは成功を収めたが、結果的には女性としてのコンプレックスが解消されたわけではない。こうした対処法はむしろ、Bさんに新たな問題をもたらしている。人を見返すためにきれいになろうとするのをやめようと思い立った当時を振り返り、Bさんは次のように語っている。

＊：結局やめちゃったんですか?

B：やめました。ああ、もういいかーっていう。

＊：それはどうして? なんで、続かなかったんでしょう?

B：というか、自分に満足できなかったんですよ。周りが、まぁ、きちんとしてたら「きれい」ってほめてくれるし、なんかー、でも、いくらほめられても、自分に納得して、自分の姿に納得してない自分がやっぱりいて。あざがある自分を認めさせたかったはずなんだけど、なんか、こう、鏡を見ても、そうじゃないのよって。周りがいくら「きれい」って言ってくれても、自分はきれいだと思ってあげれない自分がいて。で、あーー、もういいかって。(中略)いま以上に、別に、ほめてもらっても、うれしくないだろうなーって。だからー、うれしくなかったんですよ。人から「きれい」と言われたときに。それで社会に勝てるかと思ったら、勝利感は全然なかった。だから、きれいになったら、まぁ、実際、自分がきれいだったかどうかは置いといて、きれいになったらあざにも社会にも勝てると思ったのが間違いだった。

化粧やヘアスタイル、ファッションに気を配ったことで周囲は評価してくれたものの、Bさんには「あざがあるけど、きれいだから大丈夫」という「なぐさめ」にしか聞こえなかったという。何より、「きれいってほめられても、結局のところあざがある」というように、自分自身が「あざがある自分」を認めていないことに気がついたのである。このように、「きれいになって、あざがある自分を認めさせる」という対処法は、自分こそがあざがある自分を認めていないのだという否定的な感情をBさんにもたらしている。

第4節 転換点としてのセルフヘルプ・グループ

「人としてのコンプレックス」と「女性としてのコンプレックス」に個人的な努力で対処しようとしたBさんは、いずれにおいても行き詰まりを経験している。これを打開するきっかけとしてBさんが語っているのは、セルフヘルプ・グループ「ユニークフェイス」への参加である。

【ユニークフェイスを通してあざがプラスに作用する】

「女性としてのコンプレックス」に対するかつての自分の対処法を「間違いだった」と評価し、「きれいになることをもう追い求めないって、いまなら断言できる」と語ったBさんではあるが、第一回目のインタビューの数年前に出版されたユニークフェイスの体験記には「自分に二度とそのような（＝きれいになって人を見返してやろうとした）時期は訪れないと自信を持って断言することはできない」と記している。以下は、数年のあいだのこうした変化について質問したあとのやり取りである。

＊：それ〔＝体験記〕を書いたときから、いま、違う？　変わってる？

B：うん。違います。いまなら言いきれる。もう、あんなふうに追いつめられることはない。ああいう形で追いつめられることはないと言いきれる。それは、すごい助けてもらってるなと思えるし。それ、やっぱりねー、ユニークフェイスの活動に関わっていくことで、たんに参加するっていうんじゃなくって、まぁ、運営的な部分に関わっていくっていうことで、こう、いままで、こう、血管腫の存在って、自分にとって、こう、マイナスにしか作用しないものだったんですよ。でも、これをきっかけとして、いろんな人と知り合えて、活動をしていくことで、こう、やっぱり、自分は、まぁ、ユニークフェイスに助けてもらったわけですけど、自分もその活動を一緒になって進めていくことで、自分と同じような人のためになることができるかもしれない。だからー、そのー、はじめて、その、血管腫の存在が、どう言うかなー、プラスに作用する、うん、ことに、なるんじゃないかって。

＊：ああ。

B：だから、こう、まぁ、ユニークフェイスという装置を通して、マイナスがプラスになる、変換される∥＊：うん∥っていうようなのが、やっぱりあって。それはものすごくありがたいと思って。それは、すごく、はじめて、その、血管腫をプラス方向に考えることができたっていうのは、すごく大きい。

セルフヘルプ・グループに参加する以前のBさんは、派手な化粧や服装で着飾っていた過去の自分を「ぶざま」だと思うものの、「女性としてのコンプレックス」がある以上、その頃の自分にいつ逆戻りしてしまうかわからない状況に置かれていた。こうした「みじめな胸のうち」をわかってもらえるかもしれないとの思いから、自分と同じような問題を抱える人々との出会いを切望していたという。街中であざのある人とすれ違っても、そしてたとえお互いに意識しあっていることがわかっていても、話しかけることができない「もどかしさ」。こうしたなか、Bさんは新聞記事でユニークフェイスの発足を知り、さっそく入会したのである。

それまでのBさんにとって、顔のあざはいじめや就職差別(3)など「マイナスにしか作用しないもの」であった。しかし、セルフヘルプ・グループでは、ほかでもないあざが媒介となって関係を取り結び、仲間のために役立つことができる。定例会の幹事を務めるなど、グループの運営にも携わるなかで、Bさんは次第にあざが「プラスに作用する」ことを強く実感していったのである。「女性としてのコンプレックス」に対して、Bさんは個人的な努力というやり方で対処したものの、自分こそがあざがある自分を認めていなかったために、結局は「虚しいあがき」に終わってしまう。一方、「ユニークフェイスという装置を通してマイナス（としてのあざ）をプラス（としてのあざ）に変換する」というまさに〈価値の取り戻し〉とよぶにふさわしい対処法によって、Bさんは「自分が求めるのはそういうもん（＝人を見返すこと）じゃない」という気づきを得るに至っている。

【自分を女性として認められない】

きれいになって人を見返そうという思いにとらわれることはもうないとはいえ、Bさんにとって「女性としてのコンプレックス」は現在進行形の問題である。Bさんによれば、いじめの相手がおもに男の子だったために、大人になったいまでも恋愛に「困難を感じてしまう」という。

B：いじめの問題っていうのは、こう、ものすごく自分のなかで根を残していて。
＊：たとえば？
B：やっぱり、それが、まぁ、おもに男の子にいじめられたから、大人になっても、まぁ、恋愛とかでき

ないとかね。そういうことにつながっていったりもしたし。そうですねー、だからー、なかなか、そういうふうな恋愛とかもできないし、なんかー、そういうふうなことが自分にとってあんまりピンとこないんですよね。こう、自分自身を女性として認められないっていうのがすごいあって。それは、自分で問題だなーって認識してるんですけど。だからー＝

＊：＝いま？

B：いまでもそれは。だからー、どう言うかなー、わりとね、趣味嗜好的な部分では、こう、すごく、女性というか、たとえば、こう、まぁ、趣味が手芸とかであったり、特技が茶道や華道であったり、そういうタイプの人間なんで、私は（笑）。

＊：ほぅ。

B：だから、そういう部分では、すごく、こう、まぁ、女性的な趣味嗜好の持ち主であるっていうのはわかってるんだけれど、まぁ、こと、そういうおつき合いとかいうようなことを考えた場合、自分を女性として認めてあげれないっていうのはすごいある。

Bさんが内面を磨き上げる目的で身につけたのは、手芸や料理などのいわゆる「女性的」な趣味や特技であった。Bさんによれば、この意味で「女性としての必須科目は一応おさえてる」のであり、「趣味嗜好の面ではすごく女性的」であると認識してもいる。にもかかわらず、対男性関係となると「女性としての価値を自分に認めてあげられない」のである。

このことに密接に関係しているのは、Bさんのうちにある「女性として規格外品であるっていう意識」である。Bさんは、この意識について説明するにあたり、職場のある後輩女性とのやり取りを紹介してくれた。職場においてBさんがさまざまな局面で「頼りにされる立場」であるのに対して、この後輩に対する周囲の評価はまだそこまで達していないという。また、一重まぶたをひどく気にしている後輩は、鼻が高くて二重まぶたのBさんをいつもうらやましがるという。Bさんによると、後輩にはこうした仕事上の評価や外見上の劣等感に対する「引け目」を「女性としての面で補おうとするような意識」が見え隠れすることがある。次に引用するのは、見合いをめぐるBさんと後輩とのやり取りについての語りである。

B：［後輩は］いっつも「Bさんはきれいでいいなー」って言ってるんだけど、ある日、「Bさんはお見合いをされないんですか?」って言うから、「私のような人間は普通の縁談はないから、お見合いは難しいのよ」って言ったんですね。まぁ、あるとしたら、普通の条件ではないような人なので(4)、「やっぱり難しいのよ。お見合いの話なんて、そうそうあるもんじゃないしね」って言ったら、「あ、そうだと思いました」って言うんですね。「うちの妹も体が弱くて、『お見合いできるかな』とかって言ってるから、Bさんもそうなんじゃないかなって思った」って言って（笑）。

＊：えーー!?

B：だから、いま、この瞬間、この子はもしかして、私を見返してるのかもしれないなって。

＊：え⁉　その前まで「きれいでいいなー」とか言ってたのに？

B：だから、たぶん彼女は、まぁ、一重まぶたがすごいコンプレックスで、それで、まぁ、ほかにも、まぁ、いろんなコンプレックスがある部分があるみたいなんだけれども。まぁ、私はそのコンプレックスの部分をクリアしているらしいんですね。まぁ、彼女の基準から言えば。でも、「いくらきれいでも、健康じゃないから、所詮、女じゃないよね」みたいな。そういうふうな意識は、やっぱり、ちょっとある。「女じゃないよね」までは、意地が悪い子じゃないから、思ってないにしても、そういう意識は、たしかに。自分、私も、まぁ、言葉は悪いけど「規格外品」だっていう意識は、あると思う。だから、たぶん、そういう意識は、たぶん、男性もきっとある。（中略）そこが、まぁ、通常の美醜判断に入ってない。だから、ある意味、いくら自分を磨いても、まぁ、そういう意味では無駄。やっぱり、一生、まぁ、とくに女性としては規格外品。そこは、まぁ、覚悟しなきゃいけないし。

Bさんによれば、後輩がBさんの顔をうらやましがるのは、「通常の美醜判断」を適用するときである。Bさんのいう通常の美醜判断とは、「正常な状態の容貌の美醜」を判断し、評価することである。しかし、Bさんは顔にあざがあるために「正常な状態の容貌」ではなく、通常の美醜判断の対象には含まれない。鼻が高くて二重まぶたであるという意味では「きれい」だとしても、あざがあるためにそもそも通常の美醜判断の「枠の外」に位置しているのであるから、女性としては「規格外品」なのである。Bさんによると、こうした意識はこの後輩に限ったものではなく、Bさん自身にもたしかにあり、恋愛の対象となる男性にも「きっとある」という。そのためBさんは、自分を女性として認めることができず、対男性関係において「自分に自信がない」のである。

【自分を好きになることが課題】

ユニークフェイスを通したBさんの認識の変化は、「人としてのコンプレックス」に対しても、従来とは別様の対処法をもたらしている。これまでのBさんは、外見だけでなく内面も人より劣っているのではないかという不安に対して、内面を磨き上げるという対処法をとってきた。しかし、「内面の異常性」という把握すら困難な問題を前にしては、マイナスをプラスで補填するような努力では対処することはできない。そこでBさんが必要としているのが、こうした努力とはまったく異なる対処法、すなわち「自分を好きになる」という方法である。それは、「異常と言える成長プロセス」を歩んできたという「消しようのない事実」ごと自分を受け入れることを意味している。これはすぐに実現できるようなたやすい対処法ではないが、Bさんは「自分にとっての課題」として認識している。

B：だからね、私ね、自分を好きになるっていうことは、自分にとって、ものすごい課題だと思うんですよ。私にとって。

＊：いまは、好きじゃないんですか？

B：なんかね、自分に対して否定的になってしまいがちなんですよ。気をつけないといけない。

第5節 セルフヘルプ・グループの意味

最後に、Bさんが高校時代に並ぶ「転機」と位置づけているセルフヘルプ・グループへの参加について、より掘り下げて考察していきたい。Bさんにとって、セルフヘルプ・グループに参加したことはどのような意味で転機なのだろうか。

【語っても親を苦しめるだけ】

セルフヘルプ・グループに参加する以前のBさんは、自分と同じような異形の人々が存在することを認識しており、お互いに似たような悩みを抱えていることにも想像が及んでいた。しかし、実際には身近に同じ立場の人がおらず、Bさんは苦しみや悩みについて心置きなく語る機会を持たずにきたのである。

B：自分以外にも、同じような人がいるのは、いっぱいわかってたし、自分と同じような悩みを抱えているんだろうなってことも想像できたからこそ、いろんな人に会いたかったんですよ。私は。だけどー、まぁ、そういう人とは話できないし、そういう人がいない以上、語っても相手を苦しめるだけだから。

＊：たとえば、親とか？

B：あー、語れない。語っても泣くだけだから。だから、やっぱり、親とか家族とかの前では、そんなもんないかのようにふるまって。こう、親が望む通り、楽々と人生の課題をすべてクリアしていかなければならないと、それが義務だと思っていたので。だから、ないかのように、やっぱり親は、成長してほしいし、人生の課題をクリアして生きてほしいし。そうしないといけないと思ってたし、そうできないことは自分の弱さだと思っていたのでー。だからねー、それを、こう、外に出してしまうことはね、その、苦しいって、外に向けて発信することは、自分の弱さだと思っていたので。

＊：なんか、よく、書かれたもの［＝体験記］に、お母さんの望みとBさん自身の、その、意思が必ずしも合わないみたいな話が〃B：はいはいはい〃出てくるんですけど、そういうのは、けっこう、ずーっとあったんですか？

B：だからー、そう、ですねー、うーーん、親はやっぱり、治したいし隠したいんですよ（笑）。

Bさんにとって、家族に対して自己の問題経験を語ることは容易ではなかった。その理由は二つある。ひとつは、「産んだ負い目」を抱えている母親に対して苦しみや悩みを語ったとしても相手を苦しめる結果にしかならないためであり、「(苦しみや悩みなど) ないように」人生を切り開いていってほしいという親の期待をじゅうぶんに汲み取っていたためでもある。人生を順調に歩んでいけなかったり、苦しみや悩みを誰かに「発信」したりすることは「自分の弱さ」だと思っていたという語りからは、Bさん自身、親の期待を強固に内面化していたことがわかる。もうひとつの理由は、Bさん自身の「『生まれてしまった』というような罪の意識」である。Bさんは、ユニークフェイスの体験記のなかで、自分が生まれる以前の家族写真についてふれている。兄を挟んで両親が座っているその写真は、Bさんによれば家族の「完全な姿」であるという。Bさんは、自分が赤あざを持って生まれてきたことで、母親がBさんに対するいじめをなくそうと奔走するなど、家族の幸せや平穏をかき乱してしまったという「罪の意識」を抱き続けてきたのである。

親子関係にもっとも摩擦をもたらしたものとしてインタビューのなかで語られたのは、治療やカムフラージュメイクに対する意見の相違である。Bさんによると、母親はBさんのほぼ全身に及ぶあざの治療に全財産を投じる覚悟をしていた。しかしBさん自身は、手術の成功率が必ずしも高くなく、その割には費用が高額であること、術後に後遺症が残る可能性があることなど、手術に関するさまざまな情報を入手するにつれ、「そんな悪条件のなかでも治すように努力しなければいけないものなのか」という疑問を抱くようになった。そして次第に、「いまのままの姿でじゅうぶん生きていけるはずの自分がなんでこんなことで悩まなくてはいけないのか」「血管腫のある人間がそのままの姿で社会に受け入れられないのはおかしい」と考えるに至っている。自分はあざのある姿のままで構わないのに、それを見てとやかく言う他人のためになぜ高い費用をかけたりリスクにおびえたりする必要があるのだろうか、というわけである。

一六歳で手術を受けないことを決断すると、母親は「せめて見えるところだけでも治したらいいんじゃないの？」と勧めるようになった。これに対してBさんは、人の目に入るところだけを治しても、もしくはかえって、あざを隠している「負い目」が生じてくると思い、部分的な治療も受けないできた。カムフラージュメイクをしないのも、同じ理由からである。思惑に逆らったことで「悲しませてる部分もあると思う」と母親への配慮をのぞかせながらも、Bさんは母親のそうした思惑それ自体が「いまの姿のままではいけないのか」という苛立ちをもたらし、母親への「不信感」へとつながったと振り返っている。

【外見の問題は語りにくい】

このように、セルフヘルプ・グループに出会う以前のBさんにとって、自己の問題経験はひじょうに「語りにくい」ものであった。それは、身近に聞き手が存在しなかったことに加え、異形の人々の苦しみが社会的には語るに値する問題として認識されていないことによる。

B：うーーん、やっぱりー、語りにくいですよね。すごく。話題にもしにくいですよね。それで、たとえば、機能的な障害が、ものすごく問題になることであったら／／＊：うんうん／／それはそれで、人間、不思議なもので、語れると思うんですよ。こんな大変なことになって、とか。（中略）当事者の側も／／＊：うん／／やっぱり、いろいろな理由で、語ってもちゃんと認識してもらえないとか、私みたいに、語ることを弱さのあらわれとか、恥だと思ってる人もきっといるだろうし。

ここでBさんは、異形と「機能的な障害」とを対比させている。機能制約をめぐっては、その当事者も世間も「大変な問題」として声高に語ることが少なくない。これに対して、機能制約をともなわないことが多い異形という問題をめぐっては、世間の認識が「大したことない」というものであるため、当事者は「語りにくい」のである。Bさんがこうした対比を用いているのは、異形がしばしば機能制約（＝身体障害）と比較されるためである。たとえば、Bさんがユニークフェイスの体験記集によせた文章は、次のような書き出しになっている。

「世の中には手や足のない人だっている。それを思うとあなたは幸せ」
「たかだか見た目のことくらいにこだわって、くよくよ悩むなんてつまらない生き方」
　ほぼ全身至るところに先天性の赤アザ、単純性血管腫をもつ私を、多分励ますつもりで発せられたのであろう、周囲の人々からの言葉である。結果的には自分の思いを胸の中に閉じ込めることになってしまったその言葉を、私は何度積極的に受け入れようとしたかわからない（藤井編 2001: 193）。

「自分の思い」を言葉にしようとしたBさんの行為は、「見た目にこだわるのはつまらない生き方」「なんの不自由もない体に不満を抱くのはぜいたくだ」というように、それ自体が問題とみなされてしまったわけである。周囲からこうした反応を受けるにつれ、外見に固執してしまうのは自分の「浅ましい心理」のせいだというように、過酷な現実をたしかに生きているにもかかわらず、Bさん自身もそれを否認しようとしている。ここから読み取れるのは、自己の問題経験をそれとしてとらえ、その問題を経験していない他者に向けて語っていくことの困難である。

【語られるべき問題が存在する】

セルフヘルプ・グループとの出会いによって、Bさんのこうした困難は大きく様変わりしている。ユニークフェイスというグループの存在を知ったときの衝撃について、Bさんは体験記のなかで次のように述べている。

ユニークフェイスというグループの存在を知った時はかなりショックであった。自分が決して口に出せなかった、自分ひとりの胸の内で解決しなければならないと勝手に思い込んでいた問題をこうも堂々と世間に対して語る人たちがいる。（中略）人間にとって何が問題で何が語られるべきなのか。少なくとも私は、誰かの心が苦痛を感じる状況がある限り、そこには語られるべき問題が存在すると思う。問題とかけ離れた位置にいる第三者の言葉に縮こまってはならない（藤井編 2001: 195）。

ユニークフェイスへの参加がBさんにとって「転機」であるのは、自分がこれまでずっと語れずにきた問題を「堂々と」語っている他者との出会いという意味においてである。グループに参加する以前のBさんは、周囲の人々から自分が日々経験している問題をそれとしてとらえることを否定され、母親からは「（問題など）ないように」人生を順調に歩んでいくことを期待されてきた。しかし、一九九九年に新聞記事でユニークフェイスの活動を目の当たりにしたBさんは、問題が存在するかどうか、その問題が語るに値するかどうかを決めるのは「問題とかけ離れた位置にいる第三者」ではなく、それを現に経験している「当事者」なのだという気づきを得ている。こうした認識の転換にともない、Bさんにとって異形という問題は「語られるべき問題」へと変化している。

インタビューにおいてBさんは、異形という問題が機能制約（＝身体障害）と比較されてしまうことについて次のように述べている。

B：対比されるけど、別の問題だと思いますよ。対比するのは勝手だけど／／＊：ああ／／全然、別問題だと思いますよ。

＊：というのは？

B：だから、機能的な問題と外見的な問題だから、こう、機能的な問題は機能的な問題。外見的な問題っていうのは、社会的な問題ですから。生理的な問題と社会的な問題、一緒に論じられるわけがないじゃないですか。

＊：うん。

B：フフフ。

＊：ああ、そういう意味で？

B：だから、ものすごいナンセンス。そういうこと言うのは。私に言わせれば。

＊：ああ。違うものなのに、比較して重いとか軽いとか？

B：うん、そうそう。だって、社会的な問題なんだもの。外見の問題っていうのは。完全に。

Bさんによれば、身体障害という「機能的な問題」と異形という「外見的な問題」を比較するのは、「生理的な問題」と「社会的な問題」というまったく水準の異なる問題を比較することであり、「ナンセンス」である。Bさんのいう「社会的な問題」には、次のような含意がある。治療の成功率の低さや費用の高額さを考慮して治療をしないことを選択したBさんは、カムフラージュメイクもしていないために、幼い頃から「気持ち悪い」「早く整形手術しろ」などの罵声を浴びせられてきた。しかし、考えてみれば、あざは「たかだか皮膚の色に違った部分があるだけ」である。そのままの姿でじゅうぶんに生きていけるはずであり、Bさん自身もそれを望んでいる。にもかかわらず、社会がそれにマイナスの意味を付与したりそれを受け入れないとするならば、問われるべきはそうした社会の方なのである。

Bさんのこうした解釈をふまえ、私は「社会的な問題」への対策について質問をしてみた。以下はそのくだりである。

＊：社会的な問題だとしたら、なんか、なんらかの対策って言うと大げさかもしれないけど、そういうのが必要ではないかと／／B：ええ／／思うんですけど、どういうのが、あの、Bさんご自身は、必要だと思いますか？

B：慣れ（笑）。

＊：慣れ？

B：だから、社会が慣れること。あのねー、目をそらさないでほしい。（（中略））外見の問題が公然と論じられて、まぁ、いろんな人がメディアに出て、まぁ、そこまで出てくる人が現れるまでがしんどいと思うんだけど、社会が慣れることで社会の扱いが確実に変わると思うんです。社会がその存在に慣れることで。

＊：あーー。まだ、いま、慣れてないから？

B：慣れさせるだけの、やっぱり、パワーが当事者側にないでしょう。まだ、怯えているから。みんな。「自分はこうだよ、文句あるか」って、そのままの姿で社会に出る人ばかりじゃないから。

Bさんによれば、身体障害者が声をあげ、障害問題が語られるようになったことで、彼らの社会からの扱われ方は変化した。かつては車いすユーザーは「汚いもの扱い」をされていたが、現在では「守られるべき障害者の代表」になったのである。障害者をもっぱら庇護の対象とみなす社会のこうした認識には違和感を覚えるものの、障害当事者がメディアに登場し、自己の問題経験を語るようになって社会が障害者の存在に目を向けはじめ、彼らへの認識や行動に変化が生じたという意味では、Bさんは一定の評価を与えているようである。右のやり取りからは、Bさんが異形という問題についても同様の変化を求めていることがわかる。つまり、異形という問題が「公然と」議論されるようになって社会が異形の人々の存在に「慣れ」、彼らに対する社会の認識や行動が変化する必要があるというわけである。そして、社会を「慣れさせる」ための一環としてBさんがおこなっているのが、当事者運動としてのユニークフェイスの活動である。

社会を「慣れさせる」ための具体的な活動としては、ユニークフェイスの体験記への寄稿やユニークフェイスのメンバーを取り上げたドキュメンタリー番組への出演がある。体験記の出版にしてもドキュメンタリー番組への出演にしても、セルフヘルプ・グループのメンバー同士の交流やサポートの範囲を超えた活動である。つまりそれらは、社会に自分たちの「そのままの姿」をさらし、その存在や抱えている苦しみを知らしめ、社会の側の認識や行動の変更を求めるというクレイム申し立て活動なのである。またBさんは、個人のホームページを持っている。現在、異形の当事者が作成・運営しているホームページはかなりの数にのぼるが、その多くは疾患概要やその治療法などの医療情報から構成されており、当事者同士の情報交換の場として機能しているようなものである。このことについてBさんは、コンテンツが医療情報ではごく一部の当事者の注目しか集めることができないため、Bさん自身のホームページは非当事者も読み手として想定しながら「血管腫をもった人間の日常を余さず書き写す」ようにしたいと語っている。そうしたホームページは読み手にとって「うっとうしい」かもしれないが、血管腫をもつ人間が置かれている「現実」に「気がついてほしい」し、それをしっかりと「直視してほしい」のである。

第6節 Bさんへのインタビュー調査の過程

Bさんには、合計二回のインタビューに協力していただいた。最後に、Bさんへのインタビュー調査の過程を検討したい。

第一回目のインタビューのきっかけは、Bさんのホームページを偶然見つけたことであった。顔にあざがあることでこれまでどのような経験をされてきたのか話を聞かせてほしいとインタビュー調査の依頼をしたところ、「西倉さんの研究により、外見異常をもつ人々の問題がより広く社会に認知されることを期待して、協力させていただきたい」と快諾していただいた。日時や待ち合わせ場所をメールで打ち合わせていた際、インタビューの方向性について質問を受けた。インタビュアーである私はこれまで外見の問題をジェンダーの視点で研究してきたようだが、今回のインタビューはジェンダーに関係する問題に限定したものなのか確認しておきたいということだった。メールでは踏み込んだ自己紹介まではしなかったにもかかわらず、Bさんが私の研究歴について情報を持っていることに少し驚きつつ、ユニークフェイスのニューズレターに以前よせた文章のせいだろうかと推測した。そして、今回はジェンダーに関係する問題に焦点を絞るつもりはなく、インタビューの目的は当初の説明通りであると回答した。その結果、第一回目のインタビューでは、「(女性である以前の) 人としてのコンプレックス」と「女性としてのコンプレックス」とが大きな問題経験として提示された。なかでも、前者が中心的なテーマとなり、それと分かちがたく結びついているものとして、子ども時代のいじめや家族関係が話題となった。

第二回目のインタビューでは、前回のインタビューで重大テーマとして語られた「人としてのコンプレックス」と「女性としてのコンプレックス」のうち、後者について重点的に聞き取った。私が準備した具体的なトピックとしては、Bさんのこれまでの恋愛経験や結婚観がある。しかし、インタビューの始終、私はBさんが前回のインタビューにくらべて自発的には語ってくれていないという印象を抱いていた。何より、私自身がBさんに対して質問を向けづらいと感じていたし、ほかのトピックに関してはどちらかというと雄弁なBさんから、恋愛に関する語りを引き出せないことにもどかしさを覚えてもいた。たしかにBさんは、女性としては「規格外品」であるという「女性としてのコンプレックス」については明快に語ってくれたが、ほかのインタビュー対象者と比較すると、恋愛をめぐる具体的な経験やエピソード、結婚に対する考え方について進んで語ってくれる機会は少なかったのである。次第に、あまり気が進まないBさんを無理矢理語らせているような気持ちになり、結果的には第一回目のインタビューほど綿密な聞き取りができたという手応えは得られなかった。

これまでの恋愛経験や結婚観についての語りがなぜ（私が期待したほど）展開されなかったのか。その理由はライフストーリーが語られる〈現在〉のBさんの自己に注目することで明らかになるだろう。これまでの恋愛経験や結婚観を自発的に語ってくれたほかのインタビュー対象者とBさんの現在の自己は、決定的に異なっている。恋愛や結婚をめぐる問題経験をまとまった形で語ってくれたインタビュー対象者の現在の自己は〈結婚している私〉や〈恋愛がうまくいっている私〉である一方、このときのBさんの自己は「恋愛とかできない〈私〉」であった。つまり恋愛や結婚の困難は、ほかのインタビュー対象者にとってはあくまでも過去に直面していた問題にすぎないが、第二回目のインタビュー当時のBさんにとっては、彼女自身が明確に語っているように現在進行形の問題だったのである。当然のことながら、それが語りやすいトピックかどうかは大きく違ってくる。

改めて検討するまでもなく、Bさんにとって恋愛や結婚の困難がまさに現在進行中の問題である以上、過去の恋愛経験や結婚観がけっして語りやすいトピックではないことは理解しているつもりであった。にもかかわらず、私は〈Bさんなら、語ってくれるに違いない〉という期待をよせてしまっていたのである。こうした身勝手な期待が生じた背景には、前回のインタビューでのBさんのアイデンティティ提示がある。次に引用するのは、第一回目のインタビューが終わりに近づいた頃のやり取りである。

B：それ［＝女性としてのコンプレックス］はね、やっぱりね、語りにくいんですよ。みんなやっぱり、すごくコンプレックスもってるから。コンプレックスっていうのは、おそらくみんな、すごい強いと思うから。出てこない、イコール、ないんじゃなくって／／＊：うんうん／／ものすごく語りにくいんですよ。

＊：ああ。

B：だから、私はこう、ものすごく社会に伝えていきたいっていう意識をもっているから、あえて語るし、語ることにも慣れているし、だから語るんですけど、普通はなかなか語れない。自分の、こう、一番、やっぱり、ちょっと恥ずかしいじゃないですか。こう、性質の問題として。一番語りたくない性質のことのひとつだと思うんですよ。

これは、「女性としてのコンプレックス」についてBさんほど明示的に語ってくれた人はこれまでいなかったと感想を述べた私に対して、Bさんが返答してくれている場面のやり取りである。Bさんによれば、「女性としてのコンプレックス」というトピックの性質上、インタビューの場でそれを聞き出すことはきわめて難しく、普通は語られなくて当然である。むしろそれについて語るBさんが例外なのであり、それは自分が「社会に伝えていきたいっていう意識」をもっていることによるという。Bさんのこうしたアイデンティティ提示が強く印象に残っていた私は、第二回目のインタビューでも、Bさんを「(普通は語りにくいことや語りたくないことを)あえて語るし、語ることにも慣れている」人物とみなしたうえで、恋愛や結婚の困難についての質問を繰り返し投げかけていた。Bさんにこうしたカテゴリーを与えたことがまったくの間違いだったわけではないが、それによって私は、Bさんをひとりの語り手というよりも、異形という問題についてなんでも語ってくれる〈たとえて言うならば〉〈批評家〉や〈コメンテーター〉としてとらえてしまっていたような気がしてならない。そして、語り手が語りにくそうなトピックについてはその場では踏み込まないようにし、ラポール形成にしたがって語り手との関係が変化するまで待つといった、聞き手に求められるごく当たり前の配慮を欠く結果となったのである。

このことを如実に示しているのが、インタビュー中の私が「(Bさんの話は)おもしろい」という受け答えを何度かしていることである。第二回目のインタビューの最中、Bさんに「あまり、当事者と話すとき『おもしろい、おもしろい』って言わない方がいいよ」と注意を受けるまで、私は自分がそうした表現を用いていることにさえまったく気がついていなかった。Bさんによると、自己の問題経験を一生懸命に語っている当事者からみれば、「おもしろい」という表現は「軽く聞こえてしまう」ということだった。いま振り返っても、なんと軽はずみな言葉だろうかと恥ずかしさでいっぱいである。後悔と自分に対する失望のあまり、その日はうなだれて帰宅し、自分の失敗を直視したくないとの思いからトランスクリプションを何ヶ月も先延ばしにしたほどである。

「(Bさんの話は)おもしろい」という言葉は、たしかに聞き手である私の思慮の足りなさや軽率さからきたものである。しかし、これまでのトランスクリプトをすべて確認したところ、ほかのインタビュー対象者にはこうした受け答えをまったくしていないことから考えると、その言葉がほかでもないBさんへのインタビューで発せられたということは注目に値するのではないだろうか。つまり、Bさんを問題経験の語り手というより、むしろ〈批評家〉や〈コメンテーター〉に近い存在としてカテゴリー化していたことが、「(Bさんの話は)おもしろい」という受け答えをしたことと無関係ではないように思われるのである。「話がおもしろい」は、〈批評家〉や〈コメンテーター〉に向けて発せられたとするならば褒め言葉になりうるが、ひとりの問題経験の語り手からしてみれば、(Bさんが率直に指摘してくれたように)自己の問題経験に見合わないあまりにも軽はずみな表現である。

本章の内容をBさんにフィードバックしたのは、自分自身の言葉によって損ねてしまったラポールをどのように取り戻せばよいのか、いまだわからないでいる只中でのことだった。電話でのやり取りで事実関係を確認したり私の解釈に対するコメントをもらったりしているなか、以前の「おもしろい」発言が話題にのぼり、慎重に言葉を探している様子のBさんから「（当事者の問題経験を）理屈のうえでは理解しているが、感情面では理解できていない」という指摘があった。Bさんによれば、インタビューの最中に「おもしろい」という言葉を発したのは、私が「（Bさんが）当事者であることを忘れる」局面があったことによるという。そして、こうした忘却が生じてしまったのは、Bさんの問題経験への「感情的な同調」が欠落しているためなのである。

この指摘をふまえると、第二回目のインタビューで恋愛や結婚の困難についての語りがあまり展開されなかった理由は、それがBさんにとって現在進行形の問題であったためだけではないと考えられる。Bさん自身が端的に述べているように、恋愛や結婚の困難とは、当事者にとって「一番語りたくない性質のこと」である。たとえBさんが「（普通は語りにくいことや語りたくないことを）あえて語るし、語ることにも慣れている」とはいえ、彼女もまたひとりの当事者である。たった数回しか会ったことのない私に対して「一番語りたくない性質のこと」を自発的に語らなかったのは、むしろ当たり前である。にもかかわらず、Bさんに過剰な期待をよせた挙げ句、語りがあまり展開されなかったことを不思議に感じたとするならば、それはまさしく私が「（Bさんが）当事者であることを忘れる」ことから生じた結果なのである。

■注

（1）Bさんには、合計二回のインタビューにご協力いただいた。それぞれ、二〇〇四年七月二三日、二〇〇六年一月一三日に実施した。

（2）Bさんは、ユニークフェイスの体験記のなかで保育園で経験した「あてっこ遊び」について書いている（石井ほか編 2001）。「あてっこ遊び」とは、ある子どもが汚いと感じるものに触れてしまったとき、その手で別の子どもを「あてた」とたたき、その子どもがまた別の子どもを「あてた」とたたく遊びである。別の子どもをたたかなければ、その子どもが汚いものとして避けられてしまうのである。この「あてっこ遊び」は、異形の人々に対する排除を考えるうえで示唆的な問題を内含んでいるように思われるため、以下にBさんの体験記を引用しておきたい。

　要するに精神的な「穢れ」のようなものを人に「あてる」ことで次々とまわしてゆくのであるが、私自身もずいぶんとやった遊びであった。しかしいつの頃からか、私に触れた子どもたちがその手で他人を「あてた」と叩くようになっていったのである。私はいつのまにか周りの子どもたちに「穢れのもと」のような存在として扱われはじめていた。それでも保育園の頃はまだよかった。誰も私の目の前で私の持つ「アザ」と、持ったように見える「穢れ」とをはっきり結びつけてみせる子はいなかった。一気に事態が変わったのは小学校にあがってからであった（石井ほか編 2001: 12-13）。

（3）短大時代に飲食店のアルバイトの面接を受けたところ、「あなたがいたら、人は食欲をなくす」と言われ、採用してもらえなかったという。また、成績優秀であったにもかかわらず、短大の就職指導の教師がBさんに勧めたのは「就職ではなくアルバイト」「障害者向けの会社説明会」であったという。

（4）見合いが難しいことを説明するためにBさんが紹介してくれたのは、彼女が結婚しないことを心配している親戚でさえ、実際には見合い話を持ってくることができないというエピソードである。「やっとあった見合い」の相手は、交通の便が悪すぎて「誰も行かないだろうっていうような農村」に住んでいる農家の長男であった。Bさんはこうしたエピソードを紹介しながら、「実際に（見合いの）話があるのは（あざの）症状の軽い人まで」であり、自分のようにあざが広範囲に及んでいる場合は「難しい」と語っている。

第５章

普通じゃないっていう意識は死ぬまで変わらない

Cさんのライフストーリー

Cさんは、顔の右半分に単純性血管腫をもって生まれた二〇代後半の女性である（第一回目のインタビュー当時）[1]。幼稚園の頃に何度か試したことはあるが、Cさんが日常的にカムフラージュメイクを使いはじめたのは中学生になってからである。大学一年生のときにあざを切除する手術を受けたのを手始めに、二三歳までのあいだに合計一〇回の手術を経験している。手術によってあざはほぼ取り除くことができたが、今度は頬が腫れるという後遺症を抱えることになった。手術の傷跡と取りきれなかったあざが残っており、現在もカムフラージュメイクをしている。

大学卒業後、生命保険会社の営業職に就き、その後は精神保健福祉士の資格を取得して精神障害者施設に勤務していた。三〇歳のときに結婚して他県に転居したのにともない、別の障害者施設で働いている。第三回目のインタビューまでは、セルフヘルプ・グループ「ユニークフェイス」のメンバーであった。

第1節 重要な出来事

第3章のAさん、第4章のBさんのライフストーリーでは、問題経験とそれへの対処法の時間的推移が語られていた。大まかにまとめると、彼女たちは自己の問題経験にある方法で対処しているが、それによって新たな問題経験が生起し、かつてとは別の対処法をとるに至っているのであった。一方、Cさんのライフストーリーは、ひとつの問題経験に対する対処法のヴァリエーションが語られたものとして理解することができる。そのひとつの問題経験とは、「自分の顔は普通じゃない」という強烈な意識である。

Cさんによれば、依然としてこうした意識を持ち続けているが、そのあり方は年々変化しているという。思春期の頃は「私はもう、こんな顔だからあかんねん」といった「自虐的」で「後ろ向きな考え方」をしていたのに対して、現在は「顔に対する比重」がだいぶ軽くなっていることもあり、思春期の感じ方とは違っているのだという。以下は、第二回目のインタビューでのやり取りである。

＊：同じように普通じゃないって思ってるにしても、感じ方が変わってきたっていうのは、なにかきっかけみたいなのはありますか？

C：ねぇ、なんなんやろう。はっきりした、こういう出来事があったからっていうのはなくって、気がついたら、そういう感じ方になってたっていうか。やっぱり、年齢が一番大きいのかもしれないですよね。なんか、こう、この出来事があったからっていうのが、ほんとなくって。ほんとに、こう、①手術とか、あと②恋愛とか③仕事とか、普通の人が同じようにたどる道を同じようにたどってきて、気がついて三〇歳になっててっていうのが、自分のなかで、そのなかで、もしかしたらきっかけになる出来事があったのかもしれないけど、自分のなかでこれって思う出来事っていうのが、あんまりわからなくって。ほんとに、気がつけばそういう考え方ができるようになってたっていう感じやと思うんですよ。

顔に対する感じ方が変化したきっかけを質問した私に対して、Cさんは具体的な出来事をあげることにためらいをみせている。Cさんによれば、こうした変化は「この出来事があったから」という単純な因果関係でとらえられるものではなく、あくまでも時間の経過のなかで「いつの間にかそうなってた結果」なのである。

変化の契機となった出来事を特定するのに躊躇しているCさんではあるが、その一方で①手術、②恋愛、③仕事という具体的な出来事にふれている。Cさんによると、手術や恋愛、そして仕事を通じてさまざまな出会いや経験を重ねるうちに、「顔のことで悩んでる時間がだんだん少なくなってきている」のである。そこで以下では、①手術、②恋愛、③仕事をCさんが「顔に対する比重」を軽くしていくための対処法に匹敵する重要な出来事とみなし、それぞれについてのストーリーを検討していく。ストーリーの流れを考慮し、手術、仕事、恋愛の順にみていくことにする。

第2節　対処としての手術

Cさんは、全身麻酔による八回の手術を含め、合計一〇回もの手術を経験している。高校三年生の秋、推薦入試ですでに大学進学を決めていたCさんは、あざが取れるのかどうかを確かめたくて、親に相談することなく大学病院の皮膚科を受診している。この時期に病院を訪れた理由をCさんは、受験勉強から解放され、このあざがなければいいのにという「今まで封印してた思い」が「爆発」したことに求めている。

Cさんによると、親には余計な心配をかけてはいけないとの考えから、手術によせる思いを打ち明けることはできなかった。手術のことに限らず、子ども時代にあざのことでつらい出来事があっても、親にはひと言も訴えなかったという。それは、「自分が産んだもんだから、自分の責任だって思ってる」母親が幼いCさんにカムフラージュメイクをしながら泣いたり謝ったりする姿を何度か目にするうちに、母親の前では顔の話題をしてはならないと「子ども心に判断」したためである。Cさんが自分の思いを訴えるのを「自分自身で制限」するうちに、Cさんの顔の話題は家族のなかの「タブー」になっていった。この「タブー」がいかに強力だったかを示すエピソードがある。第二回目のインタビューを実施したのは、Cさんが結婚を間近に控えた夏だった。

インタビューが終盤に差しかかった頃に家族関係について質問したところ、Cさんは両親との微妙な距離感について語りながら、「自分自身の感情を正直に伝えんまま（結婚して）家を離れることになる」と、やや後悔している様子だった。後日、このインタビューのトランスクリプトをCさんに郵送したところ、これまで伝えることができなかった自分の思いを託すつもりで、結婚式の前日にそれを両親に渡したという連絡をもらったのである。

未成年の意向だけでは手術をするかどうか決断できないため、親と一緒に改めて来院するように医師に言われたCさんが母親にそのことを伝えると、母親から「お母さんもちゃんと考えてたのに、なんで勝手に行った⁉」と叱責されたという。手術の順番待ちの関係で、Cさんが手術を受けることができたのは大学一年生の夏休みになってからであった。次に引用するのは、Cさんが手術をしたいと思った理由についての語りである。

C：手術をしたいと思ったのが、やっぱり、あの、カバーマークで、朝、三〇分ぐらいかけて。片面［＝顔の右半分］だけで。それが、とにかくイヤでイヤで。あの、その無駄な時間を減らしたいっていうのが、とにかく大きかったんですけど。でも、それが一番の理由というよりは、それは物理的な問題というか。心理的な問題として（中略）やっぱり、できるだけ普通の人に近づけるように＝＊：うん＝なるには、まず、このあざを消さないと、消さないとっていうか（笑）。

このように、手術の動機としては「物理的な問題」と「心理的な問題」の二つがあげられている。Cさんにとってそれぞれがどのような問題であったのか、以下で詳しく検討していく。

【顔に神経を集中させてきた】

まずは、「物理的な問題」からみていこう。Cさんのいう「物理的な問題」を生じさせてきたのは、カムフラージュメイクである。Cさんは、中学校入学時に本格的にカムフラージュメイクをはじめている。小学校時代は、「ガキ大将」のような男の子に「あいつの顔、お化けみたいや」といった暴言を吐かれることはあっても、集団でのいじめにあうことはなかった。しかし、中学校は複数の小学校から生徒が集まってくるため、いじめを心配した母親にメイクを勧められたのである。カムフラージュメイクの効果もあって、いじめや集団でのからかいなどは経験していないCさんであるが、その代償として日常生活上の問題を抱えることになる。

C：なんで中学生・高校生がね、朝起きて三〇分もかかってね、化粧をね、しないといけないのかなって。それはもちろん、自分のあざを隠すためには必要なことなのかもしれないけど、ずっと、その、自分だけなんでこういうね、ことをしなあかんのやろっていうね、なんで自分だけ、なんで私だけって、そういう思いがずっとあったんですよ。なんか自分だけっていうか。

＊：みんなはしなくていいのに、みたいなが？

C：みんな普通にね、普通の顔を持ってて、あの、普通に生活をしてて。

第一回目のインタビューで繰り返し語られたのは、周囲の同年代の人たちとは違って自分だけがカムフラージュメイクに毎朝三〇分も割かなければならなかった過去であった。中学・高校時代のCさんは、「授業も上の空」だったときもあるほど、つねに顔に「神経を集中」させており、実際に時間もとられてきたのである。インタビューでは、顔のことばかり考えなければならなかった例として、修学旅行のエピソードが語られた。通常の化粧と同じように、カムフラージュメイクは毎日洗い落とすものである。しかし、あざのある顔を友達に見られたくないため、また集団行動のなかではひとりになってカムフラージュメイクを塗る時間や場所を確保することができないため、旅行のあいだじゅう落とさないでいるしかなかった。その結果、旅行の終盤にはカムフラージュメイクが固まってきて顔にひび割れができてしまい、時間を見つけては化粧なおしに神経を使ったという。

C：なんか納得でけへん思いっていうのがずっとあったんで。なんか、こう、そんな普通、中学生・高校生で、そんな気を使わないじゃないですか。それがずーっと悔しかったっていうか。なんか、余計なことに神経をね、自分が払わなあかんっていうのが、すごいもったいないなぁっていうか。うん。ほんまやったら、そういうことに神経使わない、勉強とか友達と遊ぶとかクラブとかにね、一番、神経を集中させる時期じゃないですか。それが、そういうことに時間とられてたんじゃないかなっていうのが、すごい悔しいなぁって思ったりして。

＊：悔しいなぁって？

C：うん。なんで自分だけっていうかね。

顔にあざがあることで、いかにみんなと違う日常を送らなければならなかったか。本来ならば、勉強やクラブ活動、友達とのつき合いに全力を注ぐべき時期に、どれほど顔に神経を使って生きてこなければならなかったか。Cさんのいう「物理的な問題」とは、「普通の顔で普通の生活ができない」という日常生活の大きな制約として理解することができる。

【どうがんばっても普通の人にもなれない】

次に、「心理的な問題」についてみていこう。この問題と密接に関係しているのは、Cさんにおける重大な問題経験としてすでに指摘した「自分は普通の顔じゃない」という意識である。Cさんによると、こうした意識がとりわけ強かったのは思春期であった。インタビューでは、思春期に「化粧品のコマーシャル」に対して抱いていた心情について何度か話題になった。

C：心理的な問題として、やっぱり、あのー、なんだろうな、うーーん、女、女で生まれて、やっぱり、こう、コマーシャルとか見てて、タレントさんとか女優さんとか、そういう化粧品のCMとか見てても、やっぱり、自分は絶対にこの人たちのようにはなれないというか。（中略）昔というか、うーん、いっときこう、コマーシャルとかでも、化粧品のコマーシャルに出てくる女優さんとかタレントさんは、私にとっては、ある意味、とても、憎しみじゃないけど／／＊：うん／／そういう憎悪の対象になってたようなときもあったので。ねたみ。嫉妬。なんか、そういうふうに、こう、そういうコマーシャルを見るのがイヤな時期があって。あの、その宣伝してる化粧品を、自分が使ったところで、あの（笑）、あのー、なんだろう、この人たちのようにはなれないっていう、すごい、そういうのがあって。

このやり取りのなかでCさんは、「きれいな人」「普通の人」「私（たち）」という三つのカテゴリーを用いている。「きれいな人」というのは、化粧品のコマーシャルに登場するタレントや女優に代表される女性である。「普通の人」とは「一般的な顔立ちの女性」であり、「私たち」とは「ユニークフェイスの人たち」である。これは、ユニークフェイスというセルフヘルプ・グループのメンバーそのものではなく、異形が原因で「普通の人にもなれない」人たちをさしている。

Cさんによれば、「普通の人」は化粧の仕方次第で「きれいな人」になることができるのであり、実際に化粧品のコマーシャルが発信しているのもこうしたメッセージである。しかし、あざのあるCさんは「普通の人」にさえなることができないため、この意味で「きれいになる前の段階で、もう道が断ち切られている」のである。思春期の頃のCさんは、「普通の人」を念頭に置いてつくられている化粧品のコマーシャルに対して「女として生まれてきたのに、自分には関係ない」という感情を抱き、そこに登場する「きれいな人」には「憎悪」すら覚えることもあったという。これについては、インタビューの別の場面では次のように語られた。

C：やっぱり、世間一般では、やっぱり、どちらかというと、こう、この人［＝きれいな人］たちの方が、評価を受けるというか。モデルさんだったり、女優さんだったり。私たちは、はなから、もう、そこにも入ってないというか。疎外感というか。

＊：疎外感？

C：うん。そこまで、なんか、悲壮ではないんですけど、そういうランクづけにも入らないというか（笑）、それ以前の問題というか。私らの場合は。

＊：ああ、きれいとかきれいじゃないとか＝

C：＝うんうん、そういう以前の問題。その前に引かれてしまうじゃないけど（笑）。

Cさんによると、世間には「女は顔がきれいな方がいい」という価値観にもとづく「ランクづけ」が存在する。Cさんのこうした考えの背景にあるのは、顔の美醜だけで女性を序列化するようなテレビ番組であり、学生時代にクラスの男の子や男性教師に人気があるのは、ほとんど例外なく顔のかわいい女の子だったという彼女自身の経験である。Cさんによれば、こうした美醜による序列化は「きれいな人」や「普通の人」に適用されるものであり、「私ら」は最初からその対象に含まれていない。「普通という条件さえも、まだ満たしていない人たち」は、序列化される以前に相手に「引かれてしまう」のである。ここまでの検討をふまえると、Cさんのいう「心理的な問題」とは、女性として生を受けたにもかかわらず「きれい」になることはできないし、他者からそのように評価される可能性もあらかじめ閉ざされているという「疎外感」として理解することができる。

【やれるだけのことはやった】

Cさんがこれらの物理的・心理的問題に対処しようと選択した方法が、手術によって「普通の顔」を手に入れることであった。Cさんが受けた最初の手術は、顔に生理食塩水入りの風船状の物体を入れて皮膚を伸ばし、伸びた皮膚をあざを切除した部分に移植するというものである。Cさんは、この手術によってあざを切除したところの皮膚が腫れるという後遺症を抱えることになったため、結果的にはこれらの問題を解決できたわけではない。次にあげるのは、Cさんが後遺症をどのように受けとめているのか、質問を向けたあとのやり取りである。

C：最初に自分が思ってたイメージと、たしかにちょっとずれてたんですけど、でも、これは結局、あざが取れたかわりに、やっぱり、その、まぁ副作用っていうか、後遺症じゃないけれども、あざと引き換えにしたかなって自分のなかでは思ってて。たしかに、最初は納得いかへん部分もあったんですよ。あの、でも、先生と自分は納得いくまで話をして手術をしたっていう思いがあったんで、別に先生に「話と違うじゃないですか」って言うこともしなかったし。

＊：腫れるとかっていう話はなかったんですか？

C：そうですね。だから、腫れるっていうのは、そのことも、もともと聞いてなくって。で、まぁ、「どういう後遺症が残りますか」っていう話もしたかもしれないんですけど、腫れるっていうのは聞いてなくって。でも、なんていうんやろ。まぁ、私がそういう意味で鈍感っていったら変なんですけど、まぁ、こういうこともあるかなって、なんか、自分のなかで勝手にね、決着をつけてしまったんですよ。

客観的にみれば、あざを切除する手術によって頬が腫れる後遺症が残ってしまっては、それは失敗かもしれない。しかしCさんは、その結果とは「折り合いをつけてしまった」と語っている。というのは、手術に臨むにあたって主治医に手術の方法やリスクについて質問を重ね、信頼関係を築いたうえで「私自身が納得して、自分が手術を選び取った」ためである。

インタビューのなかでCさんは、ユニークフェイスのある男性メンバーと交わした次のような会話を紹介してくれた。あざがあって形のバランスがとれているのと（つまり手術前のCさん）、あざがなくて形のバランスが崩れているのと（つまり手術後のCさん）、どちらがよいかという内容の質問を投げかけた男性メンバーに対して、Cさんは「私はとりあえずあざを取りたかったんで、今の方です」と答えたのだという。彼はさらに、前後が逆で、顔が腫れているCさんが手術をしてあざが出てきてしまったとしたらどちらがよいと思うかと質問を重ねたという。Cさんはこのエピソードを振り返りながら、「逆に考えたらね、たしかに考え方によっては、あの、私にもともとあざがなくって形が腫れてて、それで手術して（あざが）出てきたら、その状態で納得できますって言うてたかもしれへんなって思って」と、その質問に対する回答を聞かせてくれた。

＊：へぇーー、あ、それはどうしてですか？

C：なんていうか、その、もともとあったことが治って、こういうふうになってしまったっていうのは、結局、自分がもともとあざを取りたいっていう気持ちがあって、だから私は、今なんとか納得できてると思うんですけど。（中略）私の場合、十何年間、とりあえず手術したい手術したいって思ってて、結果的にそれがかなったわけじゃないですか。今のところ、まだ［あざが］残ってますけど。だから、その、なんやろなぁ、また、その、新たにこういう悩みが出たんですけど、でも、一番最初に自分が思ってたことっていうのは、とりあえず方がついたんで、それについてはじゅうぶん満足してるんですけど。

Cさんがここで評価しているのは、後遺症で腫れている顔それ自体ではなく、手術して得られた顔である。もしCさんの顔がもともと腫れていて、手術の後遺症であざが出てきたとしても納得できたのではないかという彼女の推測が、この解釈を裏づけている。すなわちCさんは、自分が選択した結果としての顔に満足しているわけである。

大学卒業後、Cさんは腫れを解消するための手術を受けているが、これが彼女にとって最後の手術になっている。

C：手術って、やっぱり、お金ももちろんかかりますけど、時間もかかるじゃないですか。やっぱり、二二歳になってたんで、ほかにもっとやりたいこともあったしね。もう手術ばっかりに時間かけてんのも、私、すごいもったいないなと思って。もっとほかにやることがあるはずやなぁと思って。で、結局、私はそれで終わりにしたんですよ。

Cさんによれば、彼女が受けたような異形を改善するための手術は、何らかの病態を対象とするような通常の手術とは違って客観的なゴールを設定することはできないため、「自分が納得したところで終わり」なのだという。つまり、自分が納得できなければ、何度も手術を繰り返すこともありうるわけである。後遺症を改善する手術を受けるため、大学卒業後すぐに就職できなかったCさんは、すでに社会人として働き出していた周囲の友達を傍目に焦燥感を抱きはじめていた。そうしたなか、「手術ばっかりに時間かけてんのも、すごいもったいないな」「もっとほかにやることがあるはずや」との思いから、一連の手術にピリオドを打ったのである。

【手術のストーリーの変化】

第一回目のインタビューにおいて、Cさんは合計一〇回に及ぶ手術を転機となる重要な出来事として意味づけていたのに対し、第二回目のインタビューではそうした意味づけは明らかに薄れていた。Cさんが受けた最後の手術についての語りを比較してみよう。

C：私自身が、やっぱり納得して、自分が手術を選んだっていうのが、やっぱり一番大きかったかなぁと思って。（（中略））形成［外科］の手術って、普通の、あの、外科手術と違って終わりがないというか（笑）、あの、自分がね、納得したところで終わりやなと思うんですよ。あの、ほかの人から見て、いや、もっとね、なんとかね、手術ね、できるんとちゃうのって、私の職場の人も、もしかしたら思ってはるかもしれないんですけど。でも、私は一応、自分が納得いったところで終わりにしようってずっと思ってたんで。

【第一回目のインタビュー】

C：それは別に、失敗とかとは思ってないんですよ。どっかでね、あんまりこれに、顔のことにもうこれ以上こだわっても、こだわってもって変やけど、うーん、なんか、あんまり、時間の無駄使いやなって思ったし。そんとき二三［歳］やったから、周りの友達も学校出て働き出してたし、自分もやっぱり、どっかで取り残されてるっていうか、やっぱり自分がまだ社会に出てなくって、なんかこう、まだ同じところをうろうろうろうろしてるっていう感じでなってたんが、けっこう焦りがあったっていうか。【第二回目のインタビュー】

第一回目のインタビューにおいて、一連の手術はあざに翻弄される（手術前の）自己から（手術を選択して）状況を打開する自己へというように、自己の変容を決定づけた出来事として語られていた。また、当初の目的である頬の腫れの解消がみられなかったにもかかわらず、「納得いった」というように、Cさんは最後の手術に肯定的な意味づけをしている。一方、第二回目のインタビューでは、最後の手術が「失敗とは思ってない」ものの、投入した時間や費用のわりには思うような成果が全然得られなかったというように、どちらかと言えば否定的な意味づけに変化している。

なぜ、同一の出来事に対するこうした意味づけの変化が生じるのだろうか。ここでは、ライフストーリーが語られる〈現在〉のインタビュー対象者の自己に注目して解釈してみたい。第一回目のインタビューにおけるCさんの〈現在〉の自己は、いわば〈ユニークフェイスな私〉としての自己であり、セルフヘルプ・グループ「ユニークフェイス」への参加を通してあざがもたらす心理的・社会的困難に積極的に対処している自己である。そのため、〈ユニークフェイスな私〉

という自己理解の契機となった手術という出来事が転機として位置づけられているのである。これに対して、第二回目のインタビューにおける〈現在〉の自己は、次の引用に端的にあらわれている。

C：やっぱりその、社会性が、やっぱり自分のなかで身につけられるのと同時に、どっかで、その、自分のなかでの顔に対する比重が、こう、軽くせざるをえなくなってきたっていうか。社会との関わりが大きくなってくるにつれて、顔に対するあれは。それぱっかりに割いてられへんくなったっていうのが、たぶん実状やと思うんですけど。

Cさんは、最後の手術のあとに就職に踏み切っている。仕事という経験を通して「社会との関わり」が大きくなるにつれ、顔のことだけを気にかけているのとは違う状況に置かれるようになる。実際、第二回目のインタビュー当時のCさんは、精神障害者施設の職員として毎日仕事に追われていた。こうした過程が必然的に「顔の重要度」を低下させたとCさんは解釈している。つまり、第二回目のインタビューにおいては、〈顔のことだけを考えていられない私〉という〈現在〉の自己に向かって語りが組織化されているため、手術という出来事にそれほど決定的な意味づけはなされていないと考えられる。こうした顔に対する考え方の変化は、第二回目のインタビューで語られたセルフヘルプ・グループについての語りを参照することで、より明確になる。

Ｃ：私のなかでは、ユニークフェイスっていう場所が、最初の頃はほんと毎月毎月ね、たぶん一年ぐらいほとんど、あの、全然飛ばさんと、毎月、例会に出てたと思うんですけど、それをなんでしてたんかなっていうのを考えたら／／＊：うん／／たぶん、その、自分の気持ちを吐き出す場所っていうのがほしかったっていうのと、それからやっぱり、自分がこうこうやって言うたら、周りの人がわかってくれる人ばっかりっていうか、そういう環境やったっていうのもあるし。たぶんね／／＊：うん／／最近ね、あんまり行かなくなったのは、あえてそこでしゃべるネタがなくなってきたんですよ、私のなかで。

Ｃさんがユニークフェイスに入会したきっかけは、時間つぶしのために入った書店で偶然、石井政之の『顔面漂流記――アザをもつジャーナリスト』を見かけたことによる。Ｃさんにとってこの出会いは、「私が言いたかったことが、全部ここに書いてあるっていうぐらい」衝撃的なものだった。表紙の「アザ」の文字が目にとまって思わず手に取ったところ、石井の言葉に「ほんまに引き入れられてしまった」のである。というのは、Ｃさんが家族にさえ伝えたくても伝えられなかったつらい心情や他者から侮蔑を受けた経験をまるで「代弁」してくれているかのような文章がびっしりと並んでいたためである。『顔面漂流記』に対する「あざを持っている人が、自分のその顔のことについて書くこと自体がすごい画期的やと思った」「そういうことって、あんまり人に言うことじゃないって感じやった」という言葉は、Cさん自身が顔について語るのを「封印」してきたということや、彼女の周囲には異形の人々によるストーリーが不在であり続けてきたということを物語っている。

ユニークフェイスでは当初、「いじめの経験」や「他者の視線」など、毎回ひとつのテーマを設定して参加者同士が語りあう定例会を開催していた。入会して間もない頃のCさんにとって、定例会は「自分の気持ちを吐き出す場所」であり、「私もこの人と同じ経験した!」「私もわかる!」というように、ほかの参加者と経験を分かちあう場所でもあった。それまで家族にさえ自分の感情を表現する機会を持たなかったCさんは、月に一回のペースで開かれていた定例会の日が待ち遠しかったという。しかし、参加して一年ほど経過すると、そこで語られていることがCさんには「過去形のことばっかり」で「現在進行形のことがない」と感じられるようになっていった。メンバーの多くにとって切実な問題であるため定例会のテーマとして何度か取り上げられた就職差別や恋愛にしても、すでに仕事を持ち、いくつかの恋愛を経験しているCさんからすれば、それらはやはり「過去の話」なのであった。そのためCさんは、ほかの参加者が話すことがあまり耳に入らず、同時に自分も「しゃべるネタがなくなってきた」のである。

最後となった第四回目のインタビューでは、第一回目のインタビューと同様、手術は再び「大きな転機」として位置づけられていた。(2)

C：手術をしたことが、でもやっぱり、私の人生のなかでは、ひとつの大きな転機になったというか。手術をしたことで、なんか、こう、恋愛とか〃＊：あーー〃仕事とか、そこから道が、けっこう、開けてきたというか。たぶん、結果的にそうなったと思うんで。手術をしなかったらどうなってたかなっていうのを、逆に今、考えたりするんですけど、してなかったら（笑）、やっぱり変わってたような気がするんですね。

＊：ああ、ふぅーーん。どういうふうにですか？

C：だから、手術したことが〃＊：うん〃やっぱり、プラスに働いたのかなっていうのは、思うんです。手術をしてなかったら、うーーん、結婚もしてなかったのかもしれないし、あのー、ほんとはしてるはずの恋愛をしてなかったかもしれないし〃＊：ああ〃就職してなかったかもしれないし。たぶん、すべてが変わってたと思うんです。変わってなかったのかもしれないけど、でも、良かったか悪かったかっていったら、やっぱり、良かったかなって思うんです。

第四回目のインタビュー当時のCさんは、仕事と家事に追われ、週末しか自分の自由になる時間が持てないとはいうものの、職業生活の面でも家庭生活の面でも充実した生活を送っている様子だった。そしてCさんは、一〇代後半から二〇代前半にかけて手術を受けたことがのちの恋愛や就職、そして結婚につながったと解釈していた。Cさんにとって手術とは、「自分がやろうと思ったことを実行した」ことを意味している。というのは、医師である叔父にリスクを理由に反対されながらも自分で情報を収集したうえで決行し、術後二ヶ月間、流動食しか口にできない生活を耐え抜いたことによる。Cさんは、物事に対するそうした前向きな姿勢が、恋愛、就職、結婚を後続させ、現在の生活を導いたと考えているのである。後遺症が残ったせいもあって、「手術をして見た目が良くなったのか悪くなったのかは第三者の判断」とは思うものの、Cさん自身は「やれるだけのことはやった」という意味でそれなりの自負を持っている。「手術をしてなかったら、たぶんすべてが変わってたと思う」というCさんの評価からは、それが彼女のその後の人生に方向を与えたまさに決定的な出来事として意味づけられていることがわかる。

第3節　対処としての仕事

次に、Cさんの仕事に関するストーリーを分析していく。最後の手術をしてから、Cさんは就職先を求めてハローワークに通い出している。当時はいわゆる就職氷河期だったため、就職先がなかなか決まらず「あきらめ境地」のときに、ハローワークで生命保険会社の採用担当者に声をかけられる。営業職として入社してほしいと勧誘されるが、Cさんは顔のことを打ち明け、営業職には就けないと断っている。

いったんは辞退したCさんであるが、もう一度考えた末に入社を決めている。営業職という「人と関わる仕事」に就く決心をしたいきさつをたずねると、「あえて人がいるところに行くことによって、自分を鍛えてみたいなぁと思った」とのことであった。最後の手術を終えた直後、Cさんには「すごい落ち込んでしまった時期」が訪れたという。外出しようと玄関先で靴を履いているうちに次第に気分が滅入ってしまうほど、不特定多数の人が集まる場所に行くことへの恐怖心に襲われるようになったのである。このまま他者とのコミュニケーションが途絶え、社会との接点を失ってしまうのではないかとの不安から、「修行っていうか、自分を鍛えてみようかなぁ」と、一度断った話を前向きに検討するようになったという。営業の仕事をしていた父親が背中を押してくれたこともあり、誘いを受けることにしたのである。次に引用するのは、結果として二年半続けることになった営業職に関する語りである。(3)

C：あの、自分が予想してたよりもね、あの、やっぱり顔のことはね、もっとね、あの、自分がいろんな意味でイヤな経験をするんと違うかなって思ってたんですけど、私が思ってたよりは、あんまりみんな、そんなじろじろ見る人もいなかったし、あの、いろいろ言う人もいてなかったし。もちろん、みんな、ある程度、大人の人ばっかりやったんで、まぁ、それはなかったんですけど。なんだろ、なんか、こう、意外やったって変なんですけど、もっとイヤーな経験するかなって思ってたんですけど。そんなになくって。けっこう楽しく仕事できたんで。

＊：自信がついたとか、安心したとか？

C：そうですね。とくにね、いろんな人に出会えて。いろんな人がいてんねんなぁと思って。だから、すごいいい経験をさせてもらったなぁと思って。

顔のことできっと不快な経験をするに違いないと身構えて入社したCさんにとって、同僚や顧客から凝視されたり侮蔑を受けたりする機会がほとんどなかったことはまさに「意外」で、社会には「いろんな人がいてんねんなぁ」という気づきにつながっている。その後Cさんは、精神障害者施設の職員に転職している。一〇回にも及ぶ手術のために長期の入院生活を何度か経験したことから医療・福祉関係の仕事に関心を持つようになっていたCさんは、新聞広告で目にした精神障害者施設の職員募集に応募したのである。就職後しばらくして、施設に精神保健福祉士の有資格者が必要なことから、Cさんは上司に勧められて三〇歳のときに資格を取得している。以下は、精神保健福祉士の仕事についての語りである。

C：仕事にかかる比重が大きくなったのは、仕事自体がおもしろかったっていうのもあるし、う〜ん、やっぱり、日々の、なんか、こう、職場での人間関係のこととか、もう、いろんなことが自分のなかですごく大きくなってて。

＊：ああ。

C：とくに、人間相手の仕事やったんで、自分も、その、精神障害者の病状が変わったりしたら、けっこうね、ほんまに、なんやろう、急にぱっと変わったりして。なんやろう、急にてんかんみたいなのとか起こす人もいたりして。ほんとに大変やったんです。自分自身も、相手の病状が変わったら、こう、影響を受けるというか。

「仕事にかかる比重」が大きくなったのは、仕事自体にやりがいを感じていたためであり、職場の人間関係をうまく築いていくことに労力を費やす必要があったためでもある。後者について少し詳しくみていこう。すでに述べたように、子ども時代のCさんは、あざのことでつらい目にあってもそれをけっして親に打ち明けなかった。Cさんによると、このことは親子のあいだに微妙な緊張状態をもたらしただけでなく、Cさん自身の性格にも大きな影響を与えている。つまり、「自分の言いたいことを言わんままにしてきた」という経験を蓄積させてきたことで、「（自分に）踏み込まれるのもイヤやし、（相手に）踏み込むのもイヤ」というように、「人と、ある程度以上の関係を築くのが苦手」になってしまったのである。ところが、障害者施設の職員という仕事は職員同士のチームプレーが必須であり、Cさんはそうした苦手意識が仕事にも影響しかねないという不安を抱えていたのである。職務それ自体に加えて職場の人間関係という課題を背負い、「毎日毎日をこなすのが精一杯」だったCさんは、それに比例して「顔に対する比重」を軽くせざるをえない状況に置かれていった。自分のキャパシティには限界がある以上、仕事の占める割合が大きくなれば、それ以外の割合を小さくするしかない。担当している精神障害者の症状が悪化するとCさん自身も「鬱っぽくなった」というエピソードからは、当時のCさんの生活に占める仕事の比重がいかに大きかったかがうかがえる。

第4節　対処としての恋愛

最後に、Cさんの恋愛に関するストーリーを分析していく。Cさんによると、子どもの頃から自分は恋愛ができないのではないかと思ったことはほとんどなく、好きになった男の子に手紙を書いて渡すなど、「どっちかっていったら積極的」なタイプだったという。また、実際にいくつかの恋愛を経験しており、相手にカムフラージュメイクを落とした素顔を見せている。

Cさんの恋愛が話題になるとき、ユニークフェイスのほかのメンバーとCさん自身とを差異化する語りがみられた。ユニークフェイスには、恋愛経験がまったくなく、異性にとって自分は恋愛対象にならないのではないかという不安を抱いているメンバーも少なくないという。これに対して、Cさんは「外面じゃなくて内面で見てくれる人が絶対いてるはずや」と考え、実際にそういう人との恋愛を経験してきたために「どっちかっていったら楽天的」に構えてきたのである。

＊：恋愛の経験って、けっこう、Cさんのお話聞いてると、大きいのかなって思うんですけど。
C：うーん、そうですよね。私のなかで恋愛するっていうのは、やっぱり、自分のことを認めてくれる人が、この世の中に、親とかきょうだい以外で、同性の友達以外でいてるっていうのが、やっぱり自信になって。
＊：うん。
C：うーん、どっかで、あの子は顔にあざがあるから、なんか、その、恋愛もできへんとかって言われるのがイヤやった、イヤやったっていうか、そういうふうに思われたくなかったっていう自分がおったんかもしれへんなって（笑）。だから、それができたとき、達成できたときの、すごい、喜びっていうのはすごい大きかったなぁと思って。

Cさんによれば、異形が原因でいくつか不利になることがあり、「その代表格が恋愛」である。そのため、恋愛を通じて得られる「自信」は、友人関係から得られるそれとは「全然違う」のである。Cさんにはじめて恋人ができたのは、大学一年生のときである。当時は、その彼と交際できたことよりも恋人ができたということ自体が、とりわけ友達グループのなかで最初に恋人ができたということが「うれしかった」という。Cさんの恋愛のストーリーにおいて、最初の恋人はきわめて重要な他者として位置づけられている。その彼に交際を申し込まれて恋愛を経験したことが、Cさんの「女に生まれての自信」に直結しているためであり、最初の恋愛で得た「自信」が次の恋愛へと進んでいく原動力になったためでもある。「自分に自信を持たせるためには、恋愛は一番いい薬」というわけである。次に引用するのは、右のやり取りのあとに私が質問を重ねた場面である。

＊：じゃあ、恋愛する前って、女は、たとえば顔にあざがあったりすると、恋愛とか結婚できないみたいな、世間一般にそういうのがあるっていうのは感じてたんですか？

C：どうなんかね。自分のなかで、それを認めたくなかったのかもしれないなぁって。表立っては、全然そういうこと意識してなかったけど、でもやっぱり、どっかで、そういう世間一般の、なんか、常識がずっとまとわりついてて。でも、あえてそれを自分が認めたくなかったんちゃうかなぁって。それこそ「女は顔じゃない。心や」みたいなね（笑）。そういうことで自分をごまかしてたんかなぁと思うけど。なんか、自分が恋愛できへんと思ってなかったって言いながらも、たぶん、やっぱり世間一般では、やっぱりどっかで、顔のきれいな人の方が得をするじゃないけど、そういうふうに、自分のなかでずっと、そういう潜在意識っていうのが、やっぱりあったと思うし。

Cさんが「女は顔」「あざがあると恋愛できひん」という世間の「常識」と出会うのは小・中学生時代である。それは、クラスの男の子に人気があったのはいつも顔のかわいい女の子であり、男性教師が目をかけるのもそういう生徒だったためである。とくに、小学生のときのCさんはまだカムフラージュメイクをしておらず、「あざを丸出し」にしていたこともあり、「男の子や男の先生が、私のことあんまりよく思ってないな」と察しがついたという。「あざがあると恋愛できひん」というCさんの「潜在意識」は、学生時代のこうした経験と関連づけられている。

先述のように、Cさんは恋愛を通じて得てきた「自信」を語るとき、ユニークフェイスのメンバーと自分とを差異化していた。しかし、それと同時にインタビューにおいて何度かみられたのは、メンバーとCさん自身とを同一化する語りである。

C：ユニークフェイスの人っていうのは／／＊：うん／／たぶん、みんなやっぱり、大なり小なり、小さいときにいろんなひどいこと言われたりする経験とかしてて、どっかで、その、異性に対してのトラウマっていうか／／＊：うん／／そういうのを今でも持ち続けてる人がいてて。まぁ、恋愛とか結婚だけがすべてじゃないって言えばそれまでなのかもしれないけども、とくに、それが、なんか憧れじゃないけど／／＊：うん／／その、普通に生まれてきて、普通に恋愛して、普通に結婚してる人は世の中いくらでもおるんやけども／／＊：うんうん／／それさえもできないっていうか、勇気を持ってそこに踏み込めないっていう人がいてるのも事実であって。（中略）私自身が恋愛とかで、やっぱり一番ほしかったのが、やっぱり、自分のことを思ってくれる人がいてるっていうのが、やっぱり、その、自分に対しての自信とか安心とか。どっかで、その、恋愛っていうのは、普通の人って変ですけどね／／＊：うん／／普通に生まれてきてる人と自分が同じところに並ぶ、並べるじゃないけども、そういう意味もね、あったのかなって。

この語りを参照することで、Cさんが恋愛に対して与えている意味がより明確になるだろう。つまり、「普通の顔で普通の生活ができない」ことに悔しさを感じていたCさんにとって、恋愛はまさに「普通の人と同じところに並べる」ことを意味していたのである。大学時代の友達グループのなかで一番に恋人ができたことがうれしかったというエピソードには、「普通の顔」をもっている友達よりもいち早く恋愛ができたという意味が込められているわけである。

Cさんは、三〇歳のときにユニークフェイスを通じて知り合った男性と結婚している。友人の延長のような関係だったせいもあり、結婚が決まった直後、Cさんは「自分自身の気持ちはほんまもんなのかな」と考え込んでしまうことがあったという。「ほんまもんなのかな」というのは、結婚するのは本当に彼を好きだからなのか、そうではなくて、結婚後の生活で素顔を見せるときに相手が同じ立場の人の方が「楽やから」ではないかと疑ってしまったのである。また、彼に対しても、自分が結婚相手でよいのか何度も「確認」したという。その原因をCさんは、彼が「女は顔がきれいな方がいい」という考えの持ち主ではないことは重々承知していたが、あえて問いたかったという自分の「不安感」や「女独特の感情」に求めている。最後となる第四回目のインタビューでは、以前のインタビューでも語られた「顔の重要度」の低下が再び話題になった。C

さんによれば、それは「パートナーとの生活」という「心の拠り所」ができたことによるという。

第5節　三つの対処法を経た現在

手術、仕事、恋愛というCさんにとっての重要な出来事に関するストーリーを検討してきた。最後に、手術、仕事、恋愛を経由した現在のCさんの問題経験について、確認していく。

【顔のことは軸としてある】

Cさんによれば、かつてと比較すれば「自分の顔に対する重要度」が徐々に低下してきているとはいえ、顔のことを気にしなくなったわけではけっしてない。

C：自分の顔に対する重要度っていうのかな、そういうのが、さっきも言ったんですけど、やっぱり年齢が上がってくるにつれて徐々に薄れてきてるっていうか／／＊：うん／／ほかのことの方が、ほかのことの方に自分が神経を注ぐ時間が増えてきたっていうのが実際のところかなって思って。

＊：あーー、なるほど。

C：まぁ、でもね、たぶん死ぬまで、絶対に私は、やっぱり、その、意識しないときっていうのは、たぶんないと思うんですよ。まぁ、一日単位で数えたら、ほんまに、たとえば子どもができたりとかしたら、そんなこと考えてる暇もないんかもしれへんけども、でも事あるごとにね、いろんな形で、すごい、こう、認識せざるをえないっていうか∥＊：うん∥自分がやっぱり、人と違うものを持ってるっていうのを認識せざるをえない環境に、やっぱり自分はずっと置かれてるじゃないけども。なんかこう、うーーん、切っても切り離せないものかなって。自分の一部だし、自分の体の一部だし。

フルタイムの仕事に加え、家では家事の多くをCさんが担当しており、毎日がばたばたと過ぎていく。しかし、どれほど多忙な日々を送っていても、顔のことは「いろんな形で認識せざるをえない」のであり、Cさんは「自分はやっぱり普通じゃないっていう意識」は「死ぬまで持っていくもんなんやろなぁ」と思っている。「いろんな形で」というのは、まず、Cさんが「人と接する機会が多い仕事」をしていることに関係している。障害者施設の職員という人間相手の仕事柄、視線を受ける機会も少なくなく、そのたびごとに不快な思いをしたり落ち込んだりすることがあるという。第四回目のインタビュー当時、Cさんは身体障害者施設の職員として働いていた。Cさんが勤務する施設に通ってくる利用者の多くは、身体障害と知的障害とをあわせもっているという。インタビューでは、Cさんの顔を見て利用者が発した「お化けみたい」という言葉や、Cさんと顔を合わせるたびに（彼女の膨らんだ頬を表現しようとして）自分の頬をつねる利用者の行動が話題になった。

C：その子はねぇ、私の顔見るたびに、ぎゅうぎゅうと［頬を］引っ張って。「なんなんやろう?」とずっと思ってたら、たぶん、これで顔が腫れてるというのを、彼女なりに表現してるんだなーと思って。

＊：ふーーん。ああ、引っ張る?

C：私の顔を見るたびに、これをするんですよ。（中略）たぶん、ほかの人が見ても、何をしてるのか、ただたんに自分の顔を引っ張ってるようにしか見えないと思うんですけど。私は、私と会うたび彼女がそういうことするので、「ああ! 私のことをやってるんだ」と思って。こういう表現方法があるんかーと思って（笑）。

＊：うんうんうん。

C：でも、ほんとに、なんだろうな、あのー、それを見たときに、自分のことをしてるのかなって気づいたときに//＊：うんうん//ちょっと、なんか、こう、やっぱり、ああ、違うなーって気づかされたというか。やっぱり、変な話、障害をもってる方でも、こう、見てわかるって変なんですけど、あのー、そういうところが理解できるというか。この人はちょっと違う人っていうふうに、あのー、わかるんだなーと思って。それで、こう、なんていうんかなー、ああ、やっぱりどこに行っても、やっぱり人と違うっていうことを意識してしまうというか。うーん、なんていうか、どんな職場に行ってもそうなんだなって。

生活に占める仕事の割合が大きくなるにつれ、Cさんは学生時代のように自分の顔のことばかりにかまけていられない状況に置かれるようになった。とはいえ、Cさんの仕事は他者と文字通り顔をつき合わせてしかできないものであり、その過程で「自分は人と違う」と意識させられる機会には事欠かない。それは、知的障害者を相手にする職場でも同じである。「正直、（Cさんの顔が人と）違うっていうのが、たぶんこの人たち（＝知的障害者）にはわかってないんだろうと思ってた部分があった」というCさんは、利用者のこうした独特の表現方法によって、自分の顔が「異質」であることを日々痛感しているのである。[4]

もうひとつ、Cさんが自分の顔のことを「いろんな形で認識せざるをえない」のは、結婚したことと関係している。結婚前、とくに学生時代のCさんは、顔についての悩み方が「自分中心」だったのが、結婚後のそれは「他人中心」になっているという。顔のことで悩むにしても、以前であれば自分のことだけを考えて悩んでいられたのが、結婚によって「自分だけの世界に入っていれない」環境に置かれ、自分の顔が影響を与えるかもしれない「誰か」のことを中心に据えて悩まなければならなくなったのである。その筆頭が将来生まれてくるかもしれない子どもである。Cさんは、子どもが成長して友達ができたとき、母親の顔について何か言われないだろうか、そのせいで子どもがつらい思いをしないだろうかと気がかりに思っているのである。

C：たとえば、子どもがけっこう小さいときに、ほかの友達を連れてきて、何々ちゃんのお母さんの顔ってどうのこうのとかって言わへんかなとかね。そういう、しょうもないことをね／／＊：ああ／／心配するんですよ。（中略）そういう、なんていうかなぁ、昔とちょっと異なった質の心配事じゃないけど（笑）。それって、でも、顔のことだけを気にしてるっていうのと、また違うと思うんですよ。なんとなく。前は自分の顔がこうやからこうやからって、うじうじっていう感じで悩んでたのが／／＊：うんうん／／なんか、こう、ちょっと違う意味の心配事じゃないけど。

【化粧なしでは生活が成り立たない】

手術の傷跡と取りきれなかったあざが残っているため、Cさんは一連の手術を終えて以降もカムフラージュメイクを続けている。すでに確認したように、それをするようになって以来、日常において大きな問題を引き起こしてきたカムフラージュメイクではあるが、Cさんは「化粧で隠さないと生活が成り立たない」と語っている。

＊：Cさんの場合は、こう、化粧しないと生活が成り立たないということですけど、そういうのはどのあたりでお感じになっているんですか？

C：うーん、そうですねぇ。やっぱり、どうしても目立つと思うんですよ。だから、なんていうかなぁ、人からね、あの、視線を受けるっていうのが、たとえば、その、テレビに出てる女優さんとかが視線を受けるのとまた違って、全然意味が違って。（中略）あの、なんやろなぁ、視線って、うーん、普通に会話してるときでも、まぁ、とりあえず相手に興味があるっていうことで相手に合わすじゃないですか。会話するときでも。で、それはあざがあるないにかかわらないんですけど。普通の人と普通の人がしゃべるときはそうなんですけど。あの、私ら当事者の場合に受ける視線っていうのは、うーん、とくに自分の友達とか知り合いでない限りはね、ある意味、その、興味本位のね、視線やと思って私は間違いないと思うんですよ。それは私の思い込みかもしれないんですけど。やっぱり興味がある、興味があるだけやったらいいんですけど、悪意があるっていうか。その、明らかにね、その、差別的な視線っていうか。

ここでCさんは、「普通の人」同士が向け合う視線と、異形の人々に注がれる視線とを区別している。前者が相手に興味を抱いていることを示すものであるのに対して、後者は「興味本位の」視線である。Cさんによると、テレビで見かけるような女優もまた興味本位の視線を受けることがあるが、それはあくまでも好意的な視線なのであり、異形の人々に向けられる「悪意」に満ちた「差別的な」視線とは決定的に違っている。Cさんにとってカムフラージュメイクは、自分の精神状態を不安定にしたり不快な気持ちに陥らせたりする他者のこうした視線からの「防御」という意味を持っている。

C：なんかね、ある意味、私にとっては、化粧をするっていうのは防御やと思うんですよ。人の視線とかからの防御やなと思ってて。家にいてても、今日はもう休みやから、一日中、別にノーメイクでいいやっていうときあるじゃないですか。でも、家にいてても宅急便の人とか来るじゃないですか。

＊：ああ、不意にっていうか。

C：そのときにね、化粧してるときとしてないときでは、全然、その、自分のなかでの、その、なんていうかなぁ、身構え方っていうかなぁ。なんかこう、化粧してないときは、ほんまに、もう、無防備な状態でね。あーっと、もう、そんときにね、化粧してないときにピンポーンって来られた日にはね、どうしようとか思って。ほんまに、ほんまに冗談抜きで居留守使おうかなって思うときあるんですよ。でも、なんか大事なものやったらあかんしなとか思って、仕方なく、もう、なんか、こう、帽子をかぶったりとかしてね（笑）。すごいあやしいんですけど。家のなかにいてなんで帽子かぶってんねんって感じなんですけど。アハハ。

カムフラージュメイクをしていない「無防備な状態」のCさんが突然の来客に慌ててしまうこのエピソードからは、彼女が「精神的に安心」して日常生活を送っていくうえでカムフラージュメイクによる「防御」がいかに不可欠かがわかる。しかし私は、インタビューの最中、手術を経験して自分の顔と「折り合い」をつけることができたというCさんがカムフラージュメイクによる「完全武装」をやめられずにいることをどこか腑に落ちない思いで聞いていた。というのは、自分の顔と「折り合い」をつけることができているのであれば、それに対して向けられる他者の反応をそこまで気にかけることはないのではないかと思われたためである。次の問いかけは、こうした素朴な疑問から発せされたものである。

＊：そういう状態［＝折り合いがつけられた状態］になっても、やっぱり、人の評価っていうか、人の視線みたいなのが気になるっていうのは、やっぱり変わらないものですか？

C：うん、変わらないですね。やっぱり。自分のなかでは、その、折り合いをつけてるつもりでも、うーーん、根本的なところでは、ほんまに、自分自身が一番よくわかってるっていうか、もう折り合いをつけざるをえないっていうか∥＊：うん∥そういうふうに自分でちゃんとわかってるんだけども、でもやっぱり、外に一歩出れば自分じゃないほかの人がいてて。その人たちに自分が見られることによって、自分のなかの心の動きっていうのがやっぱり揺れ動くっていうか。

Cさんの語りが示唆しているのは、「折り合い」とはけっして最終到達点でも安定した状態でもないということである。「折り合い」を「つけているつもり」でも、そして「つけざるをえない」とわかっていたとしても、他者の視線の対象になることで自分の心は「揺れ動く」のである。「そういうことっていうのは、この先もずっと続いていくんやろうしね」と、一進一退ともいえる心の動きを予測しているCさんは、「折り合い」の程度を後退させないためにもカムフラージュメイクによる「防御」をやめることはできないのである。

インタビューでは、カムフラージュメイク以外にも「他人の視線を避けるための防御策」が語られた。Cさんは電車を利用するとき、車両の右端など、ほかの乗客から手術の後遺症で腫れた顔が見えにくい位置にしか座らないという。(5) また、途切れることなく注がれる視線をやり過ごすため、電車内では本を読むか寝てしまうか、そのどちらかをするしかない。腫れた顔に向けられる視線は、「普通の顔」に向けられる視線といかに違っているか。視線を防御するために、いかに自分は「普通の人」が気にも留めないことをいちいち考えなければならないか。人の視線とそれへの防御策について語りながらCさんが強調しているのは、「普通の人」と自分との違いである。このことは、「普通の人やったらこんなこと考えないと思うんですよ」という言葉に端的にあらわれている。

ここまで、手術、仕事、恋愛のストーリーに注目しながらCさんの問題経験とそれへの対処法を検討してきた。これらのうち、手術で「普通の顔」を得ることは、Cさんが自己の問題経験を何とかしようと、意識的に選択した対処法として語られている。つまり、カムフラージュメイクに時間や神経を費やしてしまうという「物理的な問題」と、(女性として生まれてきたのに)「きれい」になる可能性が開かれていない「疎外感」という「心理的な問題」に対処しようと、Cさんは手術を選択したとされているのである。それに対して、Cさんのライフストーリーにおける仕事と恋愛は、手術とはやや異なる。というのは、これらは問題を抱えていた当時のCさんが選択した対処法としてというよりも、現在から過去を振り返ったときの意味のある出来事として語られているためである。「自分の顔は普通じゃない」という意識を依然として持ち続けているものの、顔に対する自分の感じ方が変化していることを認識しているCさんは、仕事と恋愛をその契機として位置づけているのである。

第6節 Cさんへのインタビュー調査の過程

Cさんには、合計四回のインタビューに協力していただいた。最後に、Cさんへのインタビュー調査の過程がどのように展開したのか、Cさんが調査者である私に与えたカテゴリーに注目しながら検討していきたい。

Cさんへの第一回目のインタビューは、私にとって最初に経験するインタビューであった。ユニークフェイスの副会長（当時）の松本学さんの仲介により、Cさんを含む数名からインタビューの承諾を得ることができ、ようやく実施できることになって期待をふくらませていた頃、Cさんから電話をもらった。「西倉さんはどうしてこういう調査をしようと思われたのか、いったいどういう意識を持った方なのか、きちんと確かめてからでないとお会いできないと思って」。突然の電話とCさんの厳しい口調に驚きながら私が考えていたのは、インタビューの目的はすでに説明しているはずなので、彼女が確かめたいのは私の研究動機ではないかということだった。Cさんが納得するような説明をしないとインタビューを断られてしまうのではないかと焦りつつ、あたふたと返答したことを覚えている。ユニークフェイスというグループの存在を知り、異形の人々が社会生活を送っていくうえで直面している困難に関心を持ったこと。外見をめぐる生きづらさはきわめて社会的な現象であるにもかかわらず、従来の社会学ではほとんど研究の対象とされてこなかったこと。メディアにはいまだ登場していない女性メンバーにぜひ話を聞かせてもらいたいこと。たどたどしい説明ではあったが、Cさんは私の回答に納得してくれ、予定通りインタビューを実施することができた。

第一回目のインタビューでは、テーマを限定する質問を避け、Cさんのこれまでの人生を自由に話してくれるよう依頼した。その結果、手術を受けたきっかけやそれまでの経緯、手術後の入院生活や後遺症という結果の受けとめ方などが中心的に語られた。インタビューの終了後、Cさんは先日の電話について話しはじめた。松本さんに連絡をとって私が異形の当事者ではないことを確認し、「当事者じゃない人」がどんな考えで自分に話を聞きにこようとしているのか、確かめたかったのだと明かしてくれた。こうした経緯から考えられるのは、Cさんが私を何よりまず〈非当事者〉とカテゴリー化していたということである。第一回目のインタビューの終了間際の

Cさんの次のような言葉は、これを象徴的に物語っている。

C：だから、視線ってすごい、その、当事者にとってはすごい、あの、ほんまにきついもんかなと思って。うーん、それやったら言葉で言われた方がまだほんとに楽やなぁって思うんで。うん。でも、そういうことって、当事者以外の人って、わからないと思うんで。

Cさんは、人の視線が集まりやすい電車内での具体的な「やり過ごし」の方法についてふれながら、「当事者」にとって人の視線がいかに「不愉快」で「きつい」ものかを語ってくれた。こうした心情は「当事者以外の人」には「わからないと思う」ときっぱり断言したCさんに対して、私はそれ以上踏み込むことができないまま、インタビューは終了している。Cさんのいう「当事者以外の人」に、ほかでもない私が含まれていたことは容易に想像がついたためである。

第二回目のインタビューでは、第一回目のインタビューの中心的テーマとなった手術に加え、Cさんの問題経験を理解するうえで重要だと思われた恋愛について焦点を絞って質問をした。また、前回のインタビューから約二年半が経過していたことから、そのあいだの変化について質問したところ、顔に対する考え方の変化とセルフヘルプ・グループの定例会から足が遠のいているという変化が語られた。インタビューの後半では、これまでのインタビューでは不在のテーマとなっていた家族関係について質問をした。

第二回目のインタビューにおいても、相互行為の展開にともない〈東京からわざわざ話を聞きに来た学生さん〉などのカテゴリー化がなされたものの、Cさんが私に割り当てた最大のカテゴリーは、やはり〈非当事者〉であり〈調査者〉であったように思われる。たとえば、以下のCさんの語りに注目してみよう。

C：こんなこと言ったらあれなんですけど、私はまだ、西倉さんがどうして、その、ユニークフェイスの会員さんとかにインタビューをしていて、はっきりと西倉さんの研究の意図っていうのをね、私も全部は理解できてない、ほとんど理解できてないと思うんですけど。でも、研究してはるとか関係なくって、私はほかの人に、まぁ、その人によって話せる程度っていうのはあるのかもしれないけど、けっこう聞いてほしいって、私は思ってるのかもしれないなぁって。

これは、顔について語ることについて質問をした際のCさんの回答である。当時、何人かの当事者にインタビューへの協力を断られることが続いたため、再インタビューを快諾してくれたCさんにとって顔について語ることがどのような意味を持っているのか、関心を抱いたのである。このときのCさんは、私のインタビューに応じることと、ユニークフェイスが依頼を受けた講演会で体験談を話すことをほぼ同義とみなしていた。「ユニークフェイス以外の人」つまり〈非当事者〉に自分が経験してきたことを「知ってもらいたい」という思いが動機となっている点で、それらは同じであるという。このインタビューでも、Cさんは聞き手である私をもっぱら〈非当事者〉とカテゴリー化したうえで、語りを構成していたことがわかる。
しかし、このインタビューのいくつかの場面では、これまでのインタビューとはやや異なるCさんによるカテゴリー化が顕在化した。

C：西倉さんは、彼氏はいてないんですか？
＊：え？ アハハハハ。

これは、Cさんが過去の恋愛経験を語っている途中、もっぱら質問をする側にいた私が「彼氏」について質問をされ、語り手に転じている場面である。この後しばらく、語り手と聞き手の位置が入れ替わったことにやや戸惑い、話題の性質上、若干の照れくささを感じながらも、Cさんによる恋愛経験についての質問に私が何とか答えようとしているやり取りが続く。一時的ではあるが、Cさんが聞き手となり私に質問を投げかけたのは、彼女が私に〈(自分と同じ) 未婚女性〉というカテゴリーを与えたからではないだろうか。というのは、Cさんにとって私が〈調査者〉でしかないならば、Cさんが語り手の役割を逸脱して質問を投げかけることは考えにくいし、また私が〈非当事者〉でしかないならば、〈当事者〉であるCさんが〈非当事者〉である私に自分が経験してきたことを語るという従来のインタビューとは異なる相互行為への転換は起こりにくいと考えられるためである。

このインタビューでは、以前のインタビューに比較すると、Cさんの恋愛経験や恋愛観について掘り下げて語ってもらうことができた。Cさんにとって私は依然として〈非当事者〉であり続けているものの、相互行為の展開にともなって〈(自分と同じ)未婚女性〉という新たなカテゴリーが付与され、同一カテゴリーに属する者のあいだで、恋愛に関する語りが構成されたと推測できる。

第三回目のインタビューでは、顔に対する考え方の変化に関わる重要な出来事として、Cさんの仕事について重点的に聞き取った。第1節でみたように、Cさんは第二回目のインタビューで顔に対する考え方の変化を語っており、このことと関係する出来事として手術、恋愛、仕事の三つをあげていた。にもかかわらず私は、このうち仕事についてのみ質問を向けることをしなかった。というのは、当時の私の問題関心は、顔にあざのある女性たちの問題経験をジェンダーの視点で考察することに置かれていたため、ジェンダーと分かちがたく結びついていると思われる手術と恋愛については掘り下げて質問したものの、仕事にはまったく注意を払わなかったのである。しかし、トランスクリプトを幾度も読み込むうち、Cさんの「顔に対する比重が軽くなっていく」過程において、仕事がきわめて重要な役割をはたしていることに気がつくに至り、仕事のストーリーを語ってもらう必要性を痛感したわけである。

第四回目は、美醜をめぐる女性としての問題経験という私自身の研究関心に引きつけたインタビューを実施した。詳しくは第7章で検討するが、インタビュー対象者たちがあざのある顔を〈美しくない顔〉というよりむしろ〈普通でない顔〉として経験していることが調査の過程で次第に明らかになった。このことに気がついて以降、私は後者をキーワードに据えてライフストーリーの解釈を進めてきたが、その一方でCさんが美醜の問題との関連で自己の問題経験を語ることにも興味を抱いてきた。たとえば、それまでのインタビューで何度か、「女は顔がかわいい方がいい」という価値観がCさんにおいて抑圧的に作用していることを示唆するような語りが展開される場面がみられたのである。そこで第四回目のインタビューでは、美醜をめぐる女性としての問題経験という私の興味関心を開示し、Cさんの考えを語ってもらった。これまでのインタビューが、Cさんの人生を理解するために重要なテーマや出来事に焦点化したのに対して、第四回目のインタビューは、研究者である私の問題関心を明確に伝えたうえで展開されたことになる。

■注

（1）Cさんには、合計四回のインタビューにご協力いただいた。それぞれ、二〇〇〇年一〇月七日、二〇〇三年七月一〇日、二〇〇四年一〇月二三日、二〇〇六年一二月二九日に実施した。

（2）同じ出来事に対する異なったヴァージョンの語りが得られることは、継続的なインタビュー調査の強みである。

（3）Cさんによれば、手術後の「リハビリ」として、当初は一年限定で働こうと考えていたという。

（4）本書を刊行するにあたり、この章の内容をCさんに改めて確認してもらったところ、利用者のこの行動について補足してもらうことができた。Cさんによると、同じ施設内で異動があり、この利用者の担当になった。接する時間が長くなるにつれ、彼女は家で母親とたこ焼きをつくるのが好きで、たこ焼きを表現するときに「頬をつねる」という動作をすることがわかったのだという。Cさんは、当時を振り返り、「本当に私の顔のことを表現していたかもしれないし、たこ焼きのことを私に伝えたかったのかもしれない」と話している。

(5) Cさんにはじめてインタビューをしたのは、繁華街にある喫茶店であった。店に入り、テーブルをはさんで向かい合わせに座る席に案内されると、Cさんは「私、こっちの席でいいですか?」と言い、窓を右側にした席に座った。そのときの私は、Cさんが座る席にこだわりをみせたことを少し不思議に思いながらも、冷房が体に直接あたらない席を選んだのだろうかと考え、ほとんど気にも留めなかった。このときのCさんの真意を理解したのは、電車での座る位置についての語りを聞いてからである。Cさんは、顔の右半分にある腫れがほかの客から見えにくいように、窓を右側にした席を選んだのだった。

第６章

異形を生きる

問題経験と対処法

第3章から第5章において、顔のあざをめぐる問題経験とそれへの対処法に注目しながら、三名のライフストーリーをみてきた。顔にあざのある女性たちが語っている問題経験はさまざまであり、必然的に対処法も多岐に渡っている。本章ではまず、顔にあざのある女性たちの問題経験を五つに分類し、それらがどのような問題であるのか、改めて検討していく。第3章から第5章ではその人の〈人生〉というコンテクストのなかで問題経験をとらえたのに対し、ここで試みたいのは、あえてそのコンテクストから離れて、それぞれの問題の背景や内実をより掘り下げて考察することである。次に、第1章で検討したゴフマンとキツセによる先行研究を念頭に置きながら、顔にあざのある女性たちが自己の問題経験にどのように対処しているのか、考察していく。最後に、彼女たちの問題経験とそれへの対処法を個人の人生という過程のなかで把握し、その時間的推移をとらえるための概念を提起する。

第1節　五つの問題経験——自己・家族・社会

はじめに、三名のライフストーリーをもとに、顔にあざのある女性たちの問題経験を（1）否定的な自己認知、（2）対面的相互行為の困難、（3）ライフステージごとに直面する困難、（4）

家族関係の困難、（5）社会的認知の不足の五つに分類する。ただし、対面的相互行為の困難が否定的な自己認知を生じさせ、否定的な自己認知が原因で（思春期以降のライフステージにおいて）恋愛に積極的になれないというように、これらの問題は互いに関係しあっており、それぞれが独立しているわけではない。

心理学の先行研究が関心をよせてきたのは、これら五つのうち、否定的な自己認知と対面的相互行為の困難である。異形の人々がライフステージごとに直面する困難については、幼少期におけるいじめなどがわずかに取り上げられているが、これ以外の問題はほとんど議論の対象とされてこなかった。家族関係の困難や社会的認知の不足など、これまで注目されてこなかった問題をとらえることができたのは、ライフストーリー研究法を採用した成果である。すなわち、調査対象者を「態度」や「パーソナリティ」に還元してしまうのではなく、彼女たちが切り結ぶさまざまな関係や置かれた社会的文脈までを含み込んで人生全体を包括的に把握しようとした結果なのである。第3章から第5章では三名のライフストーリーをみてきたが、ここではそのほかのインタビュー対象者のライフストーリーも部分的に参照しながら、五つの問題経験について考察を進めていく。

1　否定的な自己認知

第一の問題は、否定的な自己認知である。AさんとCさんのライフストーリーをふまえると、大きく分けて二種類の否定的な自己認知が語られていることがわかる。ひとつは、顔にあざのある自己に対する否定的な考えであり、もうひとつは、あざを隠している自己に対する否定的な考えである。前者については第2章で紹介した心理学の先行研究が詳しく扱っているため、ここではカムフラージュメイクと自己認知との関係に注目したい。

化粧に関する従来の社会心理学では、化粧がそれを利用する個人や対人関係にもたらす効果が強調されてきた。化粧をする個人に生じる効果としては、自信や自己への満足感の上昇などが、対人関係に生じる効果としては、他者が認知する外見的魅力の向上などが指摘されている（大坊 1996, 2001, 余語 1993, 2001）。近年、化粧が持つこうした効果に依拠して「メイクアップ化粧で外見の欠陥や異常を補償してポジティブな自己像と他者評価を導くこと」（余語 2001: 126）[1]を目的に、異形の人々への臨床心理学的なケアが試みられている。その結果、「化粧を施すことによって、持続的な心理的効果をもたらすことが十分に考えられ、心理的安定性と社会的積極性の回復が図られる」（大坊 2001: 6）といった成果が報告されている。

インタビュー対象者のカムフラージュメイクに関する語りにそくして考察すると、これらの先行研究は、化粧がもたらす弊害を見落としていることがわかる。たしかに、化粧をすれば他者の特別な関心の対象にならずにすむため、「いくらか精神的に安心できる」（Cさん）、「気が楽になる」（Aさん）というように、彼女たち自身もその効果を認識している。しかし、インタビューにおいてむしろ頻繁に語られていたのは、カムフラージュメイクが自己認知にもたらす弊害の方なのである。たとえばCさんは、どこにも出かけない休日でも突然の来客に備えてカムフラージュメイクをしている自分について、次のように語っている。

C：別に、自分がそれ［＝あざ］を気にしてなかったら、別にそこまでする必要はないじゃないですか。ただ、その、結局、自分のなかで見られたくないっていうのがあるから、休みの日とかでも、とりあえず全体的にじゃなくっても、とりあえずカバーマークのところだけは［メイクを］しとこうとかね。そういう身構えをしちゃうというか、構えちゃうっていうのが、すごいいまだにしんどいなあって思ってて。
＊：ああ、うんうん。しんどい。
C：結局それって、人の評価を自分がすごく気にしてる。自分中心じゃなくって人の評価を中心に自分がまだ回ってるんだなっていうのが、すごい、自分のなかでしんどいっていうか、残念っていうか。なんか、そこからまだ自分が抜けれてないんだなって。

Cさんによれば、休みの日にカムフラージュメイクをすることは時間の浪費であるだけでなく、依然として「人の評価を気にしてる」自分を否応なしに突きつけられる経験でもある。このやり取りの直前、Cさんはユニークフェイスを通して知り合ったカムフラージュメイクをしていない女性メンバーについて「うらやましい」と話している。メイクであざを隠さないことでおそらく

「しんどい思い」をしているだろうが、人の評価に振り回されることなく「(メイクをしたくない)自分を中心に据えている」という意味で「うらやましい」のだという。これに対してCさん自身は、あざと「折り合い」をつけたはずの現在でも、「人の評価を中心に自分がまだ回ってる」のであり、その意味で「自分がかわいそう」と思わずにはいられないのである。また、高校卒業後にカムフラージュメイクをはじめたDさん[2]は次のように語っている。

D：メイクをするとすごく、あの、一瞬はすごく楽になるんだけど、やっぱり、あの、なんていうか、メイクをするっていうことはメイクを取るっていう瞬間もあるわけで、なにか、そのあたりの切り替えがうまくできなかったっていうか。(中略)やっぱり隠してるっていうか、まぁ、隠してることには変わりはないんだけど、なにか、こう、後ろめたさみたいな罪悪感みたいなのも持つ人もいる。罪悪感といえば罪悪感だし、後ろめたさといえば後ろめたさなんだけど、なにかなぁ、やっぱり隠してるっていうことなのかなぁ。

カムフラージュメイクであざを隠すことの「罪悪感」や「後ろめたさ」は、Dさんへのインタビューで繰り返し語られた言葉である。それは、あざがあることを秘密にしている友人や知人にというより、むしろDさん自身に対する「罪悪感」であり「後ろめたさ」であるという。カムフラージュメイクによってDさんは、「驚き」や「嫌悪」の感情が込められた視線を受けることなく「普通の顔」として大勢のなかに埋没できる生活を手に入れた反面、あざのある顔を「受けとめる」ことができなくなった。カムフラージュメイクをしてさえいれば困難に直面しないですむため、メイクに依存しがちになり、あざから目を逸らし続けてきたのである。そして、これから直面するかもしれない困難を想像しては、人生の節目で「迂回」や「逃避」を繰り返してきた。たとえば、大学卒業後に一般企業に就職することも考えたが、職場に打ち解けられるか心配するあまり、「結局、（親がやっていた自営業に）逃げ込んじゃった」という。また、二〇代の頃にある男性にプロポーズされたものの、結婚によって新たにできる人間関係のなかでうまくやっていけないのではないか、子どもが生まれたら母親の顔のことでいじめにあうのではないかというように「先回りして考えて、逃げてしまった」という。そんな自分に「もどかしさ」を感じているDさんは、「なんでそんなに隠してコソコソするのか」とカムフラージュメイクに依存する自分に対して懐疑的にならざるをえないのである。(3)

心理学の先行業績が指摘するように、カムフラージュメイクは顔にあざのある女性たちが社会生活を送っていくうえでたしかに有効である。しかし、カムフラージュメイクは効果と同時に弊害をもたらしており、けっして万能ではない（西倉 2005）。「メイクの陰と陽」（Aさん）、「化粧の功罪」（Dさん）というインタビュー対象者の言葉が、それを見事に表現している。顔にあざのある女性たちの問題経験をふまえるならば、カムフラージュメイクがどのような効果を持つかを問うだけではじゅうぶんではない。異形の人々にとってカムフラージュメイクはどのような効果や弊害があるのか。そうした効果や弊害が生じるのは、いつどのような状況なのか。どのように効果を増幅させ、弊害を軽減していくことができるのか。化粧を用いた臨床心理学的ケアに求められるのは、カムフラージュメイクはけっして万能ではないという認識と問いの立てなおしである。

2 対面的相互行為の困難

第二の問題は、対面的相互行為の困難である。たとえば、カムフラージュメイクであざを隠しているAさんはそれをはじめる以前の問題経験として、対面状況で執拗な視線や無遠慮な言葉を投げかけられるなどの困難を語っていた。また、カムフラージュメイクをしているが後遺症の膨らみまでは隠せないCさんとカムフラージュメイクをしていないBさんは、現在進行形の問題経験として同様の問題を語っていた。これは、通りすがりの人や見ず知らずの人との匿名的関係における困難である。

顔にあざのある女性たちが経験している対面的相互行為における困難を理解するにあたって参照したいのは、ゴフマンの「敬意」というアイディアである（Goffman 1967=1986）。ゴフマンの議論の下敷きになっているのは、デュルケムが指摘した聖なるものとしての個人の「人格」という概念である（Durkheim 1893=1989）。ゴフマンが取り組んだ研究対象は、人が人と身体的に居合わせるとき何をするべきで何をするべきでないのかという行為のルールであるが、彼はこれを個人の人格を礼拝する「儀式」ととらえたのである。この儀式の基本を構成しているのが「敬意」であり、それは「回避の儀式」と「提示の儀式」に大きく分類することができる（Goffman 1967＝1986）。「回避の儀式」とは、相手の領域を侵さずに一定の社会的距離を保つ行為であり、「提示の儀式」とは、これから生じる相互行為においてどのように扱うかを相手に知らせる行為である。前者がこれをしてはいけないという「排除規定」であるのに対して、後者はこれをしなければならないという「採用規定」を定めている。インタビュー対象者たちが次のように語っている「凝視」や「質問」は、このうち「回避の儀式」の欠落として理解することができる。

C：あの、［電車のなかで］視線を受けてもね、その、すぐにね、ぱっと目が合ってすぐそらしてね、相手の人が、こう、寝ちゃったりとか本を読んじゃったりとかしてたら気にならないんですけど、あの、なにもしてなくって、あの、ずーっと座りながらね、ただ真ん前でずーっと視線を受けることもあるんですけど。

E：必ず、視線っていうのは、たとえばこうしてても、化粧せずにあざがあるままだったら、人の視線は必ず一回はここ［＝あざ］にくる。（中略）だから、好奇のね、凝視するような、ああいう目で見る人が大半ですから。私は、やっぱり、ちょっとみじめな気持ちになるから。見られることによって。（中略）「その顔、なにしたん？」って。女の人が。おばさんやな、要するに。私が高校生の頃やったら、おばさんが「あんた、その顔、なにしたん?」って。悪意はないみたいやけど、すっごい傷つく。はっきり言ってくる。病院に入院してるときも、「えらい顔しとるねぇ」とか。女の人が。

Cさんは、回避の儀式にもとづく行為とそれが破られた行為とを対比させて語っている。電車内で他者と視線がかち合ったとしても、通常はすぐにそらして次の行為（寝る、本を読むなど）に移行するものである。しかし、Cさんに対しては、相手は何をするともなしに視線を向け続けるのである。Eさんが、[4]凝視されることで「みじめな気持ちになる」と語っているように、それは視線の受け手に対する「社会的制裁の方法」（Goffman 1963a=1980: 98）になりうる。

Eさんが語っている相手からの質問は、回避の儀式のより直接的な侵犯である。とくに初対面においては、会話の相手の顔や身体に言及することはその人の私的領域を侵害することであり、慎むべきとされている。ところが、顔の異形はすぐに感知され、またほとんど誰にでも感知できることもあり、言及されてしまう機会が少なくない。Eさんが語っているのは、高校卒業後にカムフラージュメイクをはじめる以前や入院中で化粧ができなかったときに、あざについて率直な質問をされ、相手の感想を一方的に伝えられた経験である。「目につく障害は（中略）誰もがそれを見ることができるし、それについて質問することもできる。そして、どんな場合にも、それを見た人は相手に感想や評価を伝えたり、あるいは感想や評価を押しつけることができる」（Goffman 1963a=1980: 97）。

また、Bさんが次のように語っている「無視」は「提示の儀式」の欠落として理解することができる。

B：まぁ、［あざを］隠さないことで、やっぱり、いろいろ、こう、通りすがりの人たちから、まぁ、与えられるしんどい対応はありますよ。あのー、普通の店とか行っても、店員さんに無視されたりね。

店員と客のあいだの通常の相互行為では、店員は「いらっしゃいませ」「こんにちは」などとあいさつし、客に近づいていって用件をたずねたり、近づかないにしても、客が店内にいることに気づいているし、用件があればいつでも対応する用意があるというそぶりを見せたりするものである。こうした提示を通じて、私たちは自分が客とみなされており、店員が自分に関心を持っていることを知るのである。Bさんに対する無視は、店員がこれから生じうる相互行為を拒否するつもりであることを知らせるものである。インタビュー対象者によると、店員による無視がとりわけ顕著なのは、洋服やアクセサリーなど、外見と関連する商品を扱う店である。これらはインタビューの最中ではなく雑談として語られたため、具体的な語りを提示することはできないが、興味深い問題なのでここでふれておきたい。洋服やアクセサリーを扱う店で店員に無視されることとは、あたかもその店の客に値しないと言われているようであったという。そして、顔にあざのある人は店内に並んでいる洋服やアクセサリーを身につけるのにふさわしくなく、「おしゃれ」

を楽しむ資格はないのではないかと感じられたという。

「回避の儀式」にしても「提示の儀式」にしても、通常の相互行為においては無自覚のうちに維持されているものである。にもかかわらず、顔にあざのある女性たちをめぐっては、こうしたごく当たり前の相互行為が大きく〈変形〉してしまっているのである。坂本佳鶴恵によれば、人が他者のまなざしや言葉によって人格を傷つけられたり屈辱感に襲われたりするのは、他者の悪意や蔑視という意図のせいでも、その言葉に刻み込まれた差別の歴史のせいでもない（坂本 2005）。それは、相互に敬意を払いあうという誰にでも保証されているはずの権利を与えられていないこと、この意味で「『人間』として受け入れられていない」（ibid: 64）ことによるのである。

3　ライフステージごとに直面する困難

第三の問題は、幼少期や思春期におけるいじめ、思春期以降の恋愛や結婚の困難、成人期における就職の困難など、ライフステージが進展するにしたがって直面する問題である。

まず、いじめについてみていく。インタビュー対象者のほとんどが悪口を言われたり陰口を叩かれたりした程度であるのに対し、Bさんが経験したのは集団による長期に渡るいじめであった。Bさん自身、「自分のなかで根を残している」と語っているように、いじめは彼女が現在進行形で抱えている問題経験（自信のなさ、異性への苦手意識）にきわめて強固に結びつけられている。Bさんのライフストーリーが示唆するのは、いじめはたんに幼少期や思春期に遭遇する出来事であるにとどまらず、その後のライフステージに少なからぬ影響を及ぼし続けるということである。それは、多くの場合、他者の否定的な言動によって「自分の顔の異常性」（Bさん）に気づかされる人生最初の経験なのであり、そうした他者の視線を内面化する大きなきっかけとなる出来事でもある。Bさんのライフストーリーが示しているように、自分に対して差し向けられる他者の視線がいったん取り込まれると、みずからもそれにしたがって自分をまなざし、その価値を認めることができなくなってしまうのである。

次に、恋愛・結婚の困難についてみていく。対面的相互行為の困難が不特定多数との匿名的関係や他者とのごく初期の関係（たとえば初対面）における問題だとすると、恋愛・結婚の困難は他者とのより長期的な関係における問題である。心理学の先行業績は前者に関するものがほとんどであり、後者についてはいまだ研究の蓄積が少ない。しかも、異形の人々にとって恋愛関係を築くのが容易ではないのは、自尊感情が低かったり相手に避けられたりするため、恋人を見つけにくいからであるといった説明がなされるにとどまってきた（Bradbury 1997, Rumsey & Harcourt 2005）。しかし、インタビュー対象者たちのライフストーリーは、自尊感情や相手からの回避以上に、幼少時より周囲から向けられてきたまなざしが恋愛・結婚の困難に深く関係していることを示唆している。

小中学生時代にBさんが経験したいじめは、男の子たちに「お嫁に行けない」と言われたり、「かわいいね」「つき合って」など本心を裏返した言葉をかけられたりすることを含んでいた。また、まだ幼い頃から姉妹のなかで自分だけがピアノや絵画、茶道や華道を習わされたというAさんは、それを母親の「(あざがあって結婚はできないから)手に職をつけないとダメ」というメッセージとして受け取っている。こうした経験を通じて、彼女たちは「自分に結婚は無理かな」(Aさん)、「(男性にとって自分は)唯一無二の存在として選び取る相手ではない」(Bさん)というように、女性である自分がこの社会のなかで置かれた位置を認識していく。

このように、顔にあざのある女性たちにとって恋愛や結婚が困難であるのは、相手に避けられるためではない。なぜなら、カムフラージュメイクをしている人は日常的にはいわば「普通の顔」で生活を送っているのであり、あざが原因で相手に回避されることはないし、カムフラージュメイクをしていないBさんは、たとえ相手に好意を抱かれた場合でも自分に対する「自信のなさ」を捨てきれないでいるためである。彼女たちの恋愛・結婚の困難はむしろ、周囲から〈恋愛や結婚はできない〉というまなざしを向けられ、みずからそれを内面化してしまうところにある。このことは、たとえ相手に交際を申し込まれても「自分には不釣り合いだ」(Aさん)、「自信がない」(Bさん)、「男性はきれいな人がいいに決まってる」(Dさん)などの思いからそれを断ってしまったというエピソードが何度も語られていることからもわかる。もちろん、自尊感情が低いため恋愛に飛び込んでいけないのだという解釈も成り立つだろうが、そうした感情をもたらしているのは幼少時から彼女たちに注がれてきた周囲のまなざしであることを見落としてはならない。(5)

〈恋愛や結婚はできない〉というまなざしを向けられてきた彼女たちが、それらに「憧れ」（Cさん）を抱くのは、ある意味で当然のことだろう。Cさんが語っているように、それにはたんなる憧れ以上の「普通の人と自分が同じところに並ぶ」という切実な意味が込められているのであった。もちろん、顔にあざのある女性のうち、恋愛や結婚を経験している人はけっして少なくない。インタビューに協力してもらった女性たちを考えても、現在結婚している人や過去に結婚していた時期がある人がほとんどであるし、恋愛経験が豊富な人もいる。しかし、あざのある既婚女性が運営するホームページの掲示板で、彼女が結婚していることへの羨望が同じ立場の女性たちから多くよせられていることからも、異形の人々にとって恋愛や結婚はけっして簡単ではなく、「憧れ」の対象であるということを改めて認識させられる。

恋愛や結婚の困難と密接に関係しているのは、美醜をめぐる女性としての劣等感である。これについてもっとも明瞭に語っていたのは、Bさんである。「女性として蔑まれる」ことを含んでいたいじめの経験により、自分に「女性としての価値」を認められないでいるBさんにとって、職場の同僚からの言葉は自分が「（女性としては）規格外品」であることを改めて確認する機会となっていた。こうした自己評価が根底にあるため、Bさんは現在でも恋愛に対して自信が持てないのである。また、Cさんの恋愛のストーリーにおいても美醜をめぐる女性としての劣等感が重要な位置を占めていた。恋愛に対するCさんの原動力のひとつは、メディアのメッセージや周囲の言動から読み取れる「女は顔がきれいな方がいい。（だから）あざがあると恋愛できひん」と

いう「世間の常識」をいわば見返したいという思いなのであった。(6)

次に、就労問題についてみていく。インタビュー対象者たちのライフストーリーは、顔の異形と就労の困難との直接的なつながりを示している。ところが、先行研究においては、異形の人々が就労をめぐって直面する問題はほとんど考察対象とされてこなかった。(7) 顔にあざのある女性たちのライフストーリーから読み取れる就労をめぐる困難としては、まず、否定的な自己認知やそれまでさらされてきた他者からの否定的な反応が原因で、就職をしようという気持ちにさえなれないという問題がある。たとえば、他者からの否定的な反応を避けようとカムフラージュメイクに依存してしまったDさんは、就職後に遭遇するかもしれない問題を恐れるあまり、就職することから「逃避」したのであった。また、高校卒業後すぐに就職することができなかったというEさんは、そのときの気持ちについて次のように語っている。

E：顔っていうのは絶対、体は洋服を着たら隠れますけど、顔は洋服を着るわけにいかないし。必ず、顔を使って人と会ったりね。だから私は、就職もしなかったんです。あの、そういう気持ちにも、なんか、ならなかったというか。（中略）あざがあっても別に、それでも企業は採ってくださるかもわからんけど、とにかく、このあざのある顔を人様の前にさらすことは絶対イヤだった。

Eさんにあざができたのは、高校一年生のときである。通学時や学校生活においてじろじろ見られたりはっと驚かれたりするなど、あざによってEさんの生活は劇的な変化を遂げる。日常的に他者からの否定的な反応にさらされたことで、Eさんは部活を辞めたり友達グループともあえて距離を置いたりするなど、人とのつき合いを極力避けるようになった。Eさんによると、高校卒業後に就職しなかったのは、こうした否定的な反応をあらかじめ回避するためでもあったという。これらが就職というわば就労への〈入り口〉に立つ以前の問題だとするならば、次にあげるのは、〈入り口〉を通過する際の困難である。具体的には、あざのある顔では顧客との接触を必然的に含むような仕事には就けず、職業の選択肢が制限されてしまうという問題である。これについてもっとも明示的に語っていたのはAさんである。Aさんは、学生時代のアルバイト経験から、あざのある顔で将来どんな仕事に就けるのか悩み続けていたのであった。カムフラージュメイクをして就職活動に臨み、結果的には一般企業の事務職に就くことができたAさんであるが、もしカムフラージュメイクがなかったら人と接触しない「奥まった作業」に配置されてしまうか、就職自体がそもそも無理だっただろうと振り返っている。

たとえ無事に〈入り口〉を通過したとしても、顔にあざのある女性たちはさらなる問題に直面している。たとえばCさんは、障害者施設の職員という仕事柄、顔について利用者からストレートな言葉を投げかけられる機会が少なくないことを現在進行形の問題経験として語っていた。また、顔のあざのせいで仕事上のミスを過度に叱責されるのではないかというAさんの「恐怖感」も〈入り口〉を通過して以降の問題として分類することができるだろう。

さらに指摘しておきたいのは、カムフラージュメイクが顔にあざのある女性たちの就労に大きな影響を及ぼしているということである。Aさんが「カムフラージュメイクがなければ、たぶん就職もきつかった」と振り返っているように、たしかにカムフラージュメイクは彼女たちの就職を強力に後押しし、職業選択の幅を広げている。しかし、同時に見落としてならないのは、カムフラージュメイクをしているがゆえの困難である。Aさんはあざを隠していることを知られないように、制服のない会社に就職先を限定せざるをえず、社員旅行への参加を諦めなければならなかったのであった。これらは、カムフラージュメイクのせいで職業の選択肢が逆に制限されてしまうという困難であり、職場での人間関係の進展を断念せざるをえないという困難でもある。[8]

4 家族関係の困難

四つめの問題は、家族関係の困難である。異形の人々の家族関係に注目している先行研究のほとんどは、異形の幼い子どもを持つ親の困難を対象としたものである（Bradbury 1997, Endriga & Kapp-Simon 1999, Pope 1999）。[9] これらの研究において、異形の本人だけでなく、その家族もまた問題に直面していることが明らかにされ、そうした問題の解決策や家族への支援策が具体的に講じられている点は評価に値する。しかし、ここで注意が必要なのは、議論の前提として異形がもたらす問題をサポートするものとしての家族が組み込まれている点である。このような前提から出発することは、親と子という二者間の葛藤や軋轢などを含んだ関係をとらえ損ねてしまう点で問題を孕んでいる。(10) 顔にあざのある女性たちの問題経験という観点からすると、家族はきわめて両義的である。つまり、彼女たちにとって家族は執拗な視線や無遠慮な質問から逃れられる関係であると同時に、みずからがスティグマを持つ者であることを認識させられたり、治療の方針をめぐって対立したり、自己の問題経験が否認されたりする関係なのである。三名のライフストーリーにおいては、生育環境を自己の問題経験と不可分なものとして語ったBさん以外、家族関係についてのまとまった語りを提示することができなかった。そこで以下では、具体的な語りを引用しながら、問題経験としての家族関係について考察していきたい。

Cさんにとって家族とは、対面的相互行為の困難から解放される「安全な」関係であると同時に、あざのある子どもを産んだ自分を責めている母親のことを考え、感情の表出や問題経験の表明を抑制しなければならないという意味でとても窮屈な関係でもあった。

C：やっぱり、顔に関して、その、自分が、顔のことでイヤな思いをね、してきたっていうか、たとえば学校ですごいイヤなことを言われたりとか、そういうことがあったとしても、私は親に、全然、一言もそれを言わなかったんですよ。うん。言えなかったっていうか。とくに、その、母親の方がすごい、その、感情が、感情が豊かっていうかね（笑）。いいときはいいんですけど、喜怒哀楽がすごい激しい人で。けっこう、その、私の顔の話になったら、こう、泣くというかね。うん。なんか、こう、自分の責任だって思ってるんでしょうね。きっと、母親は。

＊：あ、産んだからっていうんで？

Ｃ：うん。自分が私を産んだもんだから、なんか、私のせいやじゃないんですけど。ちっちゃいときとかでも、なんか、その、事あるごとにすごい泣いてね。母親が。うん。そういう姿を見てるうちに、なんか、子ども心に、ああ、自分の母親には、前では、顔の話はできへんなっていうね。

Ｃさんは、セルフヘルプ・グループの定例会で耳にしたあるメンバーの体験談と対比させながら、親子関係について語っている。Ｃさんによると、そのメンバーは自分の苦しみを母親にぶちまけて言い争いになったのをきっかけに、互いの感情を思う存分吐き出し、結果的に風通しのよい親子関係が築けたのだという。一方、自分たち親子はというと、Ｃさんの顔の話題はほとんど「タブー」に等しかった。事あるごとに泣いたり「お母さんのせいやなぁ」と謝ったりする母親を前に、学校でのつらい出来事や日常の苦しみを訴えれば母親がさらに自分を責めるのが容易に予想できたため、Ｃさんは「これだけは言ったらあかん」と固く心に決めていたのである。今から振り返れば、母親は泣いたり謝ったりという形で自分の感情を素直に表現していたのだから、自分もそうすればよかったのではないかと思うものの、当時のＣさんは自分の感情を押し殺すことしかできなかった。それは、「精神的に弱い」母親を守り、母親の涙を見ることで余計につらくなる自分を守るための、精一杯の対処だったのである。「普通の親子関係のように見えながら、普通の親子関係じゃない」というように、Ｃさんは長年にわたる感情の抑制が親子関係に影を落としたと解釈している。

またAさんは、身近な存在であるはずの母親や姉からも、自分が経験している問題が過小評価され、ときに否認されてしまうという不満を口にしている。顔にあざがあるせいで、またそれを隠すためにカムフラージュメイクをしなければならないせいで、Aさんは職業の選択肢が限られてしまうことに頭を悩ませていた。この顔でいったいどんな仕事に就けるのか。こうした難題を抱えていたAさんは、大学時代にカムフラージュメイクを買いに訪れると、そこで働いているのが彼女と同じように顔にあざのある女性たちであることに驚き、その仕事に就きたいと思うようになった。カムフラージュメイクを販売する仕事は、あざを持つ本人であることがむしろ要件であり、隠す必要もないため、まさに適職だと考えたのである。ところが、こうした希望を姉に話すと、「同じような境遇の人同士で傷をなめ合うように生きてっちゃいけない」との理由であっさり退けられたという。

A：お姉ちゃんにね、あのー、なんか、あのー、言ったんですよ。そう言って。［カバーマークの会社で］働きたいって。そしたらね、あの、なんか、あの、却下されて。却下っていうか、なんだろう、なんて言ったのかな、うーんとね、なんか、同じような境遇の人同士で傷をなめ合うように生きてっちゃいけないとかって、びしゃっと言われて。

＊：へぇーー。

Ａ：普通の、普通のところで普通の人と交わって生きていきなさいって言われて。でも、なんか、そのときはお姉ちゃんの言うことは、なんか、いつも偉いと思ってたから。でも、なんか腑に落ちないなと思いながらも、ああ、そうなんだと思ったんですけど。でも、いま思うと、やっぱりギャップがあるんですよね。私のことを親もすっごく思ってくれてるんですけど、やっぱり当事者じゃないと、やっぱり、ギャップが。だから、あざのない人と共感するのは難しいって、ほんとにそうなんですよね。

Ａさんは、こうした姉の言葉を「あざを理由にしないでがんばってほしい」という激励のメッセージとして受けとめている。しかし、「当事者じゃないとギャップがある」という評価が如実に示しているように、Ａさんにとってその言葉は、「あざのある顔で就職するのは難しい」という彼女が生きている現実とはまったく相容れないものでもあった。そのためＡさんは、たとえ家族であっても「あざのない人と共感するのは難しい」との思いから、姉の言葉に違和感を覚えながらも、自己の問題経験についてそれ以上は語ろうとしてこなかったのである。

これらの考察をふまえると、サポートする存在としての家族を自明視することは、異形の人々の問題経験を的確に理解していく作業の妨げになることがわかる。葛藤、衝突、軋轢など、複雑でさまざまな要素が入り組んだ家族内部の関係をとらえる必要がある。

5　社会的認知の不足

最後に、Bさんが語っているような、異形という問題に対する社会的認知の不足や誤りによって自己の問題経験が適切に理解されないという問題経験がある。Bさんが語っていたのは、自分が経験している問題を表明しようとするものの、それを経験しているわけではない他者に問題を過小評価されたり（「大したことない」）、表明すること自体が逆に問題とみなされてしまったりする（「見た目にこだわるのはつまらない生き方」）困難であった。

社会的認知の不足という問題については、顔にあざのある女性たちが自己の問題経験を語っていく困難を理解するうえできわめて重要であるため、終章で改めて考察する。

第2節　問題経験への対処

1　さまざまな対処法

心理学の先行研究は、異形の人々が過酷な心理的・社会的困難に直面していることを明らかにしたが、それらに対する彼らの対処にはほとんど注意を払ってこなかった。本書では、こうした問題点を乗り越えるために、顔にあざのある女性たちの問題経験への対処法を検討の対象とした。

ライフストーリーを分析した結果、インタビュー対象者たちは問題に翻弄されるばかりでなく、その時々においてそれらに対処していることがわかった。第1章では、顔にあざのある女性による問題経験への対処法を検討する際の重要な手がかりとして、ゴフマンによるスティグマ者の情報操作という視点に注目した。また、ゴフマンのスティグマ者観を矯正するものとして、キツセによるクレイム申し立てという視点を取り上げた。以下では、ゴフマンとキツセの議論を参照しながら、インタビュー対象者たちがとっている自己の問題経験への対処法をまとめてみよう。

Aさんやこさんは、手術やレーザー治療のような、あざそれ自体をなくしてしまおうという対処法をとっている。ゴフマンは、みずからが置かれた状況へのスティグマ者の反応として、「自分の欠点の客観的基盤と看做すものを矯正するという、直接的な試み」(Goffman 1963b=1970: 21)を指摘しているが、手術やレーザー治療はこれに相当するだろう。また、インタビュー対象者の多くが使用しているカムフラージュメイクは、ゴフマンのいう「パッシング」である。パッシングとは、「まだ暴露されていないが[暴露されれば]信頼を失うことになる自己についての情報の操作」(Goffman 1963b=1970: 75)である。「化粧は防御」(Cさん)、「化粧をすれば普通の顔としてやり通せる」(Dさん)というように、カムフラージュメイクはおもに、執拗な視線や侮蔑の言葉などの対面状況における否定的反応を回避する方法として語られている。また、あざをじろじろ見られて「みじめな気持ち」にならないために「化粧でずーっと隠してきた」(Eさん)というように、対面状況における否定的反応を回避することは望ましくない自己認知に陥らないための対処法でもある。さらに、「カバーマークを使いはじめたら男性に声をかけられるようになった」「仕事ではカバーマークがあってよかったなって思う」というAさんの語りからは、カムフラージュメイクが恋愛や就労の困難への対処法でもあることがわかる。

ゴフマンが指摘しているパッシングには、カムフラージュメイクのようなスティグマの隠蔽という方法のほか、スティグマの選択的開示という方法も含まれる。選択的な開示とは、秘密を秘密のままにしておく人々と、秘密を共有する人々とに「世界を二分」(Goffman 1963b=1970: 155)するという方法である。勤め先の研修や社員旅行など、あざの存在が露見しかねない状況において秘密の保持を援助してくれそうな人を選んで打ち明けるというAさんの対処法は、これに相当するだろう。

次に、BさんやCさんは、顔にあざがある自己を「名誉挽回」するような対処法をとっている。名誉挽回とは、能力や資格を獲得したり社会的威信の高い集団に帰属したりすることで、「無価値な自分を返上しようとする」(石川 1992: 28) 方法である。たとえば、「顔にあざがあるから恋愛もできへんとかって言われるのがイヤやった」というCさんの恋愛がこれにあてはまる。Cさんは、周囲のふるまいを通して「あざがあると恋愛できひん」という「世間一般の常識」を意識しながら成長してきた。そのため、Cさんにとっての恋愛は、そうした常識を裏切って「普通の人と同じところに並ぶ」という意味を持っていたのであった。また、「女性としてのコンプレックス」と「(女性である前の) 人としてのコンプレックス」に対するBさんの対処法もまさしく名誉挽回に含まれる。Bさんは、たとえあざがあっても「きれいと認識される存在」になろうと見た目に気を配り、内面的には人に劣らない人間になろうとさまざまな特技を身につけたのであった。

スティグマの選択的な開示が、あくまでもパッシングの援助者を確保するという戦略であるのに対し、Aさんが語っていたのは、特定の他者の認識や行動の変更を求めてスティグマに関する情報を開示することである。Aさんは自己の問題経験を知人や親戚に伝えようと、それについて書き込んだホームページのアドレスを教えて、読んでもらうようにしていた。それは、Aさんの「厚化粧」を不審そうにしている知人に対する、カムフラージュメイクをしなければならない苦悩を理解してほしいという要求であり、突然訪問する親戚に対する、カムフラージュメイクをする時間がつくれるように事前に連絡をしてほしいという「メッセージ」なのであった。

ゴフマンが情報操作に躍起になるスティグマ者を描いたのに対し、キツセが注目したのは、望ましくないアイデンティティをみずから引き受け、社会にクレイム申し立てをするスティグマ者である（Kitsuse 1980）。「ユニークフェイスという装置を通して、血管腫をプラス方向に考えることができた」というBさんの変化は、これまで否定的にとらえられてきたあざをむしろ肯定的に意味づけることで自己の価値を取り戻そうとする対処のあり方として理解できる。また、異形の人々に対する差別を「社会的な問題」と位置づけ、自己の問題経験を表明しながら、異形に対する社会の「慣れ」を要求するBさんの方法は、クレイム申し立てという対処法でもある。

Bさんの具体的なクレイム申し立て活動としては、ユニークフェイスの体験記に寄稿することや、ユニークフェイスのメンバーを取り上げたドキュメンタリー番組に出演することがあげられる。そうした際に匿名扱いであったり、画面に顔は映さないことを条件にしたりする当事者がめずらしくないなかで、Bさん自身は実名を名乗り、顔も出している。名前と顔を明らかにすることで親をはじめとする身近な他者に影響が及ばないような配慮が必要になってはくるが、Bさんによれば、顔や名前を出さなければ「目に見えない誰か」にしかなれない。そのためBさんは、「実名で、ちゃんと顔も出して、現実の人間として存在したいし、現実感を持った存在として語りたい」と考えているのである。この言葉には、異形の人々の存在や苦しみがこれまで不可視化されてきたことへの問題意識と、不可視化させないために「現実の人間」としてその問題を語っていくのだという意志が込められているように思われる。Bさんは、「問題とかけ離れた位置にいる第三者」に向けて自己の問題を表明していくことについて、次のようにも話している。

＊：わかってほしいとか、伝えたいとかいう気持ちって、すごく強くあるんですか？

Ｅ：やっぱりそれはねー、わかってもらわないと困ると思う。やっぱり、あのねー、やっぱり、社会で、そのことがメジャーな問題として取り上げられていくことで、楽になる人はだいぶいると思う。自分ひとりの悩みだと思ってる人も、どうしてもいるし。（中略）抱え込んで、誰にも言えなくて、追い込まれて自殺とかいうのもあると思うから。やっぱり、それは、イヤなので。そういう社会状況は。

メジャーな問題になってほしい。だから、伝えていきたい。大それた、なんか、望みかもしれないけど、伝えていくことで、社会により問題を認識してもらうための小さなきっかけにでもなりたい。

異形という問題や異形の人々が抱える生きづらさは、社会的にほとんど認知されておらず、障害問題や障害者が抱える生きづらさと比較されて過小評価されるなど、依然として「メジャーな問題」にはなりえていない。そのため、異形の人々の多くは孤立しており、声を上げることさえできないできた。その意味で、異形という問題は社会問題としての位置づけを獲得していない。Bさんによるクレイム申し立て、すなわち自己の問題を社会に媒介させながら語っていくことのねらいは、こうした社会の現状を打破することにある。

2 問題経験の時間的推移——先発的問題経験と後発的問題経験

行為者の生きられた時間を把握するためにライフストーリー研究法を採用し、顔にあざのある女性たちが抱える問題経験とそれへの対処法を個人の人生という過程のなかでとらえること。これが本書で設定した課題であった。第3章から第5章でもインタビュー対象者の生きられた時間に留意しながらライフストーリーを再構成したが、ここでは時間的推移がとりわけ明瞭にあらわれているAさんとBさんを取り上げ、問題経験と対処の時間的推移を考察したい。

他者の否定的反応に対処すべく、カムフラージュメイクによるパッシング（Aさん）や名誉挽回（Bさん）という対処法を駆使するものの、その過程で他者との親密な関係が築けない（Aさん）、自己否定感に悩まされる（Bさん）など、新たな問題が生じていることがわかる。これに対して彼女たちは、〈特定の他者に向けた開示〉（Aさん）、〈セルフヘルプ・グループを通した価値の取り戻し〉（Bさん）という対処法をとっている。ここでは、他者の否定的反応が帰結する当初の問題経験を〈先発的問題経験〉、パッシングや名誉挽回という対処の過程で新たに生起する問題経験を〈後発的問題経験〉とよんでおく。

後発的問題経験をめぐってAさんがとっている〈特定の他者に向けた開示〉という対処法は、パッシングしている者による「世界を二分」する方法とは区別されなければならない。ゴフマンが提示したこの方法は、秘密を秘密のままにしておく人々と秘密を共有する人々とに分けることで、あくまでもパッシングの援助者を確保するためのものである。これに対してAさんは、特定の重要な他者の認識や行動の変更を求めてスティグマに関する情報を開示しているのである。Aさんのこうした対処法は、「具体的な他者の生／生命――とくにその不安や困難――に対する関心／配慮を媒体とする、ある程度持続的な関係性」を意味する「親密圏」の希求として理解することができる（齋藤 2003: 213）。つまりAさんは、見知らぬ一般的な他者との関係においては開示しえない生の困難を具体的な他者との関係のなかで開示し、それに対する関心や配慮を求めているのである。Aさんによれば、開示をした友人の何人かは「かわりに（Aさんのあざに）負けないくらいの自分の悩みを打ち明けてくれた」という。ここから、パッシングによって一度は失うことになった親密な人間関係が、きわめて限られた範囲ではあるが、新たに生成していると言えるだろう。

また、後発的問題経験をめぐってBさんがとっている〈価値の取り戻し〉という対処法は、セルフヘルプ・グループが持つ「問題を定義する主体性」(岡 1994: 11)と密接に関係している。グループに参加する以前のBさんは、問題経験の原因を自己に帰属させてきた。機能制約はないという理由で、周囲から「身体障害者にくらべれば幸せ」「たかだか見た目ぐらいで」といった言葉を投げかけられてきたため、外見に執着するのは自分の「浅ましい心理」のせいだと自分自身に言い聞かせてきたのであった。こうしたBさんにとって、「たまたま顔が人と違うだけで感じている生きにくさ」(松本ほか編 2001: 9)の原因を社会に帰属させ、その責任を問うユニークフェイスとの出会いはまさに「衝撃」的であったという。セルフヘルプ・グループという「解釈的サポートコミュニティ」(Plummer1995=1998: 253)を獲得することで、Bさんは自己の問題経験はほかでもなく社会に由来しているのだという解釈を手に入れたのである。顔のあざは「たかだか皮膚の色に違った部分があるだけ」のことである。その顔でじゅうぶんに生きていけるはずであり、Bさん自身もそれを望んでいる。にもかかわらず、社会があざのある顔にマイナスの意味を付与したりそれを受け入れなかったりするならば、問われるべきはそうした社会の方ではないか、というように。

ゴフマンがおもに記述したのは、他者の否定的反応を予期した潜在的スティグマ者による戦略であった。ライフストーリー研究法によって異形の人々の生きられた時間を把握することをめざした本書の立場からすると、ゴフマンの知見は限定的であると言わざるをえない。インタビュー対象者たちのライフストーリーから浮かび上がるのは、ゴフマンが注目した他者の否定的反応は、彼女たちの問題経験を構成するごく一部でしかないということである。インタビュー対象者たちがむしろ重点的に語っているのは、本書が〈後発的問題経験〉と名づけた、パッシングや名誉挽回の過程で新たに生起する問題の方であった。ただし、厳密に言うならば、ゴフマンはパッシングにともなうスティグマ者の問題経験にまったく言及していないわけではない。パッシングしているスティグマ者の「心理状態」について、彼は次のように述べている。

> 第一に想定されることは、パスしている者は必然的につねにいつ崩壊するか分からない生活を送っているという点で、非常な心理的負担、すなわち非常に大きな不安を負わざるを得ないということである。(中略) 私は、パスしている者たちを綿密に調べてみると、この種の不安は必ずしもつねに発見されるとは限らないのではないか、またわれわれの常識的な人間理解はこの点で、非常に誤っているのではないか、と考えている(Goffman 1963b=1970: 142)。

本書の検討をふまえれば、この見解は次の二点において適切ではない。第一に、パッシングにともなうスティグマ者の問題経験を、スティグマが露見してしまうのではないかという不安に還元している点である。たしかにこうした不安はみられるが、インタビュー対象者たちが後発的問題経験として語っているのは露見の不安それ自体というよりも、行動が制限されたり親密な関係を回避せざるをえなかったりするという問題なのである。第二に、パッシングにともなうスティグマ者の問題経験を過小評価している点である。後発的問題経験は、パッシングという対処法をとっている限り、必然的に帰結されるものである。とするならば、異形の人々の「問題経験の語り」の社会学は、パッシング以降の苦しみを視野に入れなければならない。

3　クレイム申し立ては容易ではない

第1章では、ゴフマンとキツセの議論との相違点を明確にしたうえで、スティグマを隠蔽して社会に同調するか、スティグマを開示して社会を改変するかという単純な二分法では、現代日本のスティグマ者の状況を的確に理解できない可能性があることを指摘した。実際、インタビュー対象者たちの問題経験への対処は、ゴフマンの情報操作〈スティグマの隠蔽〉という観点でも、それと対極をなすものとしてのキツセのクレイム申し立て〈スティグマの開示〉という観点でも、説明しつくすことはできない。たしかに、手術やレーザー治療、カムフラージュメイクによるパッシング、名誉挽回はゴフマンのモデル、セルフヘルプ・グループを通した価値の取り戻しとクレイム申し立てはキツセのモデルにそれぞれ合致する。しかし、〈特定の他者に向けた開示〉は、いずれのモデルにも還元できない対処法である。これは、不特定多数の他者にはスティグマを隠蔽しながら、つまり日常的にパッシングを継続しながら、特定の他者の認識や行動の変更を意図してスティグマを開示するという対処法である。

ここでは、〈特定の他者に向けた開示〉とキッセのモデルとの違いを明確にしておきたい。すでに確認したように、キッセは否定的アイデンティティの管理に腐心するスティグマ者を描いたゴフマンを批判し、彼らの「カミングアウト」に関心を向けたのであった（Kitsuse 1980）。キッセのいうカミングアウトは、たんなる秘密の告白ではなく、自己を肯定する行為を意味する。[11] キツセが注目したのは、付与された否定的アイデンティティに対して対決や拒絶の姿勢をとり、自己を肯定し、ほかの人々と同じように社会に参入する権利を主張する逸脱者であった。そしてキッセは、逸脱者による、とりわけ集団としての彼らによる「クレイム申し立て活動（claims-making activity）」（Spector & Kitsuse 1977=1990: 119）を対象とする社会問題研究を提唱したのであった。草柳のまとめによると、キツセの立場は「価値の語彙を用いて社会の『問題』を告発し、他の人びとに道徳的要求をつきつける、いわば『強い』自己主張、『強い』言説」および「『逸脱』的アイデンティティを積極的に掲げ肯定し、自己の要求とその正当性を堂々と主張することによって、社会のあり方を変えていこうという信念に基づいて行動するような、『強い』主体」を前提としている（草柳 2004: 70）。

これに対して、〈特定の他者に向けた開示〉は集合的行為ではないし、「強い」言説を用いたものでも「強い」主体によるものでもない。それは、社会の大多数に対してはパッシングをしながら、ごく身近な他者にだけ（そうすることで事態がかえって悪化する可能性を恐れながらやっとの思いで）自己の問題経験を表明し、それを理解したうえでの行動を要求するというきわめて個人的で局所的な対処法である。

草柳が指摘するように、「ごく当たり前のこととして、『クレイム』を申し立てることは、個人にとって必ずしも常に容易な実践ではない」（草柳 2004: 32）。私がこれまでインタビューをさせてもらった方々のうち、クレイム申し立てという方法で自己の問題経験に対処しているのはBさんだけである。セルフヘルプ・グループのメンバーであることは、クレイムを申し立てる主体であることを必ずしも意味しない。たとえば、Cさんは共通の問題を抱えた人々と経験を共有する場として、Dさんはほかのメンバーの人生と照らしあわせて自分の生き方を問いなおす場としてセルフヘルプ・グループを位置づけていた。彼女たちにとってのセルフヘルプ・グループは、分かちあいや自己変革のための場ではあっても、クレイム申し立て活動のための場ではない。また、以前のBさんのように、たとえ自己を取りまく社会を変えるべきものとして問題化しようとしても、彼女たちの問題経験を社会とは何ら関係のないものとするような解釈に遭遇することもある。たとえば、問題経験それ自体の否定がある。周囲からの「大したことない」「たかだか見た目ぐらいで」「人間、顔じゃない」などの言葉がこれにあてはまる。問題経験は認めても、その所在と解決の場所を社会に求めることは認めないという解釈もある。「自分で乗り越えるしかない」「強い気持ちを持て」などは、これに相当するだろう。顔にあざのある女性たちにとって、自己の問題経験を社会のあり方と結びつけ、その改変を訴えていくことはけっして容易ではない。

さらに指摘しておきたいのは、インタビュー対象者のほとんどが、自己の問題経験への対処法として、クレイム申し立てによる社会変革をそもそも念頭に置いていないということである。その理由は、クレイム申し立てが必然的にスティグマの開示をともなうということもあるが、それだけではない。それは、彼女たちは執拗な視線や侮蔑の言葉を向けてくる社会は「おかしい」と考えているものの、社会のあり方が変わることにあまり期待を抱いていないからであり、そうした社会を生きていくしかないと観念しているからでもある。「(社会は)おかしいけど、変わらないと思う」(Dさん)、「仕方ない、仕方ない」(Aさん)、「自分さえ今の生活に満足してたら、私はそれでいいと思う」(Cさん)というように、彼女たちは自分が経験している問題を社会に媒介することなく、個人的な対処によって「おかしい」社会を生き抜いているのである。もちろん、個人的な対処がなされているということはそこで問題が経験されていることを意味するのであり、それを忘れてはならない。クレイム申し立て活動を研究の出発点としてしまうと、こうした「個人的な厄介《トラブル》ごとを公共的な課題《イシュー》へと変換」(Spector & Kitsuse 1977=1990: 279) しえない/しない困難に対する視野を閉ざすことになるのである。

第3節 対処は〈克服〉ではない

以上で確認したように、顔にあざのある女性たちは、自己の問題経験に対してさまざまな方法で対処している。最後に強調しておきたいのは、彼女たちはあらゆる問題に対処できているわけではなく、今なお問題を抱えながら生きているということである。

「アザは私の人生を決める独裁者だった」（石井 1999: 276）。これは、石井政之がその著書『顔面漂流記――アザをもつジャーナリスト』のあとがきで、かつての自分とあざとの関係を回想した言葉である。これに続けて、石井は次のように述べている。

いま、この原稿を書き終えようとして、私がアザの主人になったと実感している。もうアザが私を支配することはないだろう。私はアザのある顔を支配している。この顔をどうしようが自由だ（石井 1999: 277）。[12]

これまで、何人かのインタビュー対象者や当事者団体を通じて知り合った人たちから、「石井さんは強い」「石井さんにくらべたら自分なんか…」といった言葉を聞く機会があった。見つめる視線を冷静に見つめ返す彼と、見つめられることに怯え続けている自分。ジャーナリストとして成功した彼と、仕事に就くことさえできないでいる自分。良好な親子関係を築いているようにみえる彼と、自分に差別的な言葉を浴びせ治療を強制した両親へのわだかまりを今なお捨てきれずにいる自分。ユニークフェイスであるがゆえの生きづらさを社会に訴えてきた彼と、家族や友人に対してさえ沈黙を続けている自分。隔たりはけっして小さくない。こうした対比のなかで、自分自身の「情けなさ」や「ふがいなさ」を語る当事者たちが少なからずいたのである。ときには、思うように生きてこられたわけではなく、語るに値する人生ではないという理由で、インタビューへの協力を断られることもあった。

本書が主張したいのは、あざを「支配」し、それがもたらす問題にもはや拘泥しないこと——わかりやすく表現するならば問題を〈克服〉すること——だけが対処のあり方ではないということである。もちろん、ここでの私の意図は石井を批判することにあるのではけっしてない。[13]「お前にとってアザとは何だ?」(石井 1999: 276) を徹底的に問う「漂流記」を経由して、あざの「奴隷」から「主人」へと成り代わること。それもまた、ひとつの対処法である。ところが、当事者たちが参照しうる異形の人々のライフストーリーがごくわずかしか語られていない日本社会の現状では、石井のライフストーリーは(彼の意図とはまったく無関係に)〈ひとつのライフストーリー〉の範疇を超えて、規範的な意味を帯びてしまいかねない。つまり、石井政之というひとりの男性の対処法が〈あるべき対処法〉や〈望ましい対処法〉として当事者たちに受けとめられてしまう恐れがあるのだ。そして当事者たちは、依然として問題を〈克服〉できないでいる自分への自己否定感を抱くことになる。右でふれたような「情けない自分」や「ふがいない自分」は、まさにそうした自己理解にほかならない。

このように、少なからぬ異形の人々が問題の〈克服〉へと駆り立てられ、結果的にそれができない自分への落胆を経験しているようである。したがって、いま必要とされているのは、〈克服〉はひとつの方法でしかなく自己の問題との関わり方にはもっと多様なヴァリエーションがありうるということを明らかにしていく議論であり、本書はそれをめざしたつもりである。恋愛に対して積極的になれないことを現在進行形の問題としていたBさんは、次のように語っていた。

B：当事者じゃなかったら結婚してたかなとは思うし、結婚してた方が、やっぱり、経済的なものとかは、まぁ、置いといて、こう、将来、家族がいるっていう状況をつくることができたかなと思う。（中略）だから、そこは克服できたら一番いいけど、克服できないならできないで、まぁ、仕方がないなとも思う。

＊：ふぅーーん。

B：あの、なにもかも問題を克服して、人間、生きていくばかりじゃなくて／／＊：うんうん／／問題と共存しながら生きていくのも、また人間の生き方だから。仕方のない領域っていうのがあるとしたら、まぁ、それは仕方がないと思う。

これは、Bさんに「今後の課題」について質問をしたあとのやり取りである。Bさんの問題経験は、「女性としてのコンプレックス」と「(女性である前の)人としてのコンプレックス」とに大きく分けられた。このうち、後者については「(異常と言える成長プロセスを歩んできた事実を含めて)自分を好きになる」という課題が明確に語られていたのに対し、前者については対処の方向性が提示されなかったため、質問を向けてみたのである。これに対してBさんは、すべての問題に対して「今後の課題」を設定し、それを「克服」していくことだけが人生ではないとの考えを述べている。より具体的には、「女性としてのコンプレックス」がもとになった恋愛の困難はBさんにとっては「克服」するべきものではもはやなく、今後も「共存」していくしかない問題だというのである。またAさんは、自己の問題との関わり方について振り返りながら次のように語っている。

A:とくに、なんか、これといった転機というものはないんですけど、なんか、その場その場で、なんか、ジタバタしながら、ウフフ、選んできたっていう感じ。

Aさんによれば、素顔で生活していた頃は他者からの視線が胸に突き刺さったが、カムフラージュメイクをはじめてからは屈託なく人と関係を結べなくなったというように、自分が置かれた状況によって直面する問題も変化してきた。したがって、自己の問題が一掃されるような「転機」があったわけではなく、「その場その場でジタバタしながら」「(対処の仕方を)選んできた」のであり、今後もそれは続いていくという。

本書が提示した対処法は、あざがもたらす困難を乗り越え、もはやそれに拘泥しないで生きていくという〈克服〉とは異なる。対処とは、顔にあざのある女性たちが自己の問題経験をわずかでも軽減し、今よりもう少しだけ「楽に生きる」(Bさん)ための方法である。

■注

(1) 余語は、化粧を用いた臨床心理学的介入として、異形の人々を対象とした「外見修正プログラム」と、うつ病や痴呆症の患者を対象とした「情動あるいは自己活性化プログラム」の二つを指摘している(余語 2001)。

(2) 生まれつき右目の下に単純性血管腫をもつ四〇代前半(第一回目のインタビュー当時)の未婚女性。高校時代から何度か治療を試みるが、担当医師への不信感や副作用への懸念から、途中で断念している。高校生のときに医師から現在の技術ではあざを完全に消すことはできないと宣告されて以来、カムフラージュメイクをしている。大学卒業後、実家の自営業の手伝いをしていたが、その後、自宅の近所でパート職についている。セルフヘルプ・グループ「ユニークフェイス」のメンバーである(インタビュー当時)。Dさんには、二〇〇〇年十月一三日、二〇〇一年三月二四日にインタビューを実施した。

(3) Dさんがユニークフェイスの体験記によせた文章では、ビートたけしの手記『顔面麻痺』(太田出版、一九九四年)を引用しながら、自分へのもどかしさが表現されている。「『オレにはオレの顔しかない。目が動かず、麻痺した顔がオレの顔だ。それしかない。それ以外に顔がない。その顔を見た世間がどう思うのかは考えても仕方ないだろう。思いたいように思わせておけばいい。正面突破するほかにオレの考えはない。それがオレのやり方だ』。バイク事故で顔面麻痺になったビートたけし氏のこの言葉に出会った時、私に決定的に欠けているのはこれだ、と思った」(石井ほか編 2001: 77)。

(4) かつて後天性の太田母斑をもっていた四〇代前半(第一回目のインタビュー当時)の女性。高校一年生のときに、太田母斑が突然あらわれる。高校卒業後、仕事に就くことなく結婚・出産を経験するが、四〇歳で離婚している。離婚後、生命保険会社の営業職に就きながら、二人の娘を育てる。太田母斑が出てきてすぐに治療を試みるが、当時の医学では方法がなかったため、高校卒業以来カムフラージュメイクを続けてきた。離婚後にはじめたレーザー治療によって、インタビューを依頼した時点ではあざはすでに完治していた。セルフヘルプ・グループ「ユニークフェイス」のメンバーである(インタビュー当時)。Eさんには、二〇〇〇年十月一八日、二〇〇一年三月三日にインタビューを実施した。

(5) 松波めぐみは、障害をもつ娘に対して親や周囲が「この子は将来、結婚・出産などありえないだろう」と想定し、娘自身もそれを内面化していると指摘する(松波 2008)。松波によると、障害をもつ娘が「結婚・出産などありえない」とみなされる背景には、妻・母の役割とされる家事労働が困難である、外見を含めた性的魅力に欠ける、子どもを産むべきではない、という周囲の見方がある。顔にあざのある女性たちは、家事労働が難しいとみなされているわけでも、優生思想的観点から結婚・出産を否定されているわけでもない。松波の議論を参照すると、顔にあざのある女性たちに〈恋愛・結婚はできない〉というまなざしが注がれるのは、彼女たちが「性的魅力に欠ける」とみなされているためだと考えられる。ひとりの人間の総体をその表相性(容姿や持ち物など)において規定し、その人の未来を限定してしまう「まなざしの地獄」については、見田(1979→2008)から大きな示唆を得た。

(6) 美醜をめぐる劣等感を倫理学的に考察したものとしては、細谷実の論考がある(細谷 2004)。細谷が試みているのは、女性に適用される「美という評価基準」がもたらす「美醜をめぐる不平等(感)」や「美醜による差別」はたしかに存在するが、それは「個人的に解決すべき問題」であるとする吉澤夏子の議論(吉澤 1992, 1997, 2000)を批判的に読解することである。細谷によれば、美醜判断によって人々が不平等感や差別を経験する回路には二種類ある。ひとつは「直接に他者からブサイク呼ばわりされたり差別的処遇を受けたりすることで、抑圧・危害を被るケース」であり、もうひとつは「メディア・メッセージや人々の発話や振る舞いの中に美醜序列への関心の在りようを読み習い、そのことによって自らのブサイクさの劣等意識に苛まれるケース」である（細谷 2004: 190）。吉澤が想定しているのはこのうち第一の回路、つまり個人対個人の場面のみであるため、美醜判断は判断する者個人の「心の中の問題」（吉澤 2000: 121）とされたり、そうした判断がなされる人間関係が問題にされたりしているのである。

　細谷の議論にしたがえば、Bさんのケースは第一の回路、Cさんのケースは第二の回路として理解することができる。Bさんのケースにおいては、吉澤が言うように、後輩に対してマナー違反を告発することはできるが、もし相手が特別な関心を寄せている人であったら、そうしたところで「規格外品」とみなされたBさんの苦悩は消えるわけではない。この意味で、個人対個人の場面での「美という評価基準」がもたらす不平等感や差別は、相手に抗議することはできるが、最終的には個人的に処理していくしかない問題ではある。実際、異形であるかどうかにかかわらず、私たちは日々そうしている。一方、Cさんのケースは「個人的に解決すべき問題」などではけっしてなく、社会学的なアプローチがなされるべき問題ではないだろうか。つまり、個人対個人の場面で、個々人が美醜判断を下すことはその人の自由に任せられてよいが、社会的に美醜の序列づけをしたり特定の形の美を「女性美」として規定したりすることは否定されるべきではないだろうか。とするならば、メディア・メッセージのなかでどのような「美醜イデオロギー」（細谷 2004: 191）が形成され維持されているのかを検討することは、重要な課題となってくる。本書ではこの課題に取り組むことはできなかったが、顔にあざのある女性たちの美醜をめぐる劣等感を「個人的に解決すべき問題」へと還元することなく、それを生じさせる社会的なメカニズムを問うことが求められる。これらの問題を「美醜ハラスメント」という観点から考察したものとして、細谷（2008）がある。

（7）例外として、ステボネージとマッケイによる異形が採用判断に与える影響についての研究（Stevenage & McKey 1999）とタータグリアらによる職場での差別に関する研究（Tartaglia et al. 2005）がある。ステボネージとマッケイは、採用判断のプロセスにおいて、身体障害よりも顔の異形の方がネガティヴな影響を及ぼすことを示している。タータグリアらは、「障害をもつアメリカ人法（Americans with Disabilities Act: ADA）」に関連した雇用機会均等委員会（Equal Employment Opportunity Commission: EEOC）への申し立てを分析し、異形の人々が職場で経験している差別の性質を明らかにしている。また、ブラッドバリーによれば、異形の人々は人目につきやすい職業に就くことを避ける傾向があるという（Bradbury 1997）。

（8）現在、異形の人々が就労をめぐって直面している困難を把握するための質問紙調査を準備中である。インタビュー調査による予備調査の結果は Nishikura (2009) にまとめた。

（9）ブラッドバリーは、幼少期や思春期の異形の子どもを持つ親が直面する問題として、子どもの異形をめぐる親自身の対処、コミュニケーションの欠如、過保護を指摘している（Bradbury 1997）。親は子どもを狼狽させるようなことを言ってしまうのではないかと不安に思っており、自分自身のこうした感情にどう対処すればいいのかわからないでいる。また、子どもが成長して異形を認識する段階になると、その感情をかき乱さないように配慮するあまり、子どもの顔についてオープンに話すことを避けてしまう。さらに、子どもに無用な重荷を背負わせたくないとの考えから過保護となり、子どもの独立心や自立心を阻害してしまう。ブラッドバリーは、これらの問題を指摘したうえで、子どもにとっては専門家よりも親によるサポートの方が望ましいのであり、そのために親を支援する必要があることを主張している。同じく親による子どものサポートを議論したものとして、ポープの研究がある（Pope 1999）。ポープは、口唇・口蓋裂の子どもを持つ親の任務として、子どもの誕生に積極的に順応すること、強固な親子関係を築くこと、親族や友人、そして通りすがりの人に疾患についてうまく説明する方法を考案すること、過保護を避けること、治療に関わるストレスに対処すること、治療の前後とも子どもの外見を受け入れること、子どもの自尊感情を高めることなどを指摘している。

（10）もうひとつ重要な問題として、サポート役割が課せられることによる家族、とりわけ母親の負担が見過ごされてしまうことがある。ユニークフェイスの体験記には、産んだ負い目や視線にさらされる我が子に何もしてやれない無力感にさいなまれ、子どもの将来をあれこれ考えては不安に押しつぶされそうになっている母親の苦悩が綴られている（石井ほか編 2001）。母親の側のこうした苦悩を考慮に入れると、ブラッドバリーやポープらの主張は母親を無限のサポートへと駆り立ててしまう危険性がある。母親の苦悩を取り上げた論考としては、西倉（2008）がある。

（11）キッセに限らず、「カミングアウト」という言葉は、秘密を明らかにすることのみならず、より多義的に用いられている。たとえば、動くゲイとレズビアンの会は、カミングアウトを「自分が同性愛者であることを隠さず、自分に素直に行動・生活すること」（動くゲイとレズビアンの会 1992: 271）と説明しているが、次のようなヴァリエーションも提示している。「ただ、状況に応じて、①自分で自分が同性愛を嫌悪している状態から抜け出し自分で自分を認めること。②身近な異性愛者（家族・友人など）に自分が同性愛者であることを告げること（聞かれて隠さずに言う場合も含む）。③積極的に公言していくこと（異性愛者の眼を気にせず、堂々と手をつないでデートしたり、カップルとして同居したりする行動も含む）など、いろいろな〝カミング・アウト〟の仕方があると思います」（動くゲイとレズビアンの会 1992: 271）。また、伏見憲明によれば、カミングアウトとは「同性に対する性的欲望を自らと他者に対して明らかにすること」（伏見 2007: 41）である。同性への性的欲望があることを自分自身が認められなければ誰かと楽しく恋愛することもできず、また自分の欲望を他者に知られるリスクなしにはたとえばゲイバーに通うこともできないという意味で、カミングアウトは「欲望実現のための営為」（ibid: 42）であるという。

（12）石井はまた、評論家の切通理作との対談において、次のように語っている。「［『顔面漂流記』の］取材執筆の過程で僕は変わりました。気がついたら、この自分のアザを踏みつけ、足場にして登っていた。本の執筆は山登りと似ています。迷ったときはこの痣［ママ］に戻ればなんとかなるだろう。そういう意識はありました」（切通 2001: 206）。執筆を通して、石井にとってのあざは自分を支配する「独裁者」から、自身の思考を基礎づけ未来を導く「地図」へと変化したという（石井 1999: 276）。

（13）加えて指摘するならば、石井の言葉に対する当事者たちのこうした理解もやや一面的すぎるだろう。石井はひとりの当事者としてのみならず、まさしく「アザをもつジャーナリスト」として、そして「ユニークフェイス」というアイデンティティを一手に引き受けて問題を語ってきたのであり、それがどのような文脈で発せられたかを無視しては彼の言葉を的確に理解することはできない。

第７章

異形は美醜の問題なのか

インタビュー調査過程の検討

第2章では、ライフストーリー研究における語りの「内容」と「方法」という二重の問題関心について述べた。第3章から第6章までは、このうちおもに語り手が語った意味内容に注目してライフストーリーの分析を進めてきた。この章では、「調査者‐被調査者の社会関係」としての「ストーリー領域」に照準を合わせ（桜井・小林 2005: 43）、インタビュー調査の過程を検討していきたい。

顔にあざのある女性たちへのインタビューに臨むにあたり、私は彼女たちが外見の美醜をめぐる問題経験を抱えているのだと想定していた。つまり、〈顔にあざがあること〉を美醜の問題として定義していたわけである。「女性の『美への疎外』と男性の『美からの疎外』」（上野 1995: 21）という社会的文脈をふまえれば、美醜の問題とはジェンダーの問題であり、とりもなおさず女性の問題である。

しかし、インタビュー調査を開始してまもなく、私のこうした想定は揺らぎはじめた。というのは、異形という問題をどのようにとらえるか、インタビュー対象者と私のあいだに大きな齟齬があると思わざるをえない場面に何度も遭遇することになったためである。インタビューでは、たとえば次のような語りがみられた。

あざがある悩みっていうのは、あの、顔がきれいとかきれいじゃないとか、そういう悩みとは、やっぱりねー、別物だと思う（Dさん）。

男だから楽とか、女だからしんどいとか、そういうことはね、絶対ないと思うんですよ（Cさん）。

Dさんは、「あざがある悩み」と「顔がきれいとかきれいじゃないとか、そういう悩み」とを区別している。またCさんは、顔にあざのある女性と男性の「つらさ」や「大変さ」には差がないと語っている。冒頭で述べたような想定をしていたために、インタビュー対象者たちがあざのある女性であるがゆえに抱える美醜をめぐる問題経験を語ってくれるのを期待していた私は、〈聞きたいことが聞けていない〉という焦燥感に駆られることになった。

結論を先取りするならば、顔にあざのある女性たちは、自己の問題経験を〈美しくない顔〉であるがゆえの問題経験ではなく、〈普通でない顔〉であるがゆえのそれとしてとらえていたのである。このことに気がつき、私が当初の想定をすみやかに捨て去ってインタビュー対象者の視点を採用できたかというと、けっしてそうではない。それどころか、私は自分の想定を正当化するべく、インタビュー対象者が自己の問題経験を〈美しくない顔〉であるがゆえのそれとして語ってくれるように、インタビューの場でさまざまな統制をはたらかせていた。以下では、インタビューでのいくつかのやり取りに注目しながら、私が当初の想定を見直し、〈顔にあざがあること〉をめぐってインタビュー対象者と定義を共有するまでの過程を分析する。

第2章で指摘したように、研究過程の妥当化はライフストーリー研究の重要な評価基準である。

インタビューに先立つ私の想定がどのようなものであり、それをめぐってインタビューでいかなるやり取りが展開されたのか。当初の想定が適切ではなかったことに気がつく契機は何であり、最終的にどのような視点へとたどり着いたのか。この章でこれらの調査経過を検討するねらいは、妥当化の作業を実行することにある。[1]

第1節　問題経験をめぐるリアリティ定義

以下の考察の土台となるリアリティ定義に関する議論をまとめておこう。かつてM・B・スペクターとJ・I・キツセは、人が日常生活のある状態を「問題」として他者に表明することを「クレイム申し立て」ととらえ、これを社会問題の社会学の研究対象とすることを提唱した(Spector & Kitsuse 1977=1990)。草柳千早は、クレイム申し立てを「語り手の『問題』の経験を焦点とするリアリティ定義の実践」(草柳 2004: 12) と再定義し、この実践が相互行為過程で「クレイム」として定義されてはじめてクレイム申し立てになりうることを指摘している。つまり、クレイム申し立てが成立するためには、自己の問題を語ろうとする人は、その問題を定義するだけでなく、この実践がクレイム申し立てであるという定義を相互行為過程で獲得しなければならないのである。これを草柳は、問題の応酬をめぐる二重の「リアリティ定義の競合」（草柳 2004: 7）として描いている。

まず、問題の定義をめぐるリアリティ定義の競合からみていこう。ある状態を「問題」として定義し表明する実践は、同じ状態を「問題」としては経験していない人々のリアリティ定義に対して、オルタナティヴなリアリティ定義を提示することである。問題の語り手によるオルタナティヴなリアリティ定義がほかの人々に受け入れられるとき、その人の問題経験はほかの人々にとっても「問題」として感受される。しかし、問題の語り手のリアリティ定義は必ずしも受け入れられるとは限らず、問題の有無や何が問題なのかをめぐって、異論や反論を返されることもある。このとき、問題の語り手によるリアリティ定義とほかの人々のそれはせめぎ合う。これを草柳は、D・R・ロウスキの概念を参照し、「リアリティ定義の競合」という相互行為過程ととらえている。

ロウスキが検討しているのは、「妻の虐待」をめぐる妻自身と専門家とのあいだの二種類のリアリティ定義の競合である（Loseke 1987）。ひとつは、妻の個人的アイデンティティをめぐる競合であり、もうひとつは直接経験の意味をめぐる競合である。本書が注目するのは後者である。ロウスキは、妻の経験が専門家の観点から再解釈されたり無視されたりすることを指摘している。夫婦間の出来事について、当事者である妻よりも虐待の専門家の方が正しく認識しているとされてしまうのである。ロウスキの議論が示唆しているのは、人が自分にとっての「問題」を他者に語るという実践が相互行為過程に巻き込まれているということである。草柳が指摘するように、ある人が自己の問題経験を定義する過程は、同時に、その人の経験が「問題」を経験していないほかの人によってまったく別様に定義される過程でもある（草柳 2004）。それはすなわち、問題経験をめぐる自己のリアリティ定義が、他者の定義によって押しのけられてしまう過程となりうる。

次に、ある人が自己の「問題」を語るという実践をめぐるリアリティ定義の競合についてみていこう。ある問題を経験している人がそれを語っても、すぐにクレイムになるわけではない。何がクレイムかは、問題経験の語り手と聞き手の相互行為過程のなかで決定されるのである。

以下では、草柳とロウスキの枠組みを参照し、語り手と私との相互行為過程での〈顔にあざがある〉という問題をめぐるリアリティ定義の齟齬や競合を検討していく。ロウスキと草柳のいう「競合」に加えて〈齟齬〉の語を採用するのは、「競合」はあるリアリティ定義と別のそれとの熾烈なせめぎ合いを想起させるが、インタビューにおいて実際に生起していたのはこうした相互行為だけではないためである。以下の検討からも明らかなように、自己のリアリティ定義が異論にさらされたり、他者が受け入れそうもないと見込まれたりするとき、それを撤回してしまう語り手もいる。ここには、競合といった対抗的なやり取りはみられない。インタビュー対象者の語りから浮かび上がるのは、自己のリアリティ定義とほかの人々のそれとのあいだに埋めようのない溝を感じ、その溝をさらなる「問題」として堆積していくような経験のあり方である。

第2節　リアリティ定義の齟齬

〈聞きたいことが聞けていない〉という焦燥感に駆られはじめた頃に実施したのが、Eさんへのインタビューである。Eさんは、レーザー治療によってあざが消えたことで、人生ががらりと変わったと語っている。そして、その心境をテレビ番組で目にする美容外科手術で人生が一変したと話す人と「よく似たところがある」と表現した。

E：美容外科に行ったりとか、どうしてもレーザーであざを取ろうと思うのは、私、それは、かなり本人にとっては、なんとかしたいっていう強い意志とか願望のあらわれ／／＊：うん／／それがそういう行動に出るんだと思うの。だって、行かなかったからって悪くならへんもん。レーザー打たへんから病気になるってことないじゃない。鼻だって、高くしに行かへんからって／／＊：うん／／鼻がなくなっていくわけじゃない。それでも行きたいっていうのはすっごい願望、どうしてもっていう願望が強いから行きたいわけでしょ。それってけっこう勇気のいることやから。（中略）だから私は、鼻をなおしに行く整形と／／＊：うん／／あざにレーザーを打ちに行くのと、違うような気もするけど、ほぼ一緒と違うかなと思う。

このようにEさんは、美容外科手術もあざのレーザー治療も生死に関わるものではなく、あくまでも自分の意志で受ける医療行為であるという意味での類似性を指摘している。つまり両者とも、たとえば盲腸の手術のように、それを余儀なくされて受ける緊急性や必然性のある手術ではなく、本人の願望があってはじめて実現する手術なのである。

Eさんのこの語りを聞いたとき、私は少しほっとしたのを覚えている。なぜなら、美醜をめぐる劣等感がおもな動機である美容外科手術とレーザー治療の共通性を指摘するEさんの語りは、〈顔にあざのある女性は美醜をめぐる問題経験を抱えているのだ〉という私の想定が間違っていないことを証明するように思われたからである。語りをより詳細に検討するならば、Eさんは美容外科手術とレーザー治療は緊急性や必然性がない点で「ほぼ一緒かな」と言っているだけで、「鼻が低い」という問題と「あざがある」という問題を同一視できると断言しているわけではない。にもかかわらず、その頃の私は、自分の想定を支持するものとしてEさんの語りを解釈したのである。インタビュー後の感想などを書き込んだ当時のフィールド・ノートには、次のようなメモ書きがしてある。少し長くなるが、私の思い込みの強固さを見事に示しているので、引用しておきたい。

「顔にあざがあること」を美醜という文脈でとらえてもよいだろうか。Eさんの語りを参照すると、これを正当化できるように思う。あざを取る手術も美容整形も、緊急性・必然性のない手術である。さらに、美容整形もレーザー治療も自費診療である（現在のところ、日本では美容整形は保険診療の対象外。Eさんの太田母斑など、あざの治療にも保険が適用されない場合がある）。これは、あざを取るという行為が「病気」の治療ではなく、むしろ「美醜」という文脈に大きく関わっているためではないか。

Eさんは、緊急性・必然性のない手術だからこそ恐怖心も強いのであり、にもかかわらず手術を受けるのだから、本人の悩みや願望の度合いもまた強烈なのではないかと、心理的な面での共通点も語っていた。【二〇〇〇年一〇月一八日のフィールド・ノートより】

このメモからは、美容外科手術とレーザー治療との共通性を何とか見つけ出し、顔にあざがあることを美醜の問題として位置づけたいという私の願望が読み取れる。このことは、Eさんに対して再度実施したインタビューでのやり取りからもうかがえる。Eさんが前回のインタビューで語ったことにふれながら、私は次のような問いかけをしている。

＊：前回、美容外科手術のお話があったと思うんですけど、Eさんにとっては、あざを取るっていうのと、たとえば鼻を高くしたいっていう場合と、一緒か違うか、そのあたりをお聞かせいただけますか？

E：うーん、そうやねぇ、うーん。まったく一緒じゃないんやろうけど、でも／／＊：うんうん／／ほぼ近いんと違うかなぁ。

＊：うんうんうん。近い、と。

Ｅ：だってさぁ、美容外科でね、鼻がないならともかく／／＊：うんうん／／あるのに／／＊：うんうん／／これをなんとかもうちょっと高くして、こんなかっこいい鼻にしてほしいっていうさ。鼻を／／＊：うんうん／／そこの部分を整形するっていうのは、すっごい怖いことなんよね。普通、手術っていうのは／／＊：うんうん／／病気になったり、交通事故におうたり、そんな状況になったときに、手術をせなあかん。自分から進んで手術をします、じゃなくって。

＊：うんうんうん。ああ、自分から。

Ｅ：たとえば私なんか、交通事故にあったときあるんやけど、骨が折れたから、［手術を］するとかしないの問題じゃなくて、救急車で運ばれたからね、自動的に手術をされる。それは自分の意志とは関係なしに／／＊：うんうん／／進んでいくでしょ。でも、美容外科とか／／＊：うんうん／／あざのレーザーは、そういうのと違うじゃない。

＊：うんうんうん。じゃあ、美容外科とあざの治療は一緒？

Ｅ：あの、それは自動的に手術を受けるんじゃなくて／／＊：うんうん／／自分でここをこうしたいから、行ってしてもらおうって。自分で腹に決めて／／＊：うんうん／／どんなして手術されるのかなぁって、顔だから怖いけど、でも、それでも行こう、よくなりたいって思うんやから／／＊：うんうん／／ちょっと違うでしょう？

＊：うんうん。だと、美容外科とあざの治療は一緒？

E：まぁ、だから、私は似てると思うんですよ。

このやり取りでまず顕著なのは、Eさんの語りに挿入された私の「うんうん」という相づちや「近い、と」「ああ、自分から」（下線部）という確認である。相づちやアイコンタクトには、相手の語りに関心を持っていることを示す働きがある（Rosenthal 2004）。また、相手の語彙や言葉をそれが語られた直後に確認することは「相手からストーリーを誘い出そうとするワーク」（好井 2004: 6）[3]である。「ほぼ近いんと違うかなぁ」「近い、と」、「自分から進んで」「ああ、自分から」というように、相手が語る言葉を直後に繰り返すことで、自分が相手の語りのどこに関心があり、何についてもっと語ってほしいのかを提示しているのである。つまり私は、美容外科手術とレーザー治療とがどのような点で類似しているかを説明しようとしているEさんに過剰ともいえる相づちを打ち、Eさんの語彙を繰り返すことで、両者の共通性についての語りを引き出そうとしているわけである。

また、「じゃあ、美容外科とあざの治療は一緒？」「だと、美容外科とあざの治療は一緒？」（波線部）は「語りを標準化するワーク」（好井 2004: 9）である。このやり取りにおいてEさんは、美容外科手術とレーザー治療との類似点を説明しようとしているが、一方で「まったく一緒じゃないんやろうけど」「ほぼ近いんと違うかなぁ」と慎重に断定を避けている。それに対して私は、曖昧さを捨象するべく、「美容外科とあざの治療は一緒と見なしていいですか？」とEさんの語りの標準化を試みている。リアリティ定義という観点からすると、〈美容外科とあざの治療は一緒であり、顔にあざがあることは美醜の問題である〉という定義をEさんと共有しようと躍起になっているのである。

Eさんへのインタビューを通して自分の想定の正当性をいくぶん確保できたような気になっていた私は、それを保持したままDさんの第二回目のインタビューに着手した。インタビューが終わりに近づいた頃、美容外科手術とレーザー治療との共通性という話題を取り上げ、私は次のように自分の考えを述べている。

＊：美容外科っていうか、あれも病気じゃないけど、自分のなかに不満っていうか、すごい強烈な思いがあって、変えたいって思うのかなって思ったんですけど。それは、レーザー治療と近いのかなって思って。

D：でも、美容整形っていうと怖くて、私なんか、うん、その感覚わからない。今、けっこう、テレビなんかみてると、普通のお化粧するみたいに、ちょっと［髪を］カットするとか、なんかそんな感じで。でも私、その感覚ってわからない。

＊：すごく悩んで、このままじゃイヤだイヤだって思ってて、もちろん怖いんだけれども、でも、とりあえず、今のこの状態はイヤだから変えたいっていう気持ちなのかなって。Eさんにお話聞いたときは、あの、すごくあざがあるっていうことで悩まれて治療に行ったそのときの気持ちを考えると、美容整

形ってすごく近いものがあるんじゃないかしら、みたいなことおっしゃってて。
D：あの、松本さんの書かれたもの、お読みになったかな？
＊：論文ですか？
D：論文じゃなくて、雑誌に出たのを、そのコピーをもらったんで、読んだのがあって。それを読んだときに、やっぱり、あの、松本さんがおっしゃるには、あのー、松本さんが言うには、そういう、あの、いわゆるユニークフェイス、あざとか傷とかそういうのがある人、そういうのがない人、美人であろうが美人でなかろうが、あの、ここにはやっぱり一線があって。うん、ちょっと問題が違うかな、みたいな。
＊：松本さんはそういうお立場ですよね。
D：うん。私も、どっちかっていうとそういうふうに考えてる方だけど。でも、このへんの境目っていうのが、あの、はっきりしなくて。よく似ている部分っていうのもあるかなとは思うけども。どうなんでしょうね。違うんじゃないかなと思うけど…。うーん。違わないようでもあるし、違うようでもあるかな。
＊：ああ。

美容外科手術とレーザー治療は「不満」や「強烈な思い」が原動力となっている点で類似しているのではないかと切り出したところ、レーザー治療を経験しているDさんは、美容外科手術をする「感覚」が「わからない」と言っている。これに対して私は、「今の状態がイヤだから変えたい」という「気持ち」は共通しているのではないかと自説を重ね、さらに先述のEさんの考えにふれている（下線部）。

Dさんの語りを聞くことが目的であるインタビューにおいて、私はなぜわざわざEさんの考えを持ち出しているのだろうか。それは、Dさんと同じく顔にあざのある女性の見解を後ろ盾として、美容外科手術とレーザー治療には共通点があるという私の考えを正当化し、Dさんをそれに同意させようとしているためではないだろうか。Dさんへのインタビューはこのときまだ第一段階にあり、私は「それで？」「というのは？」などのDさんの語りを産出するための質問を心がけ、聞き手の役割に徹していた。しかし、このやり取りをみると、私の発話のサイズが比較的大きく、自分の考えを一方的に並べており、聞き手の役割から明らかに逸脱していることがわかる。自分の考えにDさんを同意させたいという私の意図が、見事にあらわれているのである。

私がこうしたねらいのもとでインタビューの展開を統制しようとしているなか、Dさんは「松本さんの書かれたもの」を取り上げている。「松本さん」とは、ユニークフェイスの発起人のひとりであり、異形の当事者でもある松本学である。第1章で確認したように、あざや傷のある顔を「疾患固有の容貌」（松本 1999: 88, 強調点は引用者による）とよぶ松本は、これを美醜の問題としてとらえることに異議を唱えている。松本によれば、「普通」とは「私たちの社会の常識の範疇には収まらない入っているということ」を意味するが、「疾患固有の容貌」は私たちの常識の範疇には収まらないという。なぜなら、映画『エレファント・マン』[4]が好例であるように、「疾患固有の容貌」は見世物になるためである。社会の常識外、つまり「普通でない」からこそ見世物になりうるのであり、不美人がたとえどんなに美しくないとしても「普通」の範疇にあるため見世物にはならないという違いを見落とすべきではない。「疾患固有の容貌」を一般的な美醜の問題に還元することはできないとする松本の論拠はここにある。

人は疾患固有の容貌にであったときに、顔を顔として見ることができない。筆者たちを見て、動揺し、恐怖し、嫌悪し、顔をそむける！　この状況では、一般の美醜判断は行なわれていないと考える。むしろ、疾患固有の容貌は、その顔であるだけで、「ふつうでない」「この世にあるべきではない」ものとして、存在を否定されているように思われる（松本 2000: 409）[5]。

Dさんは、こうした松本の主張を引きあいに出して、顔にあざや傷のある人とない人のあいだには「一線」があり「問題が違う」としている。美容外科手術とレーザー治療とを同一視し、〈顔にあざがあること〉を美醜の問題に還元しようとする私に、Dさんは松本の主張を助けとしながら異議を差しはさんでいるのである。しかし、それはあくまでも松本ひとりの立場に過ぎないとでも言いたげな様子の私は、Dさんの異議を受け入れようとしていない。これに対してDさんは、顔にあざや傷のある人とない人の問題は「違わないようでもあるし、違うようでもある」

と、それまでの主張に揺らぎをみせている。自分の考えに同意を示さないDさんに向かって、私は少し不満げな調子で相づちを打っている。リアリティ定義という観点からすると、〈顔にあざがあることは美醜の問題ではない〉というDさんの定義と〈顔にあざがあることは美醜の問題である〉という私の定義は完全に齟齬をきたしている。

Dさんにインタビューをした当時の私は、ユニークフェイスは女性メンバーが多数を占めているにもかかわらず、声高に発言するのはつねに男性であることに疑問を感じていた。また、顔にあざのある女性としての語りを聞きたいという期待に反して、Dさんが（男性である）松本の論文にふれながら自分の見解を述べたことに苛立ちすら覚えていた。男性と女性の経験は違うはずなのに、なぜ男性の考えをそのままなぞろうとするのか。中心メンバーである男性の語りがユニークフェイスというコミュニティの「モデル・ストーリー」（桜井 2002: 36）となり、女性メンバーは個別の多様なストーリーを語れなくなっているのではないか。そのような思いをめぐらせながら、私はDさんの語りを聞いていた。

第3節　リアリティ定義の競合

Dさんへのインタビューをもとに作成したトランスクリプトの検討を通して、私は〈顔にあざのある女性は外見の美醜をめぐる問題経験を抱えている〉という想定が正しいのか、このまま顔にあざのある女性たちにインタビューを継続してもよいのか、自信が持てなくなっていた。実際、約二年半もの長いあいだ私のインタビュー調査はほぼ中断している。Aさんへのインタビューを実施したのは、こうした迷いの只中にいた頃のことである。

1　語り手からの応酬

Aさんと私は、前もってメールのやり取りをしていたものの、インタビューが初対面であった。Aさんへのインタビューのあいだ、聞き手としての役割を遂行しながら、私はインタビューが目的通り円滑に進行しているという感触を得ていた。帰りの新幹線でも、Aさんが初対面にしては自発的に語りを展開してくれたことや、聞き手である私がAさんの語りをうまく引き出せた場面を回想しながら、当初の目的はおおむね達成できたと考えていた。しかし、作成したトランスクリプトを詳細に検討するうち、次のようなやり取りがひじょうに気になり出した。

引用［※］
A：［カバーマークをするところを］ご覧になったことありますか？ するところ。
＊：するところはなくって、道具というか、その、カバーマークを見せていただいたことはあって。
A：ああ、そうなんですか。ぜひね、自分でやってみてください（笑）。
＊：たいへんですか？
A：それで、なんか、わかりますよ。もうね、なんかね、あのね、ほんとに研究されるんだったら、だとしたら、たとえば、なんか、こんなこと言うのもあれなんですけど、なんか、とってもかわいそうなんですけど、ほんとに、こう、顔を赤のマジックで塗って、外歩いてみてください。
＊：ああ…
A：うん。

これは、Aさんが顔にあざがあることを「ハンディ」として語ったのを受けて、私が「いま言われたハンディというのは、こういうことですか？」と問いかけたあとのやり取りである。さまざまな問題経験を語ったAさんに対して、私はその語りを標準化するワークを実行したといえる。語りを標準化するワークの意図は、相手の語りに含まれる多様性や微細なニュアンスを担保しつつも、それをなるべく端的に把握することにある。このやり取りにおいても、私は「ハンディっていうのは、あざがあることによって何かができないとか、普通の人と同じようにできないとか、そういうことですか?」とAさんの問題経験の語りを要約し、確認の問いかけをしている。これに対してAさんは、「うん」と一応はうなずきながらも、私の要約に同意したり「ハンディ」についていて再度語りなおしたりするかわりに、カムフラージュメイクを実際に試すことや顔をマジックで塗って外出することを提案している。これは、毎日のカムフラージュメイクがいかに煩雑であり、赤あざのある顔に向けられる視線がいかに苦痛をもたらすものであるか、当事者の生きづらさを身をもって経験してほしいという私への要請であろう。笑いを混じえた穏やかな口調の裏にAさんの激しい感情を読みとった私は、「ああ…」とおぼつかない返事をすることしかできないでいる。

なぜAさんは、私にこうした要請を突きつけるに至ったのだろうか。それを理解するための準備作業として、以下ではAさんのある推論からはじまり、引用［※］で終わる一連のやり取りを検討していこう。

A:どうして［侮蔑の目を向けられるの］かなと思うのは、①やっぱり、見た目にたぶん、美しくないっていう感覚があるのと、②あと、あの、［石井政之の］本にあったみたいに、⑥スティグマっていうんですか//*:はいはい//なんか、そういう概念がたぶんあるんだと思うんですけど。そういう、やっぱり、差別を、視線を感じる。だから、本人が気にしない、気にしなかったら別になんでもないって言われちゃうと、うーん、そうじゃないんだけどって。

＊：あー。

Ａ：そうなんですよね。

＊：美しくないっていうのは、美しくないっていうのは、どういう？

Ａ：なんかね、自分で言うのもあれなんですけど、なんかやっぱり、うーん、うん、そういう概念が、やっぱり概念ですよね。でもやっぱり、そういう概念はありますよね。

＊：なんか、顔立ちが美しくないとか、ていうので、美しい、美しくないっていう概念てよく出されるというか、使われると思うんですけど／／Ａ：うんうん／／そういうのとは、なんか、違うんでしょうか？

これは、Ａさんがあざのある顔に対して「侮蔑の目」が向けられる理由を推論し、私が「美しくない」という言葉の含意を確認しているくだりである。①「美しくないっていう感覚」、②スティグマ概念というＡさんが推論した二つのうち、私は理由①についてのみ問いかけをしている。というのは、理由②はこれまでのＡさんの語りのなかで何度か言及されたのに対し、理由①はこのやり取りにおいてはじめて語られたので、その含意を確認しておきたかったためである。あざのある顔に適用される「美しくない」という概念の存在を指摘しているＡさんに対して、それは「顔立ち」一般に適用される「美しくない」という概念とどのように違うのか、私が質問を重ねている。これを受けてＡさんは、次のように切り出した。

A：個々のパーツでも悩む人いるじゃないですか。
＊：うん。
A：かなり大きいと思うんですよ、ああいう悩みって。うん。だって女性だったら、ねぇ。でも、たとえばどんなに、あの、あの、その、パーツで悩んでても、なんていうんだろう、すれ違った人にじろじろ見られたり、子どもが、すれ違った子どもがまたうしろから追いかけてきてのぞき込まれることはないじゃないですか。
＊：ああ、そうですね。
A：一応、普通だから。うん、普通のなかの、その、まぁ、その、範囲だから。だから、そのへんが違うんですよね。だから、なんでしょうかねー、うーん、そこが違うかなー。ほんとにはっきり言って、子どもが追っかけてくるかどうかの問題（笑）。うん。
＊：好奇の視線にさらされる？
A：うん。やっぱり、うーん、美しい、美しくない問題じゃないですか、そこ［＝パーツの悩み］は。私たちのハンディは、普通か普通じゃないかっていう、そのレベルなんですよね。
＊：あざがあることが普通じゃないっていう？
A：うーんと、そうですね、やっぱり。普通じゃないから、やっぱり、子どもがめずらしくて追っかけてくるみたいな。どんなに、なんか、あの、見た目が、なんか、その、ねぇ、まぁ、あの、言い方悪い

ですけど、うーん、なんだろう、よくないとしても、そういうことはないですよね。
＊：うんうん、ああ。
A：だけど、うーん、なんだろう、そういうのと同じになっちゃってるんですよね。その、社会では。そういう人たちと。
＊：ああ、パーツの問題と？
A：うん。

Aさんは、とりわけ女性にとっての「パーツの悩み」の深刻さを認めながらも、顔にあざがあるという「ハンディ」とははっきりと区別している。その根拠とされているのが、他者の視線である。「パーツの悩み」を持つ人は、「ハンディ」を抱える人に向けられるような執拗な視線にさらされることはない。さらにAさんは、「パーツの悩み」を美醜のレベルの問題として、「ハンディ」を普通かどうかのレベルの問題として位置づけ、両者が社会的には混同されていることを指摘している。リアリティ定義という観点からすると、〈顔にあざがあることはパーツの悩み（＝美醜のレベルの問題）である〉という社会的なリアリティ定義と、〈顔にあざがあることはハンディ（＝普通かどうかのレベルの問題）である〉というAさん自身の定義との齟齬が語られているのである。

これに続けてAさんは、両者のリアリティ定義の齟齬が端的にあらわれている例として、映画やテレビドラマのなかで顔にあざのある人物が悪役として描写されることをあげている。インタビューでは、映画『ラストサムライ』[7]が話題となり、次のように語られた。

A：ほんとに、あの、あざのある悪役が出てくるくらいだから、一般的に社会では、ハンディと思ってないんですよね。ハンディと思ってたら、そんなひどいことしないですもんね。

＊：あー、そうですよね、ああ。

A：ただでさえ苦しんでるのに、なんか、悪役にされてひどすぎるとか。だから、たとえば、あの、あの、なんだろう、うーんと、当選したときに、あの、代議士が。あの、ダルマに目玉を入れるのを、あの、昔、目の、目が見えない人がすごい抗議をしたり／／＊：ああ、へぇー／／一時見合わせたりしたじゃないですか。だから、あのー、そういうのはもう、ほんとに障害だから、みんなやっぱり気にするじゃないですか。うん。でも、［あざに関しては］やっぱり、あの、別に、五体満足で、どっか、あの、身体的機能が悪いわけじゃないし、だから、そういうふうに世間ではとらえられてないんですよね。だから、ほんとに、悪役にされてかわいそうだと思うんですけど（笑）。ひどすぎるって、自分で言うのもなんですけど。そうなんですよ。

Aさんが語った『ラストサムライ』での描写は、次のようなものである。美しいヒーローといかにも悪擦れした悪役というわかりやすい構図のなかで、あざのある人物は後者として登場する。

「出た瞬間に」「絶対、悪役だ」と確信するぐらい、顔つきが見るからに憎々しい。しかも、その登場人物にはセリフがなく、「悪役としての存在価値はあざだけ」なのである。ストーリー半ばで、主人公に首をはねられてあっけなく死んでしまう。Ａさんは、「ただでさえ（ハンディで）苦しんでるのに、悪役にされてひどすぎる」と、あざを悪の象徴として用いる姿勢に怒りを示している。

Ａさんによれば、こうした描かれ方がされるのは、「ハンディ以外の何ものでもない」という当事者のリアリティ定義に反して、顔にあざがあることが社会一般には「パーツの悩み」や「個性の一環」と考えられているためである。当事者が感じている「ハンディ」が社会的にはそうみなされず、よってあざのある人々に社会的配慮が払われないのである。これとの比較でＡさんが引きあいに出しているのが、視覚障害者への社会的配慮の存在である。Ａさんは、視覚障害者からのクレイム申し立てにより、当選祝いのダルマの目入れを自粛する動きがみられることをあげ、[8]身体に障害をもつことは「ハンディ」として社会的に広く認識されているため、「みんなやっぱり気にする」と話している。対照的に、顔にあざがあることは「五体満足」で身体機能に制約があるわけではないため、「ハンディ」とは認識されていない。必然的に社会的配慮も欠落している。このようにＡさんは、障害者を引きあいに出す語りを通して、顔のあざをめぐる当事者のリアリティ定義と社会一般の定義との齟齬による社会的処遇への不満を提示しているのである。

「ハンディと思ってたら、そんなひどいことしないですもんね」。この言葉にＡさんの主張が凝縮しているのではないかと考えた私は、彼女のいうところの「ハンディ」を改めて確認するため、語りを標準化するワークに至ったわけである。引用［※］は、こうした一連のやり取りの終着点である。

2　調査者である私は何をしていたか

Aさんの推論にはじまり、「実際に赤あざをつけて歩いてみて」という私への要請で終わるやり取りを検討してきた。インタビューという相互行為に照準を合わせると、何が見えてくるだろうか。

Aさんは『ラストサムライ』での描写を例示しながら、あざという「ハンディ」の問題が社会的には美醜の問題として片づけられてしまうことへの不満を表明している。これはおそらく、Aさんの推論を受けて、私が「顔立ちの美しさ」にふれながら質問をしたことに関係している。すでに述べたように、私の意図はAさんが語った「美しくない」という言葉の含意を確認することにあったわけだが、それがAさんには「ハンディ」の問題と美醜の問題との混同に思われたのだろう。そのためAさんは、それらが社会的にいかに混同されているかを訴えながら、〈顔にあざがあることは、ハンディであって顔立ちの問題ではない〉と主張する必要があったのである。すなわちAさんは、〈顔にあざがあることは美醜の問題である〉というリアリティ定義を保持しているように見えた私に対して、〈顔にあざがあることはハンディである〉という別の定義を表明しているのである。

Aさんはなぜ、私が美醜の問題にふれたことにこれほど強い反応をみせたのだろうか。それは、「ハンディ」の問題と美醜の問題との混同は、とりもなおさずあざをもつ人々の問題経験の否認につながっているためである。顔にあざがあることが「ハンディ」と解釈されれば理解されるはずの生きづらさが、美醜の問題と解釈されることで軽視されてしまうためである。

自己のリアリティ定義を聞き手である私に説得的に提示するためにAさんが用いたのが、障害者を引きあいに出す語りである。身体に障害をもつことと顔にあざがあることは、どちらも「ハンディ」であり「障害」である。にもかかわらず、一方には社会的配慮がなされ、もう一方にはそれが欠けている。これは不当である。顔にあざがある人々にも配慮がなされるべきである。Aさんがインタビューのなかでおこなっていたのは、このようなクレイム申し立てであるといえる。クレイムの語り手の意図は、人々が堅持しているリアリティ定義に対し、オルタナティヴなそれを表明することにとどまらず、人々のリアリティ定義を凌駕することにある（草柳 2004）。インタビューにおいてAさんは、聞き手である私が彼女の定義、つまり〈顔にあざがあることはハンディであり障害である〉という定義を受け入れることを求めていたのである。このように、美醜の問題に言及するという私のおこないが、障害者を引きあいに出すAさんのクレイム申し立てを誘発したと考えられる。(9)

3　障害者との対比の語り

ここまで検討してきたように、Aさんが語っているのは、自己の「問題」が社会的には理解されにくいという問題、言いかえるならば「ハンディ」が美醜の悩みとして別様に解釈されてしまうという問題である。そして、その不当性を訴えるためにAさんが用いているのが、障害者を引きあいに出す語りである。以下では、これを〈障害者との対比の語り〉とよぼう。障害者との対比の語りは、Aさんが私に〈顔にあざがあることは美醜の問題である〉というリアリティ定義を放棄させ、かわりに〈顔にあざがあることはハンディであり障害である〉という定義を採用させるための彼女の「語りの資源」(Holstein & Gubrium 1995: 30) であることがわかる。この意味で、障害者との対比の語りは、Aさんの問題経験を理解するうえで、核心的な位置を占めている。

実は、障害者との対比の語りに出会ったのは、これがはじめてではなかった。インタビュー調査に着手してまもなくの頃、あざが原因で就職ができないなどの「すごい障害」が生じることを話題にしながら、Eさんが次のように語っていたのである。

E：車いすとか、交通事故で下半身不随になった車いすの人ね。その人たちも、すっごいつらいだろうなぁと思うんですよ。でも、あざのあるのと障害者と、どっちがいいかっていったら、私は障害者の方がいい。私はね。

＊：それは、どうしてですか？

E：私のなかではですよ。あざがあるってことは、ほかは五体満足だから、動けたりするから、障害者じゃないんですけど。足が動かんかったりしたら、障害者になって、障害者手帳もらってね。何級とかあるでしょう、あれ。まだそれの方が、社会のなかで守られてる。そうやってして、認められてる。顔にあざがあって、就職もできなくっても、障害者でもなんでもない。普通の正常な人と同じように扱われる。だから、社会のなかでも守られてない。障害者の人の方が守られてるわけですよ。だから、私は、自分がどっち取るっていったら、障害者の方を選びたい。私はね。あざのあることは、本当に世間のなかでイヤーな視線あびたり、イヤーな言葉あびせられたり、就職もできなかったり、すっごいハンディもあるのに、なんにも社会のなかでは守られていない。

社会に守られ、その存在が認められている障害者とは対照的に、顔にあざのある人々はその日常においてさまざまな「ハンディ」を抱えているにもかかわらず、社会的配慮がまったく払われていない。そのため、もしどちらかを選択できるとしたら、Eさんは「障害者を選びたい」というのである。あくまでも個人的な意見であると断り、「障害者の人に申し訳ない」と弁明しつつも、Eさんは「障害者の方がいい」と断言している。

この語りを耳にした当初、私はそれをEさんの〈ひとりよがりな意見〉としか受けとめられなかった。というのは、次のような疑問を禁じえなかったためである。障害者手帳を交付されることは、社会に「守られる」ことなのだろうか。現在の社会では、それはむしろスティグマを付与されることにつながっているのではないだろうか。また、「普通の人」と区別され、それにもとづく処遇を受けることが、はたして社会に認められていることを意味するのだろうか。つまり、語りの内容が専門知識に照らして妥当かどうかにばかり目が向かい、これを語ることで彼女がインタビューにおいて何を試みているのか、まったく考えが及ばなかったのである。

第4節 リアリティ定義の変更

序章で述べたように、外見の美醜をめぐる問題経験に関心を持っていた私は、町野美和の体験談に出会い、〈顔にあざのある女性は美醜をめぐる困難を抱えているのだ〉と考えるに至った。顔にあざのある女性たちのライフストーリーを聞きたいと思ったのは、こうした理由からであった。

しかし、〈顔にあざがあること〉をめぐるリアリティ定義の分析をふまえ、インタビュー対象者のライフストーリーを見返してみると、当初とは違う視点からの解釈が求められているように思われた。顔にあざのある女性たちのライフストーリーを再検討してまずみえてきたのは、彼女たちはたしかに外見にかかわる問題経験を抱えてはいるが、それを〈美醜をめぐる問題経験〉とまとめてしまうのは適切ではないということである。想定の性急さが露呈する結果となり、これまでのインタビュー調査はまったくの失敗なのではないかと私は途方に暮れてしまった。苦し紛れに考えついたのは、当初の想定に固執したまま、インタビュー対象者のライフストーリーをそれにあてはめて解釈し、研究結果を産出することであった。実際、研究をはじめた頃は、顔にあざのある女性たちが経験している問題をもっぱら美醜の問題として解釈しており、対象者の視点よりも調査者である私のそれを優先した形になっている。

しかし、改めて確認するまでもなく、当初の想定よりも調査で得られたデータの方を優先するのが質的研究の鉄則である。つまり、「理論的仮定を先に立てて、それを調査対象に当てはめるのではなく、逆にフィールドおよび実証データと関わる中で理論的仮定が『発見され』、そして調査結果として記述される」(Flick 1995=2002: 53) 必要がある。また、ライフストーリー研究法はそもそも、研究蓄積が少なく、いまだじゅうぶんに知られていない社会的現実を明らかにするものである。とするならば、顔にあざのある女性たちにとって、あざのある顔は〈美しくない〉というよりむしろ〈普通でない〉顔として経験されているということそれ自体を記述すればよいのではないか。インタビュー調査に先立つ想定と調査結果が一致しないとき、インタビュー調査そのものを失敗と考えるのではなく、インタビューに際して保持していた構えを変更しさえすればよいのではないか。質的研究に関する先行業績により、私は発想を根本から転換することができた。桜井厚は、調査者の構えについて次のように述べている。

ここで注意を喚起しておきたいのは、インタビュアーはそうした構えから自由になって無心でインタビューを遂行したほうがよい、と主張したいわけではないということだ。そうではなくて、私たちは意識するしないにかかわらず、またそれが一貫しているかどうかにかかわらず、インタビューに際して一定の構えをもっていることを常態であると認め、むしろその構えがどのようなものであるかに自覚的でなければならない、ということなのである（桜井 2002: 171）。

重要なのは、構えにそくした調査結果を得ることでも、構えを保持しないよう留意することでもない。調査者はつねに何らかの構えに拘束されていると自覚しつつ、それにあてはめてライフストーリーを解釈してしまうようなあやまちを犯さないことである。ライフストーリーの検討を通して、私は顔にあざのある女性たちの問題経験が〈普通ではない顔〉であるがゆえの生きづらさであるという社会的現実を知ると同時に、調査者である自分がいかに構えに拘束されており、それがいかに適切ではなかったかを認識したのである。

こうした気づきのあとまもなく実施したCさんへの第三回目のインタビューの冒頭で、私は次のように話を切り出している。

＊：あの、これまでって、顔にあざがあるっていうことが、美しくないから苦しいんだって、なんだろう

な、醜いって見られるから問題なんだって思ってたんですけど、でもCさんはじめ、ほかの方にもお話聞いてるうちに、美しくないっていうよりも以前に、普通じゃないっていうことがいっぱいお話にあって、それがすごい発見だったんです。

C：美しくない、うーん、どうなんやろ。生まれたときから顔にあざがあるっていうことが、結局、その、物心ついたときに、人からそれを指摘されて、「顔の色が赤い」とか、なんか「変な顔や」とか言われて、そういうふうに言われるっていうことが、自分のなかでそれがきれいじゃないっていう、もちろんそういう意識もどっかにあると思うんですけど、その前に、人と違う、人と異なってるっていう認識が、すごい、やっぱり小さいときから、ずっと、自分は人と違うっていうひとつの考えが、ずっとそれが植えつけられてしまってて。

このやり取りにおいて、私はこれまで保持していたリアリティ定義をCさんに開示し、Cさんはあざのある顔は「普通じゃない顔」なのであり、それゆえ自分は通常の美醜判断の枠外に位置しているのだと説明している。Cさんの語りに対して、私は「なるほど、なるほど」と夢中になって聞き入っている。このインタビューの分析作業は、Aさんへのインタビューで与えられた気づきからさらに一歩進んで、〈顔にあざがあること〉をめぐる私のリアリティ定義をはっきりと変更するきっかけとなった。これ以降は、外見が「普通」という範疇から外れていることによる問題経験とはどのようなものかという新たな問いを拠点としながら、ライフストーリー・インタビューを進めていった。それまでのリアリティ定義を変更したことにより、インタビュー対象者が語ってくれた問題経験に対する理解が深まり、これまでよりも無理のない解釈ができるようになった。

第5節　構えはインタビューを規定する

アクティヴ・インタビューを提唱するホルスタインらは、インタビューの「『前置き』の作業」(Holstein & Gubrium 1995: 40) が調査対象者の語りを喚起する重要な役割をはたすことを指摘している。

アクティヴな観点からすると、インタビュアーと回答者との相互行為のあらゆる局面は、「インタビューが」どう進行するかに関する前例となりうる。インタビュアーや調査それ自体のまさに紹介からはじめることで、インタビュアーは来たるべき会話のための資源や準拠点を与えるのである(Holstein & Gubrium 1995: 40,［　］内は引用者による)。

ホルスタインらが示唆しているのは、研究テーマの紹介や調査者のアイデンティティが、語り手が何をどのように語ればよいのか、語りの準拠点や語り手の立場を提供するということである。ここまでインタビュー調査に際して私が保持していた構えについて検討してきたが、以下ではBさんとのやり取りをもとに、調査者の構えが語り手の語りをまさに条件づける可能性を考察したい。

「顔にあざがあることで、これまでどのような経験をされてきたのか、ぜひお話を聞かせていただけないでしょうか」。これは、Bさんへのインタビューの依頼文からの抜粋である。Bさんのホームページをたまたま見つけ、突然メールを送ったにもかかわらず、Bさんはインタビューを快諾してくれた。待ち合わせの場所や時間に関するBさんからのメールには、次のような質問が書かれてあった。

西倉さんはジェンダーについて研究を続けてこられた方のようですが、今回のインタビューは、最初いただいたメールにあるように、「顔にあざがあることでこれまでどのような経験をしてきたのか、聞かせてほしい」という目的をもったものと考えてよろしいでしょうか。

【Bさんからのメールからの抜粋】

Bさんが私に関する詳細な情報を持っていることに驚きつつ、今回のインタビューはジェンダーの問題だけにテーマを限定するつもりはなく、インタビューの目的は当初の説明通りであると説明した。これに対してはBさんの了承が得られたものの、もしジェンダーの問題に焦点化したインタビューをしたいと返信していたならば、Bさんはインタビューを引き受けてくれなかったのだろうかと気がかりに思っていた。以下は、Bさんへのインタビューが終わりに近づいた頃、このことについて質問をしてみた際のやり取りである。

＊：メールに書かれてたことで、あのー、ちょっとお聞きしてみようかなと思ったことがあるんですけど〃B：はい〃私が、その、ジェンダーの視点で外見の問題を研究しているみたいだけれど〃B：ええ〃今回は別に、それに縛られなくてもいいんですか？っていうメールをくださったと思うんですけど〃B：ええ、ええ〃それは、あのー、ジェンダーの問題としては、あのー、話したくないという、そういうメッセージがあったんですか？

B：というか、あのー、失礼ながら、どういう意識をもった人なのかなと思ったんですよ。だから、こう、ジェンダーのことにしか興味がないのであれば、そういう話をするしかないし〃＊：ああ〃相手の興味の持ち方とかによって、話す内容もおのずと変わってくるので。

＊：うんうん。私がもし、ジェンダーの話を聞きたいって言ってたら、どういう話をされてたんでしょうか？

B：だからー、ある程度はほかの面もわかってもらおうとしたかもしれないけど、たぶん、この限られた時間のなかで、たとえば、こう、三時間なら三時間、がっちりジェンダーの話を聞きたいと思ってここまで来てる人に、別の話ばっかりしても、それは失礼だから（笑）。

＊：ジェンダーの話が聞きたいですって言ってたら、どういう話、たとえば具体的に、どういう話になってたんでしょうか？

B：うーーん、たとえばー、うーん、女性としての楽しみみたいなものを、やっぱり、この体によって、ずいぶんそがれてる部分があるとかね。たとえば、けっこう、おしゃれとかしたいっていうようなのがすごいある方なので。でも、服装とか、すごい限られてくるんですね。たとえば、エステとかね、行けないんですよ。やっぱり。行きたくても、行ってみたくても、この顔はこの顔だねって思われそうで行けないし。メイク教室も同じ意味で行けないし。

（中略）

＊：あーー、なるほどー。私のもともとの関心は、そのー、女性にとっての外見の問題みたいなところにあって、でも、調査を重ねているうちに、ジェンダーだけで、たとえば顔にあざがある方の問題を考えるのがちょっと狭すぎるというふうに／／B：うん、うん／／自分の視点をちょっと置きなおしたようなところがあるんですけど。

B：まぁ、語りきれないですよね。ジェンダーの問題だけでは。当然。

このやり取りからわかるのは、調査者の問題関心やアイデンティティがインタビューで語られる語りを条件づける可能性であり、調査の目的に対してひじょうに意識的であるインタビュー対象者の姿である。Bさんは、私がそれまでに書いたものから、私の問題関心はジェンダーにあると理解していたのであろう。また、私が新幹線で片道四時間かけてインタビューをしにやって来ることを知っていたBさんは、〈遠くからわざわざやって来る学生の役に立つ話を〉と配慮してくれたに違いない。「ジェンダーの話を聞きたいと思ってここまで来てる人」という言葉は、Bさんが想定した私のアイデンティティを端的に示している。

Bさんによれば、インタビューで何を語るかは「相手の興味」に依存している。「ジェンダーのことにしか興味がない」相手にはジェンダーの話題を取り上げるしかないのであり、「ジェンダーの話を聞きたいと思ってここまで来てる人」にその話をしなければ「失礼」にあたるのである。しかし、それは語り手の語りからジェンダー以外の「ほかの面」が排除されることを意味する。Bさんによれば、「ジェンダーのことにしか興味がない」相手には、化粧やヘアスタイル、ファッションなどの「女性としての楽しみ」の制限や「恋愛観」などのトピックを中心に語るという。だが、こうしたトピックについて聞いただけでは、Bさんの問題経験の一部しか理解したことにならない。詳しくは第4章でみたように、Bさんの問題経験には「女性としてのコンプレックス」と「(女性である以前の)人としてのコンプレックス」の二つが密接に関係しているのであり、まさしく「ジェンダーの問題だけでは語りきれない」ためである。

「ジェンダーの問題だけでは語りきれない」。これは実を言うと、顔にあざのある女性たちへのインタビュー調査をはじめて間もなくの頃、ユニークフェイスのある男性メンバーにもかけられた言葉である。ジェンダーの視点で異形の女性たちの苦しみを考えたいという私の問題関心について話すと、彼は私にそう言ったのである。しかし、当時の私は〈彼が男性だから、そう思うのだ〉と、彼の意見をほとんど気にも留めなかった。Bさんへのインタビューを通じて、異形をジェンダーの視点からのみとらえようとしていた私の想定の性急さと、調査者の構えが語り手の語りを大きく制約することを改めて実感したものである。もし私がジェンダーに固執していたとしたら、Bさんの問題経験の核心にある「人としてのコンプレックス」に関しては、まったく語ってもらうことができなかっただろう。

ここで述べたいのは、語り手の語りを左右しないためにも、調査者は特定の問題関心やアイデンティティを提示するべきではないということではない。調査の目的の説明や調査者の自己紹介がどれほど簡素なものであっても、何らかの情報を語り手に伝達している。とするならば、どのような問題関心やアイデンティティの提示も、それ自体を考察の対象にするべきである。

第6節　批判の回路を内蔵するインタビュー調査

顔にあざのある女性たちは、〈美しくない顔〉であることでどのような苦しみを生きているのか。これが研究をスタートさせたときの問いであった。しかし、いくつかのインタビューを実施し、その過程を分析することを通して、顔にあざのある女性たちの問題経験を〈普通でない顔〉であるがゆえのそれとしてとらえなおすようになった。同時に、研究の出発点の問いは修正を迫られることになった。

第3節では、Eさんの障害者との対比の語りに出会った際、社会学的知識を参照しながら彼女の認識を〈ひとりよがりだ〉と判断したことを述べた。このとき私がしていたのは、Eさんのリアリティ定義の排除であり、クレイム申し立ての無効化ではなかっただろうか。まさに、ロウスキが指摘したような専門知による当事者の経験の無視といえる。問題経験の語り手としてのEさんに注目するならば、自己の問題が周囲の人々に否認されるという問題経験を語っている場で、その問題経験の語りが聞き手に否認されるという、二重の排除がなされていたことになる。もちろん私は、相互行為過程においてEさんの障害者との対比の語りを静止したり、真っ向から批判したりするようなことはしていない。しかし、クレイムは相互行為過程のうちにあり、クレイムの構築には語り手と聞き手による〈いまここで起こっているのはクレイム申し立てである〉というリアリティ定義が必要であることをふまえれば（草柳 2004）、Eさんの語りを〈見当違いな意見〉と定義した私の行為は、クレイム申し立ての無効化といわざるをえない。

問題経験の語りの否認という観点からすると、特筆しなければならないのはDさんへのインタビューである。Dさんへのインタビューは、私が実施したほかのインタビューとは決定的に異なる位置にある。それは、インタビューに先立ち、私がDさんに対してどのようなアイデンティティを提示したかという前置きの作業に深く関係している。インタビュー調査の依頼をした際、Dさんから調査目的を尋ねるメールが届いた。依頼をした時点で、簡潔にではあるが調査の目的や方法については説明していたので、Dさんが聞きたいのは調査目的そのものというよりは調査者である私の意識や立場ではないかと考え、返信した。その返信メールには、外見をめぐる問題経験を研究テーマに選んだ背景には、女性にしてはとても毛深いという自分の悩みがあることや、自分と同じように外見に劣等感を抱えている人の話を聞きたいことを書いた。つまり私は、研究者としてのみならず、ある意味では〈異形の当事者〉としてもアイデンティティの提示をしたわけである。異形の当事者を名乗ることでDさんに共感してもらい、どうしてもインタビューを承諾してほしかったのだろうか。もしくは、まだ見ぬ他者に打ち明けてしまうほど、当時の私は劣等感でがんじがらめになっていたのだろうか。今となってはどちらが真相なのか判断のしようがないが、〈異形の当事者〉という私のアイデンティティ提示が、Dさんの語りを規定したことは確かである。たとえば、第一回目のインタビューでは、次のような場面がしばしばみられた。

D：西倉さんは、でも、そんなに気にならないんですか？

＊：……（しばらく考える）。ユニークフェイスの方とお会いしてすごく感じたのって、自分の顔と向きあってるっていうか、向きあわざるをえない環境にあるからだと思うんですけど。たとえば、今でこそお化粧なさってるけど、子どもの頃はしていなくて、否が応でも視線受けたりするじゃないですか。だと、自分の顔はどうして見られちゃう顔なのかなーって考えますよね。だから、すごく自分のそういう顔と向きあってるなぁと思ったんですけど。でも私って、その、隠し通せることだから、私はあんまり自分［の劣等感］と向きあってこなかったんだなぁっていうのがすごいわかって。

D：同じですよ。化粧してれば、いわゆる普通の一般の、あのー、カバーマークで隠れればだけど、なんとなく普通にやり通せる。だからそのへんで楽な方に流れていってしまって、ちゃんと、こう、対面してこなかったというふうに私も思っていて。

これは、Dさんが私を〈異形の当事者〉とカテゴリー化したうえで、私に当事者としての語りを促した場面である。自分を聞き手とみなしていた私は、聞き手と語り手の役割が逆転したことに居心地の悪さを覚えながらも、自分の考えを率直に語っている。「（私も）同じですよ」というDさんの言葉からは、Dさんと私のあいだに〈異形の当事者〉としての認識の共有がみられたことがうかがえる。これについては、次のやり取りにも注目しておきたい。

＊：病気っていう意識はあるんですか？　Dさんの場合？

D：ううん。

＊：ないんですよね？

D：ありますか？

＊：病気っていうのはないですねぇ。なんか、一応「普通」って言われる体っていうのがあって、そこから外れてるっていう意識があると思うんですけど。自分のなかで。

D：あります、私もあります。やっぱり、そこから外れてるっていうのは、人間にとっては不安感みたいなのは生じるのかなぁ。

＊：ああ、うん。劣等感っていうか。

D：劣等感ねぇー。そうねぇー。

ここからは、Dさんと私の両方が、自分の外見を「病気」ではないが「普通から外れている」と認識しており、それによって「不安感」や「劣等感」を抱えていることがわかる。しかし、Dさんと私とのあいだに認識の共有がみられることに気がついたのは、ずいぶん時間が経過したのち、インタビューを再度検討しなおしたときであった。第一回目のインタビューにおける私の発話をすべて書き起こさなかったせいもあり、当時はDさんが語った内容にばかり目が向き、Dさんと私との相互行為にはほとんど注意を払っていなかったのである。必然的に、インタビューの展開において生じたDさんと私との認識の共有には気がつかなかったわけである。

Dさんへの第二回目のインタビューでは、女性としての劣等感について集中的に質問を重ねた。第一回目のインタビューでDさんが「自分を美しいとは思わない」と語っていたため、外見の美醜をめぐる女性としての劣等感についてもっと聞かせてほしかったのである。ところが、私のねらいとは裏腹に、これに関するDさんの語りはまとまった形では聞くことができなかった。インタビューの終盤、女性としての劣等感についての語りを期待して、私がなかば強引に話題を転換する場面がみられた。次に引用するのは、顔にあざがある「つらさ」を語ったDさんに対して、そのつらさに男女差はあるのかどうか私がたずねたくだりである。

＊：それって、あのー、なんだろ、男性と女性の違いとかって、あると思われますか？
D：［あざが］気になるってことに関して？
＊：あ、はい＝
D：＝ないと思う。同じだと思う。
＊：あの、どうしても、私なんかが思ってしまうのは、なんだろうなぁ、自分のことも含めてだけど、
　女ってすごく見た目が重視されるっていうのがどうしてもあって。で、男の人だったら、ほかに、見

た目以外にも、評価してもらえるところってたくさんあるじゃないですか。たとえば、結婚するときだったら仕事とか＝

D：＝収入とか学歴とか（笑）。

＊：うんうん。でも、今だんだんそうじゃなくなってきてるのかもしれないけど、でも女性の場合、見た目ってすごく大事じゃないですか。

D：うん。男性よりは、うん。

＊：ユニークフェイスの方って、みなさん、男性と女性の違いはないっておっしゃるんですよね。だから、どうしてそう思われるのかなって思ってお聞きしてみたんですけど。

D：うーん。どうしてかなぁ。（……）気になるっていう、本人がそのことを気になるという意味では全然変わらないと思うのね。だけど、あの、ユニークフェイスとそうでない顔、顔に全然傷とかがない人、そういう人の違いっていうか、あの、あのいわゆるユニークフェイスでない人は、あの、男性と女性とくらべたら、やっぱり女性の方が美人だともてはやされるっていうか。うん。そういうのがあると思うんですよ。男性はそんなに美形じゃなくっても、別に、あの、もてはやされないとかそういうのじゃない。そういう場合は本当にそうだと思うけど、でも、ここの一線を超えたユニークフェイスっていう、いわゆる容貌を持っている場合は、うーん、男性の場合でも、やっぱり、明らかに就職差別受けてますし。

ここでDさんは、「ユニークフェイスでない人（＝異形ではない人々）」においては外見が占める重大さにジェンダー差があるが、異形の人々においてはそうした差はなく、ゆえにつらさにも違いはないと語っている。こうしたなか、第2節で検討したように、自分の考えにDさんを同意させるべく、私はさまざまな手法でインタビュー過程を統制したわけである。

このインタビューを最後に、Dさんへのインタビューは実現できていない。Dさんに再インタビューを依頼するメールを送ったところ、今は人に話すよりも、自分と向きあう時期だと思っているという内容の断りがあった。残念ではあったが、Dさんにとって今はそういう時間が必要なのだろうと理解し、当時はこの断りについて取り立てて気に留めることはなかった。しかし、インタビュー対象者による調査者のカテゴリー化をふまえて考えると、調査の過程がまったく違う様相をもって立ち現れてくる。第一回目のインタビューでは、Dさんと私が〈異形の当事者〉という共通のアイデンティティのもと、自分の外見は「普通から外れている」という認識を共有していたのであった。ところが第二回目のインタビューでの私は、前回のインタビューで共有された認識を忘れ去ったかのように（実際には〈忘れた〉のではなく、インタビューのある局面で認識が共有されたことに〈まだ気づいていなかった〉のであるが）、〈美から外れている〉存在としてDさんをカテゴリー化し、インタビューを進行させようとしていたのである。

坂本佳鶴恵は、差別とマイノリティに関する論考のなかで、語り手の「沈黙」を「発話のレベルで語ることができないという現象（狭義の沈黙）、『語る－聞く』という相互作用が成立しないという現象（無視）、聞く側が異なった聞き方をしているという現象（誤解）」（坂本 2005: 233）の三つのレベルに分類している。この知見を参照すると、インタビューが二度実施できたという意味では、Dさんは語る言葉を持っていたのであり、また相互作用も形式的には成立していたことになる。しかし、私が強固に保持していた構えゆえに、聞き手が何をどのように聞くかというレベルの問題が生じていたのである。Dさんにしてみれば、程度や種類は違っても、同じ〈異形の当事者〉として話が通じるはずが、実際にはまったくわかってもらえないために、以後のインタビューを拒否するという形で「沈黙」せざるをえなかったのではないだろうか。

「顔にあざがあることで、これまでの人生においてどんな経験をされてきたのか、聞かせていただけませんか」。インタビューが実現できたのは、DさんやEさんがこうした依頼に応じてくれたことによる。まさに〈問題経験を語る－聞く〉ことが媒介となったはずの関係において、〈問題経験を語る－否認する〉というやり取りがなされていたのである。これを、調査者が行使する権力の問題として検討することは可能であり、また重要である。調査者はたえずインタビュー過程を統制しており、語りを解釈するのはあくまでも調査者の側である。その意味で、インタビュー調査には、調査者と対象者の非対称性が本質的にはらまれているといえる。しかし、ここで主張したいのはこの問題ではない。

結果的にDさんやEさんのリアリティ定義を排除し、クレイム申し立ての聞き手となることができなかった私が、自分のおこないに気がついたのは、Aさんの「実際に赤あざをつけて歩いてみて」という言葉がきっかけであった。「聞き取り調査は、その調査方法のなかに、被調査者が直接、調査や調査者にたいする批判をおこなうことができる回路を内蔵している」（三浦 2004: 214）。Aさんは、この回路を通して調査者である私にクレイム申し立てを聞きとめる「感受性」[10]を要求し、インタビューに先立つ想定が適切ではなかったことを教えてくれたのである。

■注

（1）本書の主題は顔にあざのある女性たちの問題経験なのであるから、それについての研究結果を提示すればよいのであり、結果へと導いた過程の反省的考察は必要ではないという見方もあるかもしれない。しかし、どのような経過をたどって結果へと到達したのか、調査過程それ自体を検討対象としなければ研究過程の妥当化は担保できないのであり、それを実践しないことはライフストーリー研究としてはむしろ大いに問題なのである。

（2）ただし、日本と韓国で美容整形を受けた女性にインタビュー調査を実施した川添裕子によれば、韓国では「美しくなりたい」という動機が圧倒的であるのに対し、日本では「普通になりたい」と希望する人も少なくないという（川添 2001, 2003）。美容整形を「身体の正常化」（Foucault 1975=1977）と位置づけるこうした見方は、女性にとっての美容整形をジェンダーと人種や年齢といった多様な差異が複雑に交錯しながら「正常」な身体が構築される過程として分析している（Kaw 1993, Haiken 1997=1999）。

（3）「相手からストーリーを誘い出そうとするワーク」は、好井のいう「語らせるワーク」のひとつであろう（好井 2000）。桜井によれば、私たち調査者はストーリー領域内で「語らせるワーク」に従事することで、語り手のライフストーリーの展開を促しているのである（桜井 2002）。

（4）一九八〇年制作のアメリカ映画。デイヴィッド・リンチ監督。一九世紀のロンドンを舞台に、ほぼ全身に及ぶ腫瘍のため「エレファント・マン」とよばれた青年ジョゼフ・メリックの半生を描いた。

(5) 松本によれば、異形が「疾患の文脈」ではなく「魅力の文脈」で語られてきたことが、異形の人々の心理的苦痛や社会的困難がこれまでほとんど認識されてこなかったことに関係している(松本 2006)。
(6) 第3章でも指摘したように、Aさんは石井政之の著書を何冊か読んでおり、そこから少なからぬ影響を受けている。
(7) 二〇〇三年制作のアメリカ映画。エドワード・ズウィック監督。明治維新直後の日本を舞台に、南北戦争の英雄で明治新政府に軍隊の教官として招かれたネイサン・オールグレン(トム・クルーズ)と、政府に反旗を翻す勝元盛次(渡辺謙)との交流を描いた。
(8) 二〇〇三年一月、視覚障害者団体が「だるまの目入れのイベントは、両目がなければ不完全だという偏見を助長することになりかねない」と訴え、当選祝いの定番となっている「だるまの目入れ」を見直すように与野党各党に申し入れた(『毎日新聞』二〇〇三年一月二五日)。
(9) もちろん、本書は障害者の問題経験を否定するものではないし、障害者と顔にあざのある人々が抱える問題との比較を目的としているわけでもない。本書では、顔にあざのある女性たちが障害者との対比を用いて自己の問題経験を語ることを注目すべき現象ととらえ、そうした語り方を検討の対象としている。山田富秋は、調査過程のエスノグラフィに求められるのはたんにインタビューの相互行為過程を詳細に記録することではなく、「調査者である自分が獲得した当該フィールドの常識的な背景知を、自己の調査過程をリフレクシヴにたどることによって、読者に提供しながら解釈を示すことである」(山田 2005: 45)と指摘している。障害者を引きあいに出す語りは、まさしく私が調査過程を通じて得た語り手のローカルな文化である。
(10) 水津嘉克は、社会的相互作用における排除を議論する際、社会学者には「逸脱(排除対象)カテゴリーを付与された対象に対して一方的に強制されているある種の認識の「覆い」をはぎ取り、それを越え出てくる彼らの(我々の)『個人的現実』を正当なものとして受けとめることができる『感受性』」(水津 1996: 346)が必要とされると指摘している。

終　章

問題経験を軽減するために

社会的認知と対面的相互行為に注目して

顔にあざのある女性たちのライフストーリーにアプローチし、その問題経験を描き出すこと。これが本書の課題であった。第3章から第5章では、三名の女性のライフストーリーを再構成し、彼女たちが経験してきた問題とそれへの対処法を時間の経過のなかで把握することを試みた。第6章では、これらの分析をふまえ、彼女たちの問題経験を「否定的な自己認知」「対面的相互行為の困難」「ライフステージごとに直面する困難」「家族関係の困難」「社会的認知の不足」として整理した。

では、顔にあざのある女性たちのこうした問題経験を軽減していくには、どのようにすればよいのだろうか。これが本書で考えたい最後の問いである。顔にあざのある女性たちの問題経験は多岐に渡っており、すべての問題について軽減策や改善策を講じることは本書の力量をはるかに超えている。また、カムフラージュメイクによる否定的な自己認知など、（本書が現実を見るためのツールとして用いてきた）社会学の枠内では対応するのが難しい問題も少なくない。そこで本書では、社会的認知の不足と対面的相互行為の困難に限定してではあるが、顔にあざのある女性たちの問題経験を軽減するための方法を検討していきたい。

第1節　異形という問題の可視化のために

まず、異形という問題に対する社会的認知の不足を改善するための手だてを考察する。これは言いかえるならば、社会の認識によってこれまで覆われてきた異形の人々の問題経験を可視化していくための方策を練ることを意味している。

Bさんの自己の問題経験への対処法のひとつに、セルフヘルプ・グループの活動を通じたクレイム申し立てがあった。それは、自分が経験している問題の原因を社会に帰属させ、その変革を求めていくという対処の方法であった。しかし、第4章で確認したように、セルフヘルプ・グループに参加する以前のBさんにとって、自分が経験している問題を他者に向けて表明することも、それを社会のあり方と結びつけてとらえることもけっして容易ではなかった。というのは、たとえ問題を語ろうとしても、「世の中には手や足のない人だっているのに、たかだか外見のことぐらいで」「五体満足な身体に不満を抱くのはぜいたくだ」などと、周囲に問題をそれとしてとらえることを否定されたり自己の問題を表明しようとするBさんのふるまい自体が「問題」とみなされたりしてきたためである。

注目したいのは、Bさんの問題経験の否定にしても、Bさんのふるまいの問題視にしても、その際に身体障害（者）への言及がなされているという点である。身体障害者が経験している問題にくらべれば、顔にあざがあることなど「問題」とは言えない。にもかかわらずそれを「問題」として騒ぎ立てるのであれば、その人の心理やふるまいにこそ「問題」がある、というわけである。つまり、身体障害と比較されることで異形の人々の問題経験は過小評価され、結果的に存在しないものとされてしまうのである。

こうした困難に際して、自己の問題経験をどのように社会的に可視的なものにしていくかをめぐっては、異形の人々のなかでも立場の相違がみられる。以下では、（1）異形を〈障害〉に包摂するという方法、（2）異形を〈障害〉から切り離すという方法について紹介し、そのうえで本書の見解を述べたい。なお、ここでの〈障害〉は「機能制約 functional limitation」の意味で用いる。

1　異形を〈障害〉に包摂するという方法

顔に海綿状血管腫という腫瘍をもつ藤井輝明は、異形の人々を「容貌障害者」とよび、みずからもそう名乗っている（藤井 2005, 2006, 2008）。この言葉にどのような意図を持たせているのか、顔に疾患や外傷があることはどのような意味で「障害」なのか、藤井の記述はあまり明快ではない。そこで以下では、「容貌障害」という問題に対する藤井の認識を掘り下げていく作業を経由して、彼がこの言葉に込めた意味をたぐりよせてみたい。

藤井によると、現代日本では、身体障害や精神障害、アルコール依存症やひきこもりなどの諸問題は社会にその存在を認知され、多くの研究や援助の取り組みがなされている。しかし、「容貌障害」という問題を取りまく社会の現状は、これらとはあまりに対照的である。身体障害者や精神障害者と「容貌障害者」とが置かれた状況の違いを浮き彫りにするべく、藤井は次のように述べている。

顔面や身体表面に疾患・外傷のある人たちとその家族は、依然として、社会からの差別・偏見・蔑視にさらされています。そして、容貌障害を抱えた人たちは、自分の問題は身体障害者や精神障害者たちが直面している問題に比べれば、それほど重大ではないのだから、悩んでいる自分が弱いのだとして、外部への支援を求めないことが多いのです（藤井 2005: iii）。

私のように、アザやヤケド、傷など顔に障害を持つ人は日本に大勢います。しかし、福祉関係の法律を見ても「容貌障害」という言葉は出てきません。社会の中にも、容貌の問題は障害であるという認識は薄いようです。（中略）マスメディアの影響について、メディア自身も社会も鈍感です。精神障害者や身体障害者に対しては、メディアもすごく神経を使っていますが、容貌障害者については、認知すらされていないのです（藤井 2005: 114-115）。

藤井の問題意識の核心にあるのは、「容貌障害者」が直面している困難と、「容貌障害」に対する社会的認知のあいだにある果てしないギャップである。「明確に偏見、差別、蔑視があり、『生きづらさ』がある」（藤井 2008: 22）にもかかわらず、それらが社会的に俎上に載せられることはまったくなく、藤井自身も「なんだ、顔のことぐらいでガタガタ言うな。もっとつらい病気や障害のある人は、世の中にたくさんいるぞ」（ibid: 18）といった言葉をかけられてきた。「容貌障害者」は、周囲の人々に「もっとつらい病気や障害のある人」（＝身体障害者や精神障害者）と比較されることでみずからの生きづらさを過小評価してしまい、これまで声を上げることができないできた。そのため、「容貌障害」に対する社会的認知が向上することはなく、必然的に「容貌障害者」のための社会的支援や専門的援助がなされることもなかった。事実、「容貌障害者」に対しては「身体障害者福祉法」や「障害者雇用促進法」に相当する法制度は何も用意されておらず、彼らを専門とする臨床心理士やカウンセラーも皆無である。つまり、社会の側が「容貌障害者」の生きづらさを理解していないため、彼らは今なお「少数派にもまだなっていない孤独者、孤立者」（ibid: 182）であり続けており、「容貌障害」への社会的認知は低くとどまっているという悪循環がみられるのである。

藤井は、「容貌障害者」のなかにはこの言葉を嫌がる人もいるだろうし、(1) 自分もけっして好きではないと断っている。なぜなら、「障害（者）」という言葉は「余計なもの」「普通ではない」といったネガティヴな意味を想起させるためであり、メディアが障害者について流布してきた

「かわいそう」「気の毒」といったイメージがまとわりついているためでもある。こうしたネガティヴで手垢にまみれた意味やイメージに絡め取られるのを拒否するべく、藤井が主張するのは「病気や障害やハンディキャップは個性である」（藤井 2008: 172-173）という立場である。海綿状血管腫をもって生まれたからこそできた経験や得られた出会いがあり、この意味でそれは「障害」でも何でもなく、ひとつの「個性」にすぎないというわけである。しかし、それでもあえて「容貌障害者」として名乗りをあげる理由について、藤井は次のように述べている。

見た目の問題によって、生活のしにくさや、生きづらさを感じながら暮らしていることは、否定しようのない事実なのです。（中略）世の中からいじめや差別をなくすためには、生きづらさを感じている私たち自身がまず、「これは障害である」と声を上げなくてはいけないと思うのです。まず、どういう病気があって、どういう不自由さを感じていて、どう生きにくいかを、当事者側からきちんと発信し、世の中の人たちに理解してもらわなくてはいけません（藤井 2008: 2-3）。

「容貌障害」をめぐる藤井の認識は、以下のように要約することができるだろう。「容貌障害者」は現に社会のなかで差別や偏見を受けて苦しんでいる。にもかかわらず、身体障害者や精神障害者と比較されることで、自分たちの生きづらさは軽視され、没問題化されている。これは不当きわまりない。そこで、すでに社会的に認知されている「障害」問題として自分たちの生きづらさを訴え、社会的支援や専門的援助を要求していくべきである。当事者のなかにも「障害」という言葉に違和感や嫌悪感を抱く人がいることは承知しているが、自分たちが経験している多大な生きづらさを考慮すれば、この言葉を用いることは妥当であるし、社会的支援や専門的援助を求めていくうえでも有効である。

つまり、藤井にとって「容貌障害（者）」は、自分たちの生きづらさを言挙げし、なおかつその解消を模索していくための言葉なのである。次のような記述からも、このことは明らかである。藤井によれば、海綿状血管腫もそこに含まれる血管奇形という疾患を「社会で暮らすうえでの障害のひとつ」（藤井 2008: 3）として主張していくことによって、特定疾患（難病）指定が受けられる可能性が出てくる。難病に指定されれば、社会的な認知度が高まるだけでなく、国の支援のもとで研究が進められ、有効な治療法が確立されるかもしれない。治療が可能になれば、差別や偏見に甘んじていることもなくなる。すなわち、「容貌障害を主張することで、容貌障害の呪縛から解放される日がやってくる」（ibid: 3）というのである。

2　異形を〈障害〉から切り離すという方法

藤井が提唱しているのが、「容貌障害者」という語彙を創造し、異形を〈障害〉に包摂するという方法だとするならば、Bさんが提示していたのは、異形を〈障害〉から切り離すという方法である。身体障害者と比較されることで自分が経験している問題を過小評価され、結果的にないものとされてきたBさんは、そのことに異議を唱えている。次に引用するのは第4章でも取り上げたBさんの語りであるが、ここで再度注目してみよう。

B：［身体障害と異形は］対比されるけど、別の問題だと思いますよ。対比するのは勝手だけど〃＊：あ〃全然、別問題だと思いますよ。

＊：というのは？

B：だから、機能的な問題と外見的な問題だから、こう、機能的な問題は機能的な問題。外見的な問題っていうのは、社会的な問題ですから。生理的な問題と社会的な問題、一緒に論じられるわけがないじゃないですか。

＊：うん。

B：フフフ。

＊：ああ、そういう意味で？

B：だから、ものすごいナンセンス。そういうこと言うのは。私に言わせれば。

＊：ああ。違うものなのに、比較して重いとか軽いとか？

B：うん、そうそう。だって、社会的な問題なんだもの。外見の問題っていうのは。完全に。

Bさんが示していたのは、身体障害は「機能的な問題」であるのに対し、異形は「社会的な問題」であり、性質の異なる問題を抱えている者の生きづらさを比較するのは端的に「ナンセンス」であるという認識であった。Bさんのいう「社会的な問題」には、次のような含意がある。成功率の低さや費用の高額さを考慮したうえで、Bさんは一六歳のときに治療をしないことを選択している。治療をせず、カムフラージュメイクもしていないために、幼い頃から「気持ち悪い」「早く整形手術しろ」などの罵声を浴びせられてきた。Bさんによれば、「この体のままでじゅうぶんに生きていけるはずなのに」、周囲がそれを否定的に評価したり、治療や化粧で隠すことを「強要」したりするのは「おかしい」。本人が「生まれたそのままの姿」で生きていくことを望んでいるにもかかわらず、社会がそれを受け入れないのだから、問われるべきは「受け入れない社会」の方ではないかと考えているのである。

多くの場合、異形は機能制約をともなうわけではない。(2) そのため、機能制約という観点から異形と身体障害を比較してしまうと、たとえば肢体不自由や全盲などの身体障害にくらべて異形は「取るに足らない問題」だという理解につながるのはごく当然であり、身体障害をもつ人の方がたしかに「大変な思いをしている」といえるだろう。これに対して、そもそも異形を「機能的な問題」として定義するべきではないというのがBさんの主張である。異形という問題は、他者からの見られ方、より正確に表現するならば、「普通とは異なる」という見られ方によって生じるという意味で、きわめて「社会的な問題」なのである。

Bさんによれば、異形が身体障害と比較されたり、異形の人々の生きづらさが機能制約という観点から計測されたりするのは、こうした社会的側面が見落とされているためである。異形と「機能的な問題」とを切り分け、それはまさしく「社会的な問題」であることが認識されない限り、異形の人々の問題経験を可視化していくことはできない。そのためBさんは、異形が身体障害の一類型とされて「機能的な問題」との違いがあいまいになってしまうことを危惧しているのである。つまり、あざのある人々を「受け入れない社会」をこそ問題の所在と解決の場所として主張していく必要があるため、Bさんは異形を〈障害〉から切り離すことを主張しているわけである。

3　本書の立場

ここまでの検討をふまえ、異形の人々の問題経験を社会的に可視化していこうとする際に、異形を〈障害〉に包摂するという方法をとるべきか、それともそこから切り離すという方法をとるべきか、本書の立場を提示したい。結論を先取りするならば、「容貌障害者」という言葉を足がかりに、異形を〈障害〉に含めていこうとする戦略は有効ではないというのが本書の主張である。

二つの立場の共通点と相違点

「容貌障害者」と自己定義し、異形を〈障害〉の一類型として定位しようとする藤井と、異形は「社会的な問題」なのであるから機能制約とは明確に区別するべきであるとするBさんには、共有された問題意識もみられる。ここでは、少し迂回することになるが、「障害の社会モデル」という考え方を補助線として藤井とBさんの立場の共通点を確認したうえで、その相違点を明確にしていきたい。

立岩真也は、石井政之の著書『迷いの体――ボディイメージの揺らぎと生きる』（三笠書房、二〇〇一年）の書評において、「著者はときに、容姿・容貌の異なりをいわゆる『身体障害』からは分ける書き方をしているが、身体に関わることで不利益があるならそれは同じに身体障害、障害に関わる不利益として捉えようという考え方もある」（立岩 2001b）と述べている。ここで立岩の念頭に置かれているのは、「障害の社会モデル」であろう。従来、一般に広く受け入れられてきたのは、障害問題の原因を個人の身体に求める「障害の個人モデル」という考え方であった。これに対して社会モデルは、障害を個人的次元（＝インペアメント）と社会的次元（＝ディスアビリティ）とに切り分け、「障害問題の焦点をインペアメントからディスアビリティに移行させた」（星加 2007: 38）のである。目が見えないことそれ自体によって不利益が生じているのではなく、目が見えないと困るような社会であることによって不利益を被っているのだという考え方がこれにあてはまる。立岩が指摘しているのは、こうした考え方を異形という問題にも適用することができるのではないかということである。つまり、顔にあざがあることそれ自体によって不利益が生じているのではなく、顔にあざがあると困るような社会であることによって不利益を被っているのだと主張できるのではないか、というのである。

このように、障害の社会モデルを適用すると、異形の人々が被っている不利益をうまく説明することができる。そして、いずれも原因は個人の身体ではなく社会の側にあるという点では、異形の人々の不利益と身体障害者のそれとのあいだには違いはない。とするならば、異形を〈障害〉に包摂しようとする藤井は社会モデルに準拠しており、異形を〈障害〉から切り離そうとするBさんはその立場をとっていないということになるのだろうか。そうではない、というのが本書の見解である。

藤井とBさんの立場には、次の二つの共通点がある。ひとつは、異形の人々が直面している問題は社会的に形成されたもの、つまりディスアビリティであるという認識である。もうひとつは、身体障害者の生きづらさ（＝ディスアビリティ）と比較されることで、異形の人々が経験している生きづらさが軽視され、ときに存在しないものとされてしまうという問題意識である。しかし、このどちらをとってみても、解決策をどのように講じるかという点で、両者には決定的な違いがみられる。

まず、社会的に形成されたディスアビリティの解消方法について、藤井とBさんの立場を確認していこう。Bさんは、顔のあざを「普通とは異なる」と否定的に意味づける社会がもたらすディスアビリティについて、その社会的責任を追及しているのであった。手術やカムフラージュメイクをせず、あざのある顔で生きていくことを本人が望んでいるにもかかわらず、社会がそれを認めないとするならば、問われるべきは社会の側なのだ、と。藤井もまた、異形の人々が「社会からの差別・偏見・蔑視」(藤井 2005: iii)というディスアビリティに直面していることを指摘している。ここまではBさんと同じである。しかし、こうしたディスアビリティの解消に向けて藤井が提示しているのは、社会にその責任を問い、社会的解決を模索するという方向性ではない。藤井の「容貌障害」論のなかで追及されている社会的責任は、せいぜい国が難病に指定して治療法確立のために研究を後押しすることにすぎず、差別や偏見から解放されるためには、最終的には異形の人々自身が治療を受けることが必要なのである。

もちろん、藤井は難病認定をしたがらない社会やいまだ治療法の確立に至っていない社会の責任を追及しているのであり、この意味で社会モデルの立場をとっているという見方もできる。しかし、藤井が問題化しているディスアビリティは「社会からの差別・偏見・蔑視」であるということに注意しなければならない。つまり、社会の側の態度を問題の所在として告発しているにもかかわらず、その解決の場所として定められているのは、個人の身体なのである。インペアメントが治ればディスアビリティは解消されるという主張を展開している点で、藤井の議論は結局のところ障害の個人モデルに属する。

ただし、本書が主張しているのは、異形の人々の不利益を解消するには社会モデルの考え方のみが有効であるということではない。第6章で確認したように、インタビュー対象者のうち、自己の問題経験に対処するにあたって社会の変革を求めているのはBさんのみであった。ほとんどの対象者は、自分が経験している問題の所在が社会にあると認識しながらも、社会にその責任を問うことなく、きわめて個人的なやり方で対処しているのであった。本書が個人的な対処法を把握しようと試みたのは、それらが彼女たちの生きづらさの解消において大きな役割をはたしているためである。しかし、異形の人々の生きづらさ（＝ディスアビリティ）が不可視化されている社会の現状を問題化するにあたっては、個人モデルではなく社会モデルの立場を採用するべきであると本書は考える。藤井の議論を批判したのは、こうした認識が根底にあるためである。

次に、身体障害者（や精神障害者）の生きづらさと比較されることで異形の人々のそれが不可視化されるという問題の解決方法について、藤井とBさんの立場を確認していこう。藤井は、異形の人々の生きづらさへの社会的認知や専門的援助を獲得するために、それを障害者の生きづらさに匹敵するものとしてとらえ、異形を〈障害〉のひとつと位置づけている。これに対してBさんは、異形の人々が抱えている生きづらさに対する社会の認識の覆いをはぎ取るためにこそ、異形を〈障害〉から切り離すべきだとしている。社会の認識の覆いとは、Bさんに向けられてきた「世の中には手や足のない人だっているのに、たかだか外見のことぐらいで」「五体満足な身体に不満を抱くのはぜいたくだ」といった言葉に典型的にあらわれているような、〈機能制約の程度と生きづらさは比例する〉という思い込みである。こうした思い込みについてBさんは、機能制約と異形は「別の問題」なのであり、そもそも比較することはできないし、生きづらさに序列をつけるべきではないという立場をとっている。つまり、藤井とBさんの分岐点は、異形という問題に対する社会的認知や専門的援助を要求する際に、身体障害（や精神障害）という問題と比較してもその重大さが劣らない問題として求めるのか、それともそもそも比較のできない別の問題として求めるのか、というところにある。

ロバート・F・マーフィーは、健常者の身体からどれだけ逸脱しているかという評価基準にしたがって非健常者の身体を序列化するヒエラルキーの存在を指摘している（Murphy 1987=1997）。〈機能制約の程度と生きづらさは比例する〉という思い込みのように、私たちの社会においては、このヒエラルキーの下層に位置する人ほど生きづらさも大きいのだという見方が根強い。機能制約を持たない異形の人々は、このヒエラルキーのいわば上層に位置づけられており、そのため、生きづらさを過度に小さく見積もられてしまうのである。藤井が自分たちの生きづらさを可視化するためにヒエラルキーをあえて下降するという戦略をとっているのに対し、Bさんが選択しているのは、ヒエラルキーそれ自体を解体しようとする戦略である。機能制約と異形は異なる問題なのであるから、上下関係をつけることはできないし、そうすべきではない。これがBさんの主張である。

第7章では、顔にあざのある女性たちのライフストーリーにおいて、〈障害者との対比の語り〉が重要な意味を持っていることを確認した。たしかに、バリアフリーや障害者手帳にふれつつ「ハンディもあるのに、あざのある人は社会で守られていない」と不満を口にしたEさんや、視覚障害者と対照させながら「五体満足で身体的機能が悪いわけじゃないから、そういうふうに（＝「ハンディ」としては）世間ではとらえられてない」と異形の人々への社会的配慮の不在を訴えていたAさんは、機能制約とくらべても引けをとらない問題として異形を位置づけ、身体障害者へと同様の社会的配慮を要求しているとも解釈できる。しかし、彼女たちの〈障害者との対比の語り〉の含意を正確に読み取ろうとするならば、それは身体障害と比較しても重大さが劣らない問題として異形を理解してほしいということではない。なぜなら、Eさんが非難の矛先を向けているのは、執拗な視線や侮蔑の言葉、いじめや就職差別など、深刻な困難に直面しているにもかかわらず、制度や支援がまったく用意されていない社会の現状だからである。また、Aさんが疑問を投げかけているのは、（たしかに機能制約はないが）あざのある顔で社会生活を送ることがいかに困難をともなうか、思いを馳せることすらできない私たちの偏狭な視野に対してである。これらは、異形の人々が抱えている困難に目を向けてほしいという訴えではあっても、異形を機能制約に引けを取らない問題として認識してほしいという要請とはいえないし、ましてや〈障害〉ととらえるべきだという主張ではないことは確認しておきたい。

軽度障害者の生きづらさから見えてくるもの

異形の人々の問題経験を社会的に可視化させ、社会的認知や専門的援助を要請していくために、「容貌障害」という言葉を掲げることは、異形の人々にとってはたして得策だろうか。異形が身体障害の一類型とされれば、異形の人々はその困難に見合った社会的な認知や配慮を獲得することができるのだろうか。

ここで参照したいのが、軽度障害者が抱える生きづらさにアプローチした研究である。田垣正晋によれば、軽度障害者は自分が重度ではないことへの罪悪感を抱く場合があるという（田垣 2006）。軽度障害者のこうした感情の背景には、障害者問題というと、介助なしでは日常生活を送ることのできない重度障害者が暗黙に想定されてきたことがある。そのため軽度障害者は、たしかに健常者ではないが、重度ではないため「障害者」と名乗るのにも躊躇してしまうという「どっちつかずのつらさ」（田垣 2006: 54）を経験しているのである。秋風千恵も同様に、「健常者にも障害者にも定点を置けない軽度障害者」（秋風 2008: 65）の生きづらさを詳細に記述している。「障害の重さと生きづらさは比例する」という社会通念が支配的であるなかで、軽度障害者は障害者としてのアイデンティティを剥奪されるものの、かといって健常者にアイデンティファイすることもできないのである。

田崎や秋風が描き出した軽度障害者の困難を、「軽度障害説明・証明問題」として考察しているのがニキリンコである（ニキ 1999）。ニキによれば、軽度障害者はつねに「それでも障害のうちに入るの？」という周囲の視線にさらされている。事あるごとに「障害」を持っていることの説明や「障害者」であることの証明を求められるため、「ふだんから、いつ言われてもいいように言い訳をスタンバイさせておくのが癖になってしまう」という。しかし、「これだって障害です」という証明をしようとすると、健常者に受容されやすい障害者観を語るほかなく、必然的に自分の主観とは大きな隔たりができてしまう。

軽度障害者の生きづらさに関する先行業績をふまえると、異形を〈障害〉に包摂することの弊害が見えてくるのではないだろうか。つまり、異形の人々は、機能制約の軽重によってその生きづらさを計測するような考え方に巻き込まれてしまうのである。軽度障害者がまさしくそうであるように、異形の人々は「自分は機能制約があるわけではない」「そうはいっても五体満足である」という罪悪感を抱き、「障害者」と自己定義することに躊躇してしまうのではないだろうか。周囲の人々もまた、「障害といっても、ただ容貌に特徴があるだけではないか」という反応をみせることは想像に難くない。異形の人々は「これ（＝異形）だって障害です」という証明を求められるだけで、結局のところ、障害者にアイデンティファイすることもできず、かといって完全に健常者にアイデンティファイすることもできないという隘路に入り込んでしまうのである。

つまり、異形を〈障害〉の一類型とする戦略を行使したところで、異形の人々の生きづらさが認識されるとは限らないし、社会的に可視化することにつながるわけではない。ひとりの人が機能制約と異形をあわせ持つ場合も、焦点は圧倒的に前者に置かれがちであるという指摘もあるように（倉本 2005）、機能制約と異形という問題が並列されると、後者は軽く見積もられてしまうのである。とするならば、顔にあざのある女性たちが問題経験として語っている身体障害者との比較、より正確には機能制約との比較による異形という問題の不可視化を再び招いてしまう結果にしかならない。

とはいえ、軽度障害者の生きづらさと異形の人々のそれには共通する点が少なくない。たとえば、倉本智明が指摘している軽度障害者の困難が「知られていないことのやっかいさ」（倉本 2006: 68）は、自己の問題経験が社会的に認知されておらず、認知されていないということがまさに生きづらさに直結しているような異形の人々が置かれた状況と近似している。倉本によれば、視覚障害者というと全盲の人がすぐに想像されてしまうため、弱視の人はその困難が理解されにくい。必要な援助が受けられなかったり、誤解されて人間関係がぎくしゃくしたりすることもあるという。異形の人々も同じように、日常生活のさまざまな局面で困難に直面していることが理解されにくく、それを言葉にしようものなら、周囲には「わがまま」「ぜいたく」などと受け取られてしまうのである。また、「障害の重さと生きづらさは比例する」という社会通念のもとで「自身の生きづらさを他者に計測されるかのような戸惑いや反発」（秋風 2008: 56-57）を覚えている軽度障害者は、機能制約は持たないという理由で生きづらさを過小評価される異形の人々と通じるものがある。しかし、このような共通点はあるものの、やはり機能制約による生きづらさと異形によるそれとは区別して考えるべきではないかというのが本書の主張である。〈身体が動かないこと（=functional limitation）〉に起因する問題と、〈容姿のあり方が異なること（=disfigurement）〉に起因する問題はそれぞれ別の問題としてとらえていく方がよいのではないだろうか。立岩は、機能制約すなわち「できる／できないこと」と「『姿・形』に関わる差異」（立岩 2002: 52）との違いについて、次のように述べている。

> ［「姿・形」と「機能」とは］相手にとっての必要・評価のあり方も同じで、自らにとっての逃れ難さも同じだとして、何が違うのか。それが「私」と関わるその関わり方が異なることがあるということではないか。例えば私はその私への評価が気になるのだが、容姿が評価される要素であるとき、それは自分に密着してあり、他の人とは代替できないものとして、あるいは代替したら意味がないものとしてあるなら、このことから逃れ難さが生じてくる。もちろんできることも私の意味、私への評価に関わってくるのだが、しかしそれは、本文に述べることが本当なら、かなりの部分はとり外すことができる。それは、すること（の少なくともかなりの部分）は本来は自分でしなくてもすむことだからだ。それに対して姿・形の場合はどうか（立岩 2004: 309,［　］内は引用者による）。

立岩が述べているのは、「できないこと」の多くは他者にやってもらったり別の手段を用いたりして代替可能であるが、「『姿・形』に関わる差異」はそういうわけにはいかないということである。たしかに、「できない」という事実自体は私から切り離すことができず、その意味では取り替えがきくとは必ずしもいえない。しかし、たとえば私が生産する物を欲する側からすれば、ほしいのはあくまでもその生産物であって、私の「できる／できない」が問題なのではない。別の人が同じくできるのであれば、私でなくてもよい。自分ですることについても、ほかの人や別の手段に委ねるのであれば、私ができる必要はない。身体が動かず何かができないなら、人にやってもらえばよいではないか。自分でできるにしてもコストがかかってしまうなら、人にやってもらっても同じ結果が得られるなら、それをするのは自分自身でなくてもかまわない、というわけである。すなわち、「私」と「できる／できないこと」は、かなりの部分は切り離すことができるのである。これに対して、「『姿・形』に関わる差異」は、人に代わってもらうことはできるだろうか。「私」と容姿のあり方は切り離すことができるだろうか。たとえば、私の容姿では他者と出会い、関係をつくっていくことができないという理由で、できるにしても多大なコストがかかってしまうという理由で、誰かの容姿と取り替えることはできるだろうか。もしできたとしても、それはもはや私と他者とではなく、その誰かと他者とのあいだになされた出会いであり、築かれた関係でしかない[3]。代替したら意味がないのである。このように、機能はさまざまに補うことができるのに対して、「『姿』『形』自体はその個人に残る」（立岩 2000: 93）。

ここまでの議論をまとめると、異形を〈障害〉に含めて考えることは、異形の人々の問題経験の可視化につながるどころか、むしろさらなる不可視化を帰結する恐れがある。とするならば、〈障害〉に包摂することなく異形という問題に対する社会的認知や専門的援助を要求していくことは、異形の人々の問題経験を可視化させていくうえで譲り渡すことのできない地点である。〈何かができない〉という問題と〈容姿のあり方が異なる〉という問題とを区別し、異形の人々は現実に多大な不利益を被っているにもかかわらず、それがまったくといってよいほど認識されていないことの不当性を訴えていく戦略がとられるべきである。

ただし、異形を〈障害〉から切り離すという戦略を選ぶことでもたらされる問題もある。本書では詳しく踏む込むことができないが、残された課題を指摘しておきたい。それは、障害認定なしには社会的サービスの対象にはなりにくいという問題である。とりわけ、労働市場からの排除やそれによって生じる経済的困難は、何らかの制度的枠組みがなければ解決が難しい(4)。異形を〈障害〉から切り離すという戦略に付随する問題については、今後さらに検討していく必要がある。

第2節 当たり前の相互行為をごく当たり前に

次に、対面的相互行為における困難の軽減策に考察を進めたい。カムフラージュメイクであざを隠しているAさんはおもにそれをはじめる以前の問題経験として、通りすがりの人から執拗な視線や無遠慮な言葉を投げかけられるといった対面的相互行為の困難を語っていた。また、カムフラージュメイクをしているが後遺症の膨らみまでは隠せないCさんとカムフラージュメイクをしていないBさんは、現在進行形の問題経験として同様の困難を語っていた。ここでは、顔にあざのある女性たちが経験しているこうした困難を軽減するための二つの方法について考察していく。ひとつは、顔にあざのある女性たちが相互行為を管理するという方法であり、もうひとつは、彼女たちと居合わせる私たちの側が相互行為を修正するという方法である。[5]

顔にあざのある女性たちが相互行為を管理するための方法としては、やはりカムフラージュメイクをあげないわけにはいかないだろう。繰り返し指摘したとおり、顔にあざのある女性たちにとって、カムフラージュメイクはけっして万能ではない。なぜなら、パッシングの過程で自己否定感に悩まされたり、他者との長期的かつ親密な関係が築けなくなったりするといった新たな問題を生起させるためである。しかし、見ず知らずの他者との出会い、とりわけ初対面に限定して考えるならば、カムフラージュメイクはその弊害よりも効果の方がはるかに大きい。Aさんが「見た目だけで避けられちゃうのは防げる」「イヤな思いをしないで生きていくうえでの必需品」と語っているように、カムフラージュメイクは異形が相互行為の展開や関係の構築を妨げないようにするために、そしてそこで経験するかもしれない苦痛を回避するために有効である。

現在の日本では、「メディカルメイク」「セラピーメイク」「リハビリメイク」などの呼び名のもと、いくつかの病院や化粧品会社がカムフラージュメイク・サービスを提供している。[6][7] しかし、サービスの利用者である異形の人々の観点からすると、既存のカムフラージュメイク・サービスは満足のいくものではないという（石井 2004, 石井・石田 2005）。その理由は大きく分けて二つある。ひとつは、異形を扱い慣れているメイク施術者が少なく、症状の特性や医学的知識を理解したうえでのサービスが提供されていないことである。もうひとつは、カムフラージュメイク業界に〈サービス〉という発想が欠落していることである。石井政之は、現状のカムフラージュメイク・サービスが抱える問題点を次のように指摘している。

カモフラージュメイクのサービスを提供しているメイクアップアーティストはまだ少ないのが現状です。しかし、まるで専門医にすがるように、カモフラージュメイクをするメイクアップアーティストに救いを求める当事者はあとを絶ちません。しかも、そのメイクに不満があったとしても、当事者（特に女性たち）はそのメイクアップアーティストにクレームを直接ぶつけることはないのです。（中略）［よってカムフラージュメイク業界では］「醜い顔で悩んでいるかわいそうな人をキレイにしてあげている」という温情主義が主流であり、それを見直して、当事者本位のメイクサービスをつくっていこうという動きは弱いと言わざるを得ません（石井・石田 2005: 204-205,［　］内は引用者による）。

言うまでもなく、どのようなメイクをしたいか決めるのも、仕上がったメイクを評価するのもメイク施術者ではなくクライアントである。しかし、カムフラージュメイク・サービスにおいては、施術者がクライアントのニーズを把握するための回路も、またそのニーズが満たされなかった場合のクレイムを聞きとめるための回路もうまく通じていないのが現状なのである。そのため、メイク施術者は自身の美意識を当事者に押しつけるだけでなく、クライアントが不満を抱えていることにさえ気がつかないできた。つまり、提供されてきたのは、〈当事者がなりたい顔〉ではなく、〈メイク施術者がきれいと考える顔〉だったのである。(8) 石井が主張するのは、〈クライアントがメイクをオーダーする〉という視点でカムフラージュメイク・サービスを見直し、再構築していくことである。[9][10]異形の当事者にとって、カムフラージュメイク・サービスが自己の問題経験を軽減するためにより利用しやすいものであることが求められる。

とはいえ、あざの範囲が広範であったり凹凸があったりするなどの理由で、カムフラージュメイクが使えない人もいる。使えるとしても、Bさんのようにカムフラージュメイクがもたらす効果よりも弊害を重視し、素顔で生きるという選択をする人もいる。[11]では、カムフラージュメイクに頼らないで相互行為を管理するための方法としては、どのようなものがあるだろうか。ここで参考にしたいのは、イギリスの慈善団体「チェンジング・フェイス（Changing Faces）」の試みである。チェンジング・フェイスでは、相互行為の困難を抱えている人々に対して社会的スキルをトレーニングするためのプログラムを実施している（Robinson et al. 1996, Clarke & Bernadette 1997, Clarke 1999）。このプログラムでは、第1章でも紹介した「脅かされ症候群」にもとづいて相互行為において直面するかもしれない困難を事前に認識し、そこで主導権を握るための手がかりを学習するのである。[12]一例をあげると、相手が詮索するような視線を投げかけてくることを想定し、先手を打ってほほえみを返すことで相手を安心させるなど、自分が不快にならないような反応を引き出すといったスキルがある。

実際、異形の人々の多くは、相手の否定的反応を予想し、自分が不快にならないためのさまざまなスキルを駆使している。たとえば藤井輝明は、外出した先で矢継ぎ早に突き刺さる視線に対し、笑顔でおじぎを返すという（藤井 2003, 2004, 2008）。そうすると、慌てて視線をそらす人や気まずそうにうつむく人がいるなか、つられて笑顔になる人やおじぎを返してくる人もいるという。これは、自分を不快にさせる視線を回避するだけでなく、見ず知らずの人をじろじろ見つめるという行為の非礼さを相手に気づかせたり、自分にとって気分のよい反応を相手から引き出したりするためのスキルである。

カムフラージュメイクと相互行為の主導権を握る社会的スキルはいずれも、顔にあざのある女性たち自身が対面的相互行為を管理し、そこでの苦痛を回避したり軽減したりするための方法である。これらには、相手の善意や援助をあてにすることなく自分ひとりで実践できるという利点がある。なかでも異形の人々が社会的スキルを駆使することは、相互行為のルールが明瞭ではなく、相手が異形の人々に対してどう反応していいかわからないでいる状況において有効である。異形の人々が「自分の立場を明確にし、態度によって相手の関心を顔の背後にある人格としての自分自身へ移す」（Macgregor 1979: 118）ことで、相手側の緊張や当惑を緩和することができるし、自信をもってふるまうことで相手からも好意的な反応を引き出すことができるのである。

しかし、顔にあざのある女性たちが対面的相互行為において経験している困難の軽減策や改善策を当人たちにのみ課すとするならば、そこには大きな問題が残る。それは、ディスアビリティの社会的責任を問わずにすませてしまうという問題である。A・クラークは、社会的スキルのトレーニングにまつわる「倫理的な懸念」（Clarke 1999: 132）について指摘している。障害の社会モデルが要請することのひとつに、マジョリティが「普通」や「標準」に必ずしも納まりきらない人々を受け入れるように差別的態度を改めることがある。クラークが提起しているのは、社会モデルに依拠するとき、社会的相互行為がうまくいくかどうかの責任を異形の人々に負わせるのははたして妥当なのかという疑問である。異形の人々の心理的・社会的困難に関する研究のパイオニアであるマグレガーは、およそ半世紀前、次のような文章でその著書を閉じている。「否定的態度や偏見によって顔の醜い人の障害の多くを作り出し、その上永続させる役をしているのは、大部分のそういうハンディキャップのない人々であることは記憶されねばならない」（Macgregor et al. 1953=1960: 206）。ここで思い出したいのは、スティグマは個人の属性ではなく関係のなかで生起する現象であるというゴフマンの主張である（Goffman 1963b=1970）。つまり、「たかだか皮膚の色に違った部分があるだけ」（Bさん）の状態が〈異形〉として立ち現れるのは、それを〈普通とは異なる〉と見なし、否定的な反応を差し向ける側がいるからなのである。にもかかわらず、顔にあざのある女性たちにカムフラージュメイクと相互行為の主導権を握る社会的スキルを課すだけですませてしまうとするならば、あざのスティグマ化という相互行為レベルの問題を、相互行為の管理能力という個人レベルの問題へとすり替えることになってしまう。彼女たちが相互行為を周到に管理しさえすれば問題は解決するのだといった短絡的な見方に陥らないためにも、相互行為の展開や関係の構築を妨げないようにするために私たちがすべきことを明らかにしておく必要がある。そこで次に、異形の人々と居合わせる私たちの側に求められる方法を検討していきたい。

顔にあざのある女性たち、そして異形の人々が経験している対面的相互行為の困難を軽減するために、私たちは何をするべきか。その答えは、当事者たちによってすでに示唆されている。ここで取り上げたいのは、石井政之がその著書『顔面漂流記——アザをもつジャーナリスト』の結びに記した次のような言葉である。

本書をよんでいただいた読者のみなさんにお願いがある。顔に「障害」[13]のある人を見かけたなら「好意ある無関心」で対処してほしい。「侮蔑をしない、じっと見つめない、だけど無視をしない」。もし、誰もがそのように異形の人と接するならば、私たちは生きやすくなる（石井 1999: 282-283）。

この「好意ある無関心」については、石井の著書から引用する形でAさんも次のように述べている。

Ａ：私としては、まったく知らない人や［あざのことを］まだ打ち明けてない人は、たとえば私が首に化粧をしてても、「好意ある無関心」で、そういうのでいてくれるのがありがたいんですけど。もちろん、すれ違う人とか知らない人も、見たとしても、なんか、知らん顔してくれるのが、それがありがたい好意なんですけど。

石井が読者に求めているのは、顔の異形はどうしても目に入ってしまうとはいえ、過度の関心（＝凝視、侮蔑）を向けないという対処であり、反対に過度の無関心（＝無視）を示さないという対処である。化粧で何かを隠しているのではないかと疑いを抱いたとしても、見知らぬ人にはあえて気がつかないそぶりをしてほしいというように、Aさんが望んでいるのも過度の関心（＝凝視、質問）を向けないという対処である。こうした対処とは、具体的にはどのようなものだろうか。

第6章第1節では、ゴフマンによる「敬意」というアイディアを参照しながら、顔にあざのある女性たちに向けられる凝視や無視を通常の相互行為の変形として理解した。そこでの考察をふまえると、〈過度の関心〉は、相手の領域を侵さずに一定の社会的距離を保つという「回避の儀式」の欠落を意味している。同じように、〈過度の無関心〉は相手に対する気づきや評価を伝えるという「提示の儀式」の欠落を意味している。つまり、私たちに求められている「好意ある無関心」（＝過度の関心でも過度の無関心でもない対処）とは、「回避の儀式」と「提示の儀式」をごく当たり前におこなうことである。視線の扱いについていうならば、これは「儀礼的無関心」というやり方をさしている。儀礼的無関心とは、「相手をちらっと見ることは見るが、その時の表情は相手の存在を認識したことを（そして認識したことをはっきりと認めたことを）表わす程度にとどめるのが普通である。そして次の瞬間にすぐに視線をそらし、相手に対して特別の好奇心や特別の意図がないことを示す」(Goffman 1963a=1980: 94) という方法である。つまり、石井やAさんが求めているのは、私たちが日頃ごく自然にやっていることにすぎず、〈変形〉している相互行為を通常の形に〈修正〉しさえすればよいわけである。

変形の修正など、そうたやすいことではない。顔にあざや傷のある人を見かけたら、驚いて無意識のうちに目がいってしまうのが当然ではないか。だからこそ、ごく当たり前のことをごく当たり前にこなすのが難しいのだ、という反論を返されるだろうか。そう思った読者には、顔を赤いマジックで塗って外出してみることを勧めたい。誤解のないように言っておくと、これはもちろん意地の悪い挑発ではないし、異形の人々の苦しみを身をもって理解してほしいというお願いでもない。そうではなくて、普段のあなたに差し向けられる視線や行為との違いを体験してもらいたいのである。

「ほんとに研究されるんだったら、顔を赤いマジックで塗って外を歩いてみてください」。第7章で取り上げたように、この言葉はインタビューのなかでAさんに投げかけられたものである。これは、クレイムの聞き手としての感受性に欠けていた私に対するAさんからの批判であり、「突き刺すような視線」を向けられる苦しみをじかに体感してほしいという私への要請なのであった。本当はあざのない私が化粧であざをつけたところで、当事者の苦しみを理解することなどできないのではないか。あざの化粧をちょっと試しただけで当事者の気持ちがわかったような気になるとすれば、それはあまりに傲慢ではないか。しかし、とりあえずやってみないのは調査者としての誠実さに欠けるのではないか。あれこれ考えをめぐらせるだけで、私はAさんに与えられた課題を何年ものあいだ放置してきた。突然やってみる気になったのは、私のなかで何らかの答えが得られたからではなく、カムフラージュメイクの技術を持った人と知り合いになり、赤あざの化粧をしてもらう機会に恵まれたためである。(14)

赤あざの化粧を試してみたものの、私はAさんの要請に応えられたわけではなかった。というのは、執拗な視線の対象になる苦しみを理解することはできなかったからである。もちろん、右頬に大きな赤あざの化粧をして外出したことで、侮蔑や同情に満ちた視線を投げかけられることもあったし、まるで私がその場に存在しないかのように徹底的に無視されたこともあった。しかしながら、赤あざのある顔は私の顔ではないため（なぜなら、顔を洗えば赤あざは消えてなくなってしまうのだから）、それに対する否定的な反応を私に向けられたものとして感じることができなかったのである。赤あざの化粧を決行した日はハロウィン前の最後の日曜日で、立ち寄ったショッピングセンターでは子どもたちによる仮装行列のイベントが開催されていた。私にとっての赤あざのある顔は、子どもたちの仮面やコスチュームと同じく、まさしく仮装であった。

この経験を通して私が理解したのは、赤あざのある顔に向けられる他者の視線や行為がどんなものであるかということである。じっと見つめる、見ないふりをして見る、いったん視線をそらしてまた見る、いぶかしそうな目つきで見つめる、避けて通る、隣の人にこそこそ耳打ちする、「なに、あの顔!?」とつぶやく、顔を見てのけぞる……。赤あざの化粧をしても、鏡に映さない限り自分には見えず、いつもと何ら変わりがない。にもかかわらず、通りすがりの人たちの反応は普段とはまるで違っていたのである。つまり私が身をもって経験したのは、顔にあざのある当事者の苦しみではなく、他者といつも取り交わしている視線や行為との歴然とした違いであった。そしてそれは、普段はお互いに払いあっているはずの敬意を他者から一方的に剥奪されるような相互行為なのであった。第6章第1節でも述べたように、これは誰にでも基本的には保証されているはずの権利を認められていないということであり、すなわち「『人間』として受け入れられていない」（坂本 2005: 64）ことを意味する。

顔を赤いマジックで塗って外出し、そのときに通りすがりの人から受ける視線や行為を、普段のあなたに向けられるそれらと比較してみてほしい。その視線や行為を、異形の人々と居合わせたときにもしかするとあなた自身が彼らに投げかけているかもしれないものとしてとらえ返してみてほしい。そして、儀礼的無関心によって関係しあうというたったそれだけのふるまいが、いかにお互いに「人間」として認めあうための要件であるかを認識してほしい。[15] 相互行為の〈修正〉の第一歩は、〈変形〉の程度を見定め、その〈変形〉が「人間」に何をもたらすのかを理解することからしかはじまらないのだから。

■注

（1）たとえば石井政之は、次のように「容貌障害」という表現に異議を唱えている。「『容貌障害』に含まれる語感は、好ましいと思われない。（中略）仮に『容貌障害』という表現が容認できるとしたら、そう呼ばれることで、医療などの公的サービスが改善されるときだろう。『認知症』と認定されることで、十分な介護を受ける機会が増える、というように。『身体障害者』と認定されて『身体障害者手帳』をもつことで、公的なサービスが受けられる、というように。しかし、ユニークフェイス当事者のために公的サービスが拡充されるという可能性はあるのだろうか。そして、その必要性が本当にあるのだろうか。議論すべきことは多い。だからこそ、『容貌障害』という表現には重大な異議を呈しておきたい」（ブログ「ユニークフェイス日誌」二〇〇六年九月一九日）。

（2）ただし、機能制約をともなう異形もある。たとえば、アルビノは視覚障害をともなうし、口唇・口蓋裂は咀嚼や言語に支障をきたす場合がある。実際、ユニークフェイスが対象としているのも、「機能的な問題の有無にかかわらず、明らかに『ふつう』と異なる容貌をもつ人たち」（松本ほか 2001: 8）である。

（3）安部公房『他人の顔』（講談社、一九六四年）に登場する主人公の「仮面の計画」がこのことを示唆している。液体空気の爆発事故によって顔一面にケロイド瘢痕ができてしまった「ぼく」は、顔を喪失しただけでなく、妻や職場の同僚たちとの関係もぎこちないものになってしまう。「他人との通路を回復する」ため、何よりも妻との関係を取り戻すために、彼は仮面の製作を計画する。プラスチック製の仮面によって「他人の顔」になりすまし、彼は妻を誘惑することに成功する。しかし、彼は妻との関係を回復するどころか、「仮面の男」の誘いに乗った妻の「不貞」に激しく心をかき乱されることになる。

（4）一九九〇年に制定された「障害をもつアメリカ人法（Americans with Disabilities Act: ADA）」の行政規則では、美容上の異形（cosmetic disfigurement）は障害として扱われている（McAdams et al. 1992）。一九九二年に制定されたオーストラリアの障害差別禁止法（Disability Discrimination Act: DDA）では、身体の一部の異形（disfigurement of a part of the person's body）は障害と定義されている（Jones & Marks 1999）。また、一九九五年に制定されたイギリスの障害差別禁止法（Disability Discrimination Act: DDA）では、重度の異形（severe disfigurement）は障害として扱われている（Doyle 1999）。

（5）これらが相互行為レベルで異形ができる限りスティグマとして立ち現れないようにしようとする方法だとすると、

顔にあざのある女性たちが経験している対面的相互行為の困難を軽減するためには、その場その場の相互行為を超えた「異形」というカテゴリーの文化的改変という別の方法も考えられる。こうした方法を構想するにあたって参照したいのが、社会構築主義的な着想によるフリークス研究である。R・G・トムソンは、フリークスに代表される「異常な身体 extraordinary bodies」が文化的・社会的に構築されるカテゴリーであり、周縁化された他者の産出と不可分であることを指摘している（Thomson 1997）。つまり、「異常な身体」という否定的な意味は、身体的差異そのものではなく、むしろ社会関係に起因している。ここでいう社会関係とは、「ある集団が、価値づけられた身体的特徴を所有することで正当化され、文化的・身体的に劣っているという役割を他者に体系的に押しつけることでみずからの優位性とアイデンティティを維持する」（ibid: 7）ようなものである。こうした社会関係が典型的にあらわれたのが、一九世紀アメリカのフリーク・ショーである。トムソンによれば、巨人、小人、身体障害者、毛深い人などの「異常な身体」と出会うフリーク・ショーは、観客が自分の身体は「正常」であるという確信を手に入れ、「自分は標準的なアメリカ人である」というアイデンティティを構築するための装置として機能したのである。トムソンはさらに、フリーク・ショーに関してもうひとつの読解を試みている。フリークスは、すぐれてアメリカ的である平等の理念を脅かす「変異」であると同時に、画一化からの自由を示唆する「驚異」でもあり、観客のまなざしは（フリークスからの）差異化と（フリークスへの）同一化とのあいだを揺れ動くという。フリークスは（トムソンの著書のタイトルでもある）“extraordinary bodies”の両義性を象徴するものであり、トムソンは「異常な身体」としてのフリークスから「非凡な身体」としてのそれへと、意味のずらしを企図している。トムソンが追求するのは、「フリークであること」を対抗的アイデンティティとして掲げうる可能性である。

トムソンが示唆したフリークスのアイデンティティ・ポリティクスについて議論を展開しているものとして、倉本智明の論考がある（倉本 1999）。倉本は、障害者プロレス「ドッグレッグス」や劇団「態変」を「差異派障害者運動」と位置づけ、こうした運動が含み持つ戦略を考察している。その戦略とは、健常者社会が障害者に対して付与した否定的な意味をいったんは引き受けながらも、一方的に意味付与する「あなたたち」にまなざしを返していくことで、そうした意味を最終的には無効化していくというものである。倉本によれば、一方的な意味付与の告発と、オルタナティヴな価値の創造という二つの課題をクリアすることで、障害者の身体はみずから差異化する身体となりうる。

こうした方法がありうるとはいえ、社会運動を通じた告発による「異形」というカテゴリーの文化的改変には多大な時間と労力を要する。文化的改変をまったく断念してしまうわけではないが、それよりも日常的な相互行為のあり方を工夫していく方が、顔にあざのある女性たちの問題経験を軽減するうえで現実的であろう。そのため本書は、相互行為レベルの調整・修正に考察を限定することにした。

(6) 世界ではじめてカムフラージュメイクを開発・販売したのは、アメリカ人女性のリディア・オリリーである（児玉 1967→2007, 仲川 1986, 石井 1999, 小井塚ほか 2006）。顔にあざがあり、就職に苦労してきたオリリーは、油絵の絵の具からヒントを得てあざを隠すためのファンデーションをつくりあげた。これに「カバーマーク」と名づけ、一九二八年にリディア・オリリー社を設立して化粧品の販売をはじめた。

日本で最初にカバーマークをしたのは、「原爆乙女」たちである（仲川 1986, 小井塚ほか 2006）。一九五〇年、ケロイド痕の治療のためアメリカに渡った二五名の原爆乙女たちは、ニューヨークのマウント・サイナイ病院で手術を受け、その後、五番街にあるオリリーの事務所でカバーマークの使い方を習った。一九五七年の『主婦の友』（新年号）には、このとき渡米したうちのひとりであり、帰国後に美容院を開業した女性の手記が掲載されている（大島鈴恵「アメリカの整形術と『カバーマーク』化粧法で蘇り美容院を開業した広島原爆乙女の手記」）。「原爆乙女」のケロイド瘢痕をめぐる苦悩やアメリカでの治療に関しては、中条（1984）が詳しい。

カバーマークが日本にもたらされるきっかけとなったのは、戦争孤児院「エリザベス・サンダースホーム」の創始者である沢田美喜である（仲川 1986）。外見のせいで差別に遭遇し、風呂で皮がむけるほど皮膚をこすっている黒い肌の「混血児」たちを目にして思い悩んでいた沢田は、ニューヨークで偶然オリリーの事務所を見つけ、子どもたちやオリリーと同じ悩みを持つ人々のためにカバーマークを輸入しようと橋渡し役を担った。日本に本格的にカムフラージュメイクが紹介されたのは、アメリカのオリリー社から派遣されたメイク施術者が一九六〇年の日本皮膚科学会で実演したことである（『毎日新聞』一九六〇年四月五日）。同年、日本オリリー社が設立され、カバーマークの製造・販売を続けている（二〇〇二年、カバーマーク部門が分離・独立し、グラファラボラトリーズ社となった）。

(7) イギリスでは、赤十字社が顔や身体にやけどや傷、あざなどのある人々がそれらを隠す技術を身につけるための「スキンカムフラージュ・サービス」を無料で提供している（Roberts 1985=1988, Rumsey & Harcourt 2005,

British Red Cross)。ケントは、イギリス赤十字社のスキンカムフラージュメイク・サービスを受けた患者を対象に、このサービスの効果を評価している（Kent 2002)。サービスを受ける前と四ヶ月後を比較したところ、社会的状況の回避が減退し、自信が増大するという効果があったという。

（8）石井は、西倉（2003）を引用しながら、ニーズをめぐるクライアントとメイク施術者とのあいだのディスコミュニケーションを次のように指摘している。

> 多くのメイクアップアーティストは「美の伝道師」であり、美しくなることの楽しさを共有したいと思って、顧客にメイクをする。顧客もまた「美を楽しみたい」と願っている「同志」であるという前提があります。ですが、ユニークフェイス当事者には、「普通の顔」をつくってほしいという、別のニーズがあります。そのニーズに対応するための、トレーニングを受けていないメイクアップアーティストは、当事者の反応に当惑するのです（石井・石田 2005: 213)。

異形の女性たちのニーズに注目してカムフラージュメイク・サービスを考察したものとしては、西倉（2006）がある。

（9）ユニークフェイスでは二〇〇四〜〇五年にかけて、カムフラージュメイク・サービスの向上をはかるため、カムフラージュメイクの専門家やそれをめざしている人を対象に「メイク塾」を開催した。当事者がメイクモデルとなり、メイク施術者が症状の特性や医学的知識、クライアントの心理やニーズ、そしてクライアントが満足するメイクを提供するためのコミュニケーション方法について理解を深めることが目的とされた（石井 2004)。「クライアントの立場からの今まで聞いたこともない辛辣な意見を聞くこととなった。クライアントの要求は、満足を得るということにおいて正当であり、ひたすら聞き続けて得たものは大きかった」（伊藤 2006: 32)。「メイク塾」へのメイク施術者によるこうした感想からも、これまでのカムフラージュメイク・サービスにおいてはクライアントが不満やクレイムを提示する機会がなく、そのためクライアントのニーズが潜在化してきたという問題が浮かびあがる。

（10）メイクの専門家によるカムフラージュメイク・サービスの反省的考察としては、伊藤（2006）がある。伊藤は、長年にわたるメイク施術の経験から、「クライアントの満足を得られない化粧はセラピーメイクではない」（ibid:

32）と主張している。伊藤によれば、カムフラージュメイクの施術者には、クライアントが希望する外見を提供できる「化粧技術」や多くの製品から症状に適したものを選択するための「化粧品に対する豊富な知識」のほか、クライアントが満足する外見を一緒につくり出していくための「コミュニケーション技術」が必要になるという。

（11）石井政之は、あざのある人間は就職できないのではないかと思い悩み、高校二年生ではじめてカムフラージュメイクをしたときの心理状態を、「男なのにメイクをしている後ろめたさ」（石井・石田 2005: 191）と表現している。現代日本では、少なくともファンデーションを塗るといった狭義のメイクは（ファッションとしてであれ、習慣や「身だしなみ」としてであれ）、女性のものと考えられている。そのため、「男なのに女のような顔をしている人間という、自己イメージに耐えられなかった」（ibid: 192）という石井は、素顔で生きていくことを選んだのである。本書では、異形の男性の問題経験を考察対象とすることはできなかったが、メイクをめぐるこうしたジェンダー差は今後のカムフラージュメイク・サービスのあり方を考えていくうえで無視できない問題である。そのほか、カムフラージュメイクをした男性の心理描写としては、雫井脩介の小説『虚貌』（幻冬舎、二〇〇一年→幻冬舎文庫、二〇〇三年）がある。

（12）チェンジング・フェイスでは、異形の人々が他者との出会いにおいて主導権を握り、そこで生じうる問題に対処するための八つの原則または手段を、それぞれの頭文字をとって「リーチアウト・モデル（REACH OUT model）」とよんでいる（表3）（Clarke 1999, Cooper 2000）。松本は、二〇〇二年と二〇〇三年にチェンジング・フェイスの

表3　リーチアウト（REACH OUT）

Reassurance	相手を安心させる
Effort	努力する
Assertiveness	積極的に主張する
Courage	勇気を出す
Humor	ユーモアをもつ
Over there!	話題をそらす
Understanding	理解を求める
Try again	あきらめない

（Clarke 1999 を参照）

実践を視察し、「チェンジング・フェイシーズ・ワークショップ日本版」を作成している（松本 2003, 2004b, 2004c, 2004d）。松本によると、ワークショップの参加者はまず、自分の内面と外面のポジティヴな面を評価するエクササイズをおこなう。次に、第1章で取り上げた「脅かされ症候群」をもとに、異形の人々が対人関係においてどのような困難に直面するのかを理解していく。さらに参加者は、実際の対人関係において異形にとらわれずにコミュニケーションをとることが可能か、グループ同士で話しあう。最後に、各自が日常生活のなかで困難に感じている場面を想定し、解決策を考え、トレーニングを実施する。

（13）注（1）のとおり、石井は異形を「障害」ととらえる立場をとっていない。『顔面漂流記──アザをもつジャーナリスト』においては、異形の人々のことを「顔に『障害』のある人」とよんでいるが、これは「ユニークフェイス」という表現が存在しなかった当時の「苦肉の策」であったという（ブログ「ユニークフェイス日誌」二〇〇六年九月一九日）。付された括弧からは、異形を「障害」とは慎重に区別したいという考えが読み取れるが、このときの石井は、自分自身や集団としての異形の人々を的確に表現する言葉をまだ持っていなかったわけである。ユニークフェイスの発足以降、「ユニークフェイス当事者」や「ユニークフェイスな人たち」といった表現ができるようになったのである。

（14）調査対象者の世界に入り込むことをめぐっては、黒人に姿を変えて被差別者の立場に身を置いたJ・H・グリフィンのルポルタージュ（Griffin 1961=2006）と、八五歳の老人として生活した工業デザイナーであるP・ムーアの体験記（Moore 1985=2005）から多くの示唆を得た。

（15）A・ギデンズは、儀礼的無関心をモダニティという匿名的状況のもとでの「信頼 trust」の根本をなすものととらえ、「儀礼的無関心の維持は、公然の場での見知らぬ人びととの通常の出会いの際に想定される信頼の、ごく一般的な前提条件のように思える。儀礼的無関心の維持がいかに重要かは、儀礼的無関心を欠いたり、侵害した状況を思い浮かべれば容易に理解できる」（Giddens 1990=1993: 104）と述べている。

エピローグ

外を歩いて、誰からも意地悪な言葉をかけられないというのはどんな気分だろう? お面をかぶるハロウィンと、マフラーで顔の下半分を隠せる冬場が、その答えを教えてくれる。出会った人は私の美しさが偽りであるとは気づかないが、マフラーを取ったらすぐにごまかしていたとばれてしまう。ばれないかとびくびくすることなく、自信が持てること――それ以上何を望もうか? 私を美しいと認めてくれたら、もう外見にわずらわされることがなくなり、みなから愛されるだろう。私は一人の人間となる。

――ルーシー・グレアリー『顔を失くして「私」を見つけた』

あとがき

トランスクリプトのチェックはインタビューの終了後あまり時間が経過しないうちに済ませていたものの、ライフストーリーの解釈をインタビュー対象者たちにフィードバックしたのは本書の出版が決まってからのことである。インタビューに何度もご協力いただいたにもかかわらず、なかなかまとまった研究成果を出せずにいたことをお詫びしつつ、書籍として発表するにあたって承諾をいただけるようにお願いした。承諾してくださった方には、私の解釈の誤りや不備があれば指摘してもらえるよう依頼した。

本書で取り上げたライフストーリーのなかには、二〇〇〇年に実施したインタビューで語られたものも含まれており、当時からすでにおよそ八年の年月が経過していた。フィードバックの過程でインタビュー対象者たちからいただいた感想やコメントのうち、私をもっとも悩ませたのは、「当時はそう話したけど、改めて自分の話した内容を読むと多少の違和感を抱く」といった内容であった。たしかに「当時の私（＝インタビュー対象者）の気持ちはよくとらえられている」ものの、「今の私」からしてみれば「違和感」を覚えるし、「今の気持ちとのずれ」を感じてしまうというのである。インタビュー対象者のなかにはこの数年のあいだに結婚や再婚、転職や独立、自分自身の病気や親の介護などを経験した方もおり、このような人生の転機を迎える前後では、過去の出来事や経験に対する意味づけはおのずと違ってくるであろう。そのため、解釈を抜本的に見直したり、インタビュー対象者の「今の私」の観点を書き加えたりする作業にかなりの時間を費やすことになった。修正や加筆という方法では「今の私」の「違和感」をもはや解消できないという理由で、何人かの方にはライフストーリーの使用を断られることもあった。

もちろん、こうしたコメントが寄せられたのは、ライフストーリーが語られたときからずいぶん時間が経過してしまっていることによる。まずは、作品化するのに時間がかかりすぎたことを反省するべきだろう。しかし、ライフストーリーの語り手としての自己（＝「当時の私」）と解釈の読み手としての自己（＝「今の私」）との隔たりという問題は、いち早く作品化することだけで解決できるものではない。なぜなら、調査者の解釈に対して語り手の「今の私」が「違和感」を抱くことは、たとえ作品化が終了していても生じうるためである。

つまり、ある人のライフストーリーを聞き取り、その人生を理解するということには、とりあえずの終了はあっても完成はないのである。本書が提示したのは、インタビュー対象者たちのライフストーリーをある特定の視点で解釈したものであり、もし別の視点で解釈しなおすことがあれば（インタビュー対象者に最初にフィードバックした解釈がまさしくそうであったように）それは再構成されるはずである。この意味で、ライフストーリーを聞き、それを解釈するということは〈暫定的であること〉から逃れられない。

ただし、ひとつひとつの解釈はどんなに暫定的であったとしても、顔にあざのある女性たちのライフストーリーはその読み手を得ることで、彼女たちの問題経験を社会へと媒介していくのではないだろうか。そして、彼女たちに問題をもたらす社会の現状を問題化していくのではないだろうか。顔にあざのある女性たちの問題経験を可視化させ、それを社会へと媒介していくことに本書が少しでも貢献できたならば幸いである。

＊＊＊

顔にあざのある女性にはじめてインタビューをしてから、早くも九年が経過しようとしている。インタビューが実施できたのは、セルフヘルプ・グループ「ユニークフェイス」の発足という時機に幸運にもめぐり会えたことによる。ユニークフェイスは現在、多くのメンバーの興奮と熱気にあふれていた発足当時とは違い、次世代へと活動を受け継いでいくための充電期間にある。今はただ、ひとつのグループが萌芽し、成長し、成熟期を迎えるまでの長いあいだ、まとまった研究成果をあげられなかった私の力不足を痛感するばかりである。

本書は、私が二〇〇七年九月にお茶の水女子大学大学院人間文化研究科に提出した博士論文「外見をめぐる問題経験の社会学的考察――顔にあざのある女性のライフストーリーから」に大幅な修正を加えたものである。研究がなかなか前進せず何度も逃げ出したくなったが（そして実際に何度か逃げ出してきたのだが）、出版という形でひとつの区切りをつけることができた。これは、ゆっくりしか進めない私を多くの方々が支えてくださったおかげである。この場をお借りして、感謝の気持ちを伝えたい。

まず、インタビューにご協力いただいた方々にお礼を申し上げたい。あなたがあざを持ってこの世に生まれてきたこととおそらく無関係ではない、他者へのやさしい洞察力をもったAさん。それを身につけることは私にはできないだろうが、他者の問題に関わるということについて今後も考え続けていきたいと思っている。「研究」や「調査」というものに対して協力的であってくれただけでなく、つねに批判的であってくれたBさん。「調査倫理」という言葉ではとても言いつくせそうにない、他者の苦しみを「聞くこと」に求められる「誠実さ」を、私はあなたに教わった。そして、最初のインタビュイーになってくれたCさん。どんなにつらいことでも関西という土地で生まれ育った人らしいユーモアを交えて話すあなたとの出会いがなければ、ライフストーリー・インタビューにこれほど魅せられることはけっしてなかっただろうと思う。また、DさんとEさん、そしてインタビューにご協力いただいたものの本書では取り上げられなかったみなさん、当事者団体や患者会を通して知り合ったみなさんの言葉のひとつひとつが、私にこの本を書かせてくれた。

NPO法人ユニークフェイスの石井政之さんには、さまざまな場で発言する機会をいただいた。国内に先行研究がほとんどないなかで、私の研究にひとつの道筋を与え、思考の源泉となったのが石井さんの先駆的なお仕事であったことは言うまでもない。

お茶の水女子大学の坂本佳鶴恵先生には、修士課程以来、あたたかく背中を押し続けていただいた。私の博士論文はほぼ書き下ろしであるが、雑多な問題関心のなかでおぼれかけていたとき、もう一度問いを整理し、ゼロから書きはじめることを勧めてくださったのは坂本先生である。「時間はかかるかもしれないけど、そんなに勉強できる機会はもうないと思うよ」。先生のこの言葉に、どれだけ励まされただろうか。

立教大学の桜井厚先生には、ライフストーリー研究のおもしろさと奥深さを教えていただいただけでなく、私の未熟な議論からたくさんの展開可能性を読みとっていただいた。ライフストーリーを分析するための手がかりの多くは、文献を読むことよりも、いつも気さくな先生との「おしゃべり」を通して得てきたように思う。

博士論文の審査過程では、お茶の水女子大学の平岡公一先生、舘かおる先生、石井クンツ昌子先生に改稿のための的確なアドバイスをいただいた。私の能力の限界からご指摘のすべてに対応することはできなかったが、今後、研究を発展させていくうえでの重要な論点として受けとめている。

そして、大学院の先輩である守如子さん、瀬山紀子さんに感謝したい。おふたりとたくさんの時間を共有し、議論を交わすことができたのは、大学院時代のかけがえのない財産である。輪郭がぼんやりした問題関心になんとか言葉を与えながら、それを人に伝えることによろこびと可能性を感じられたあの時間があったからこそ、「研究」という場にどうにか自分をつなぎとめることができたのだと思う。

学部時代にご指導いただいた天野正子先生には、勉強熱心な学生とは遠くかけ離れたところにいた私に「学びの楽しみ」という大きな財産を授けていただいた。自分がいったいどこに向かっているのか座標軸を見失いかけたとき、先生が折りにふれてかけてくださった言葉が、そこに立ち続けることが大切なのだと教えてくれた。

博士論文の構想に対してコメントをくださった坂本ゼミのみなさん、本書の内容にも関係する重要な視点を与えてくださったライフストーリー研究会のみなさん、学術論文のスタイルにとらわれることなくフィールドでの経験を思いきり表現する機会をくださった筑波大学の好井裕明先生、博士論文をていねいに読み込んで私が対峙するべき問いを示してくださった慶應義塾大学大学院の八木良広さんに、感謝を申し上げる。

現在の所属先である東京大学大学院経済学研究科（学術創成研究「総合社会科学としての社会・経済における障害の研究（READ）」）の松井彰彦先生と長瀬修先生には、ひとりで研究を続けていたらけっして得られなかった研究環境と発表の機会を与えていただいている。倉本智明さん、また川島聡さんをはじめとする特任研究員のみなさんには、ともすれば「現場」にばかりこだわりすぎる私に「理論」が切り拓く可能性を教えていただいている。

そして、私がまったく前に進めないときもそっと見守っていてくれた友人と家族に、本当にありがとう。

最後に、本書を手がけていただき、博士論文ではきちんと掘り下げられなかった問いにもう一度向きあう機会を与えていただいた生活書院の髙橋淳さんに、心より感謝する。

二〇〇九年五月

西倉実季

◇ 文献

安部公房　1964　『他人の顔』講談社

秋風千恵　2008　「軽度障害者の意味世界」『ソシオロジ』52(3): 53-69.

浅野智彦　2001　『自己への物語論的接近―家族療法から社会学へ』勁草書房

Bartky, Sandra Lee　1990　*Femininity and Domination: Studies in the Phenomenology of Oppression*, Routledge.

Becker, Howard S.　1966　"Introduction," in Clifford R. Shaw　1966　*The Jack-Roller: A Delinquent Boy's Own Story*, University of Chicago Press.（=1998　玉井眞理子・池田寛（訳）『ジャック・ローラー―ある非行少年自身の物語』東洋館出版社）

Ben-Tovim, David I. & M. Kay Walker　1995　"Body Image, Disfigurement and Disability," *Journal of Psychosomatic Research*, 39(3): 283-291.

Bertaux, Daniel　1997　*Les Récits de Vie: Perspective Ethnosociologique*, Éditions Nathan.（=2003　小林多寿子（訳）『ライフストーリー―エスノ社会学的パースペクティブ』ミネルヴァ書房）

ビートたけし　1994　『顔面麻痺』太田出版

Bordo, Susan　1993　*Unbearable Weight: Feminism, Western Culture, and the Body*, University of California Press.

Bordo, Susan　1997　*Twilight Zones: The Hidden Life of Cultural Images from Plato to O.J.*, University of California Press.

Bradbury, Eileen　1996　*Counselling People with Disfigurement*, The British Psychological Society.

Bradbury, Eileen　1997　"Understanding the Problems," in Richard Lansdown, Nichola Rumsey, Eileen Bradbury, Tony Carr & James Partridge (Eds.), *Visibly Different: Coping with Disfigurement*, Butterworth-Heinemann, 180-193.

British Red Cross　*Skin Camouflage*, <http://www.redcross.org.uk/standard.asp?id=89410> 2009年4月3日

Brown, Barbara, Jacqueline Roberts, Gina Browne, Carolyn Byrne, Barbara Love & David Streiner　1988　"Gender Differences in Variables Associated with Psychosocial Adjustment to a Burn Injury," *Research in Nursing & Health*, 11(1): 23-30.

Browne, Gina, Carolyn Byrne, Barbara Brown, Martha Pennock, David Streiner, Robin Roberts, Paula Eyles, Darryl Truscott & R. Dabbs　1985　"Psychosocial Adjustment of Burn Survivors," *Burns*, 12(1): 28-35.

Bruner, Jerome　1986　*Actual Minds, Possible Worlds*, Harvard University Press.（=1998　田中一彦（訳）『可能世界の心理』みすず書房）

Bull, Ray　1985　"The General Public's Reactions to Facial Disfigurement," in Jean Ann Graham & Albert M. Kligman (Eds.), *The Psychology of Cosmetic Treatments*, Praeger, 184-190.（=1988　松永佳世子（訳）「醜い顔に対する世間の反応」早川律子（監修）『化粧の心理学』週刊粧業 , 187-193.）

Bull, Ray & Nichola Rumsey　1988　*The Social Psychology of Facial Appearance*, Springer-Verlag.（=1995　仁平義明（監訳）『人間にとって顔とは何か―心理学からみた容貌の影響』講談社）

Changing Faces　*Facts and figures*, <http://www.changingfaces.org.uk/show/feature/Facts-and-figures> 2008 年 8 月 19 日

Chapkis, Wendy　1986　*Beauty Secrets: Women and the Politics of Appearance*, South End Press.

中条一雄　1984　『原爆乙女』朝日新聞社

Clarke, Alex　1999　"Psychosocial Aspects of Facial Disfigurement: Problems, Management and the Role of a Lay-led Organization," *Psychology, Health & Medicine*, 4(2): 127-142.

Clarke, Alex & Bernadette Castle　1997　*Handling Other People's Reactions: Communicating with Confidence When You Have a Disfigurement*, Changing Faces Publication.

Cooper, Clare　2000　"Face On: Discovering Resilience to Disfigurement," *The New Therapist*, 7(3): 31-33.

大坊郁夫　1996　「化粧心理学の動向」高木修（監修）『被服と化粧の社会心理学―人はなぜ装うのか』北大路書房 , 28-46.

大坊郁夫　2001　「化粧と顔の美意識」高木修(監修)『化粧行動の社会心理学』北大路書房 , 1-9.

Davis, Kathy　1995　*Reshaping the Female Body: The Dilemma of Cosmetic Surgery*, Routledge.

Davis, Kathy　2003　*Dubious Equalities and Embodied Differences: Cultural Studies on Cosmetic Surgery*, Rowman & Littlefield.

Denzin, Norman K. & Yvonna S. Lincoln　2000　"Introduction: The Discipline and Practice of Qualitative Research," in Norman K. Denzin & Yvonna S. Lincoln (Eds.), *Handbook of Qualitative Research*, Sage, 1-28.

Doyle, Brian　1999　"From Welfare to Rights?: Disability and Legal Change in the United Kingdom in the Late 1990s," in Melinda Jones & Lee Ann Basser Marks (Eds.), *Disability, Divers-Ability and Legal Change*, Martinus Nijhoff Publishers, 209-226.

Durkheim, Emile　1893　*De la Division du Travail Social*, PUF.（=1989　井伊玄太郎（訳）『社会分業論 上・下』講談社学術文庫）

Endriga, Marya C. & Kathleen A. Kapp-Simon　1999　"Psychological Issues in Craniofacial Care: State of the Art," *The Cleft Palate-Craniofacial Journal*, 36(1): 3-11.

円形脱毛症を考える会（編）2005　『あなただけではない円形脱毛症―よい患者・医者選び』同時代社

Flick, Uwe　1995　*Qualitative Forschung*, Rowohlt Taschenbuch Verlag.（=2002　小田博志・山本則子・春日常・宮地尚子（訳）『質的研究入門―〈人間の科学〉のための方法論』春秋社）

Foucault, Michel　1975　*Surveiller et Punir: Naissance de la Prison*, Gallimard.（=1977　田村俶（訳）『監獄の誕生―監視と処罰』新潮社）

Frost, Liz　2001　*Young Women and the Body: A Feminist Sociology*, Palgrave.

藤井輝明　2001　「まえがき―顔に疾患・外傷のある人を支えるネットワークを」藤井輝明（編）『顔とトラウマ―医療・看護・教育における実践活動』かもがわ出版, 7-10.

藤井輝明　2003　『運命の顔』草思社

藤井輝明　2004　『さわってごらん、ぼくの顔』汐文社

藤井輝明　2005　『この顔でよかった―コンプレックスがあるから人は幸せになれる』ダイヤモンド社

藤井輝明　2006　『笑う顔には福来る―タッチ先生の心の看護学』日本放送出版協会

藤井輝明　2008　『あなたは顔で差別をしますか―「容貌障害」と闘った五十年』講談社

藤井輝明（編）2001　『顔とトラウマ―医療・看護・教育における実践活動』かもがわ出版

藤野美奈子・西研　2004　『不美人論』径書房

伏見憲明　2007　『欲望問題―人は差別をなくすためだけに生きるのではない』ポット出版

伏見憲明（編）2000　『Queer Japan』3.

Freedman, Rita　1986　*Beauty Bound*, Lexington Books.（=1994　常田景子（訳）『美しさという神話』新宿書房）

Giddens, Anthony　1990　*The Consequences of Modernity*, Polity Press.（=1993　松尾精文・小幡正敏（訳）『近代とはいかなる時代か？―モダニティの帰結』而立書房）

Gimlin, Debra L.　2000　"Cosmetic Surgery: Beauty as Commodity," *Qualitative Sociology*, 23(1): 77-98.

Gimlin, Debra L.　2002　*Body Work: Beauty and Self-Image in American Culture*, University of California Press.

Goffman, Erving　1963a　*Behavior in Public Places: Notes on the Social Organization of*

Gatherings, The Free Press of Glencoe.（=1980　丸木恵祐・本名信行（訳）『集まりの構造―新しい日常行動論を求めて』誠信書房）

Goffman, Erving　1963b　*Stigma: Notes on the Management of Spoiled Identity*, Prentice-Hall.（=1970　石黒毅（訳）『スティグマの社会学―烙印を押されたアイデンティティ』せりか書房）

Goffman, Erving　1967　*Interaction Ritual: Essays on Face-to-Face Behavior*, Doubleday and Company.（=1986　広瀬英彦･安江孝司（訳）『儀礼としての相互行為』法政大学出版局）

Goodman, Nelson　1978　*Ways of Worldmaking*, Hackett Publishing Company.（=1987　菅野盾樹・中村雅之（訳）『世界制作の方法』みすず書房）

Grealy, Lucy　1994　*Autobiography of a Face*, Houghton Mifflin.（=1998　実川元子（訳）『顔を失くして「私」を見つけた』徳間書店）

Griffin, John Howard　1961　*Black Like Me*, Houghton Mifflin.（=2006　平井イサク（訳）『私のように黒い夜』ブルース・インターアクションズ）

Haiken, Elizabeth　1997　*Venus Envy: A History of Cosmetic Surgery*, Johns Hopkins University Press.（=1999　野中邦子（訳）『プラスチック・ビューティー――美容整形の文化史』平凡社）

原島博　1998　『顔学への招待』岩波書店

Hesse-Biber, Sharlene　1997　*Am I Thin Enough Yet?: The Cult of Thinness and the Commercialization of Identity*, Oxford University Press.（=2005　宇田川拓雄（訳）『誰が摂食障害をつくるのか―女性の身体イメージとからだビジネス』新曜社）

ひどりがもの会・阿部更織（編）2001　『誰も知らない円形脱毛症』同時代社

Holstein, James A. & Jaber F. Gubrium　1995　*The Active Interview*, Sage.

星加良司　2007　『障害とは何か―ディスアビリティの社会理論に向けて』生活書院

細谷実　2004　「『美醜』問題と倫理―美醜は個人的なことか?」越智貢・金井淑子・川本隆史ほか（編）『性／愛（岩波応用倫理学講義 5）』岩波書店 , 180-199.

細谷実　2008　「美醜としての身体―美醜評価のまなざしの中で生きる」金井淑子（編）『身体とアイデンティティ・トラブル―ジェンダー／セックスの二元論を超えて』明石書店 , 69-94.

Hughes, Michael J.　1998　*The Social Consequences of Facial Disfigurement*, Ashgate.

石井政之　1999　『顔面漂流記―アザをもつジャーナリスト』かもがわ出版

石井政之　2000　「『異形の人』をとりまく現状―日本と海外の比較」『看護学雑誌』64(5): 402-406.

石井政之　2003　『肉体不平等―ひとはなぜ美しくなりたいのか?』平凡社新書

石井政之　2004　『顔がたり―ユニークフェイスな人びとに流れる時間』まどか出版
石井政之　2005　「顔にアザやキズのある人の心理―ユニークフェイスとは何か?」『現代風俗学研究』11: 44-51.
石井政之・藤井輝明・松本学（編）2001『見つめられる顔―ユニークフェイスの体験』高文研
石井政之・石田かおり　2005　『「見た目」依存の時代―「美」という抑圧が階層化社会に拍車を掛ける』原書房
石川准　1992　『アイデンティティ・ゲーム―存在証明の社会学』新評論
伊藤節子　2006　「セラピーメイクの課題」『Fragrance Journal』34(2): 30-35.
Jones, Melinda & Lee Ann Basser Marks　1999　"Disability, Rights and Law in Australia," in Melinda Jones & Lee Ann Basser Marks (Eds.), *Disability, Divers-Ability and Legal Change*, Martinus Nijhoff Publishers, 189-208.
Kapp-Simon, Kathleen A. & Dennis E. McGuire　1997　"Observed Social Interaction Patterns in Adolescents with and without Craniofacial Conditions," *The Cleft Palate-Craniofacial Journal*, 34(5): 380-384.
春日武彦　1998　『顔面考』紀伊國屋書店
Kaw, Eugenia　1993　"Medicalization of Racial Features: AsianAmerican Women and Cosmetic Surgery," *Medical Anthropology Quarterly*, 7(1): 74-89.
川添裕子　2001　「美容外科手術と外見―『普通になりたい』」『化粧文化』41: 65-71.
川添裕子　2003　「『普通』を望む人たち―日韓比較分析からみる日本の美容外科医療」武井秀夫（編）『身体の比較文化誌』（千葉大学大学院社会文化科学研究科）, 48-70.
Kellett, Stephen　2002　"Shame-fused Acne: A Biopsychosocial Conceptualisation and Treatment Rationale," in Paul Gilbert & Jeremy Miles (Eds.), *Body Shame: Conceptualisation, Research and Treatment*, Brunner-Routledge, 135-154.
Kent, Gerry　2000　"Understanding the Experiences of People with Disfigurements: An Integration of Four Models of Social and Psychological Functioning," *Psychology, Health & Medicine*, 5(2): 117-129.
Kent, Gerry　2002　"Testing a Model of Disfigurement: Effects of a Skin Camouflage Service on Well-being and Appearance Anxiety," *Psychology & Health*, 17(3): 377-386.
切通理作　2001　『ある朝、セカイは死んでいた』文藝春秋
Kish, Veronica & Richard Lansdown　2000　"Meeting the Psychological Impact of Facial Disfigurement: Developing a Clinical Service for Children and Families," *Clinical Child Psychology and Psychiatry*, 5(4): 497-512.

Kitsuse, John. I.　1980　"Coming Out All Over: Deviants and the Politics of Social Problems," *Social Problems*, 28(1): 1-13.

Kleinman, Arthur　1988　*The Illness Narratives: Suffering, Healing and the Human Condition*, Basic Books.（=1996　江口重幸・五木田紳・上野豪志（訳）『病いの語り―慢性の病いをめぐる臨床人類学』誠信書房）

児玉美智子　1967　『リディア・オリリー物語―その愛と苦難の半生』日本オリリー社資料（→ 2007　児玉美智子「メディカルメイクとは」NPO 法人メディカルメイクアップアソシエーション『メディカルメイクのすべて』青海社 , 9-39. ）

小井塚千加子・高木恵三子・伊藤節子　2006　「メディカルメイクの現状と課題」『Fragrance Journal』34(2): 43-48.

Kondo, Kayoko & Yoshihiko Yamazaki　2005　"Living with Facial Disfigurement: Stigmatizing Situations, Coping Strategies and their Influence on Psychological Well-being, *Japanese Journal of Health and Human Ecology*, 71(4): 142-156.

倉本智明　1999　「異形のパラドックス―青い芝・ドッグレッグス・劇団態変」石川准・長瀬修（編）『障害学への招待―社会、文化、ディスアビリティ』明石書店 , 219-255.

倉本智明　2005　「性的弱者論」倉本智明（編）『セクシュアリティの障害学』明石書店 , 9-39.

倉本智明　2006　『だれか、ふつうを教えてくれ！』理論社

草壁秀成　2007　「血管腫と間葉系母斑」『Monthly Book Derma.』134: 25-30.

草柳千早　2004　『「曖昧な生きづらさ」と社会―クレイム申し立ての社会学』世界思想社

Lakoff, Robin Tolmach & Raquel L. Scherr　1984　*Face Value: The Politics of Beauty*, Routledge & Kegan Paul.（=1988　南博（訳）『フェイス・ヴァリュー―美の政治学』ポーラ文化研究所）

Lamont, Gordon　2008　*Living with Birthmarks and Blemishes*, Sheldon Press.

Lanigan, S. W. & J. A. Cotterill　1989　"Psychological Disabilities amongst Patients with Port Wine Stains," *British Journal of Dermatology*, 121: 209-215.

Lee, Jisun　2003　*Jisun, I Love You*, Ire Publishing.（=2004　金重明（訳）『チソン、愛してるよ。』アスペクト）

Lincoln, Yvonna S. & Norman K. Denzin　2000　"The Seventh Moment: Out of the Past," in Norman K. Denzin & Yvonna S. Lincoln (Eds.), *Handbook of Qualitative Research*, Sage, 1047-1065.

Loseke, Donileen R.　1987　"Lived Realities and the Construction of Social Problems: The Case of Wife Abuse," *Symbolic Interaction*, 10(2): 229-243.

McAdams, Tony, Farzad Moussavi & Michael Klassen　1992　“Employee Appearance and the Americans with Disabilities Act: An Emerging Issue?,” *Employee Responsibilities and Rights Journal*, 5(4): 323-338.

MacCannell, Dean & Juliet Flower MacCannell　1987　“The Beauty System,” in Nancy Armstrong & Leonard Tennenhouse (Eds.), *The Ideology of Conduct: Essays on Literature and the History of Sexuality*, Methuen, 206-238.

Macgregor, Frances Cooke　1974　*Transformation and Identity: The Face and Plastic Surgery*, Quadrangle.

Macgregor, Frances Cooke　1978　“Facial Disfigurement,” in Robert M. Goldenson (Ed.), *Disability and Rehabilitation Handbook*, McGraw-Hill, 389-395.

Macgregor, Frances Cooke　1979　*After Plastic Surgery: Adaptation and Adjustment*, Praeger.

Macgregor, Frances Cooke　1990　“Facial Disfigurement: Problems and Management of Social Interaction and Implications for Mental Health,” *Aesthetic Plastic Surgery*, 14(4): 249-257.

Macgregor, Frances Cooke, Theodora M. Abel, Albert Bryt, Edith Lauer & Serena Weissmann　1953　*Facial Deformities and Plastic Surgery: A Psychosocial Study*, Thomas. (=1960　石井英男・台弘（訳）『顔の変形と整容の心理』医歯薬出版)

町野美和　1985　「女の価値は顔」駒尺喜美（編）『女を装う』勁草書房, 2-40.

松本学　1999　「容貌の自己受容—口唇・口蓋裂の場合」『現代文明学研究』2: 88-106.

松本学　2000　「隠ぺいされた生きづらさ—『ふつう』と『ふつうでない』の間の容貌」『看護学雑誌』64(5): 407-412.

松本学　2001　「ユニークフェイスとは何か」『部落解放』479: 98-109.

松本学　2003　「顔の変形がある人々の心理的問題とそれに対する支援の現状と課題—日本におけるチェンジングフェイス方式心理的支援導入の試み」『京都大学大学院教育学研究科紀要』49: 133-141.

松本学　2004a「ユニークフェイス—顔の変形と生きづらさ」『部落解放』528: 233-240.

松本学　2004b「顔の変形を有する人をとりまく環境とその支援—Changing Faces ワークショップの試み（1）」『ヒューマンライツ』192: 48-51.

松本学　2004c「顔の変形を有する人をとりまく環境とその支援—Changing Faces ワークショップの試み（2）」『ヒューマンライツ』193: 46-49.

松本学　2004d「顔の変形を有する人をとりまく環境とその支援—Changing Faces ワークショップの試み（3）」『ヒューマンライツ』194: 46-49.

松本学　2005　「顔に悩みがある人への心理的支援—世界の現状と課題」『部落解放』543:

94-103.

松本学　2006　「顔に違いがあるということ―先天的な変形と中心として」田垣正晋(編)『障害・病いと「ふつう」のはざまで―軽度障害者 どっちつかずのジレンマを語る』明石書店 , 129-153.

松本学・石井政之・藤井輝明（編）2001　『知っていますか？　ユニークフェイス一問一答』解放出版社

松波めぐみ　2008　「障害をもつ女子の『ジェンダー化』と教育」木村涼子・古久保さくら(編)『ジェンダーで考える教育の現在―フェミニズム教育学をめざして』解放出版社 , 130-146.

見田宗介　1979　『現代社会の社会意識』弘文堂

見田宗介　2008　『まなざしの地獄―尽きなく生きることの社会学』河出書房新社

三浦耕吉郎　2004　「カテゴリー化の罠―社会学的〈対話〉の場所へ」好井裕明・三浦耕吉郎（編）『社会学的フィールドワーク』世界思想社 , 201-245.

Moore, Pat　1985　*Disguised: A True Story*, W Publishing Group.（=2005　木村治美（訳）『私は三年間老人だった―明日の自分のためにできること』朝日出版社）

Morgan, Kathryn Pauly　1998　"Women and the Knife: Cosmetic Surgery and the Colonization of Women's Bodies," in Rose Weitz (Ed.), *The Politics of Women's Bodies: Sexuality, Appearance, and Behavior*, Oxford University Press, 147-166.

Moss, Timothy P.　2005　"The Relationships between Objective and Subjective Ratings of Disfigurement Severity, and Psychological Adjustment," *Body Image*, 2: 151-159.

Murphy, Robert F.　1987　*The Body Silent*, Henry Holt and Company.（=1997　辻信一（訳）『ボディ・サイレント―病いと障害の人類学』新宿書房）

仲川幸子　1986　『出会い、そして奇跡―愛の灯を点して 25 年』あい企画出版

中村うさぎ・石井政之　2004　『自分の顔が許せない！』平凡社新書

熱傷フェニックスの会（編）2001　『フェニックスのように―熱傷体験記』ブルーム舎

Newell, Robert　2000　*Body Image and Disfigurement Care*, Routledge.

ニキリンコ　1999　「軽度障害と障害の証明義務」<http://homepage3.nifty.com/unifedaut/shoumei.htm>　2008 年 12 月 21 日

西倉実季　2003　「『普通でない顔』を生きること―顔にあざのある女性たちのライフストーリー」桜井厚（編）『ライフストーリーとジェンダー』せりか書房 , 65-85.

西倉実季　2005　「カムフラージュメイクは万能ではない―顔に疾患のある当事者へのインタビュー調査から」『コスメトロジー研究報告』13: 57-63.

西倉実季　2006　「当事者主体のカムフラージュメイク・サービスのために―顔にアザのあ

る女性の経験に注目して」『Fragrance Journal』34(2): 49-54.

西倉実季　2008 「日常生活を導くナラティヴ・コミュニティのルール―顔にあざのある娘を持つ母親のストーリー」桜井厚・山田富秋・藤井泰（編）『過去を忘れない―語り継ぐ経験の社会学』せりか書房, 157-174.

Nishikura, Miki　2009　"Difficulties with Employment: Understanding the Experiences of People with Visible Differences," 学術創成研究「総合社会科学としての社会・経済における障害の研究（READ）」ディスカッションペーパー　<http://www.read-tu.jp/dp/>

野口裕二　2001 「臨床のナラティヴ」上野千鶴子（編）『構築主義とは何か』勁草書房, 43-62.

野口裕二　2002 『物語としてのケア―ナラティヴ・アプローチの世界へ』医学書院

大村愉己・栗原邦弘　2006 「真皮メラノサイトーシス」『Pepars』7: 17-22.

岡知史　1994 「セルフヘルプグループの援助特性について」『上智大学社会福祉研究』平成5年度年報 : 3-21.

Papadopoulos, Linda, Robert Bor & Charles Legg　1999　"Coping with the Disfiguring Effects of Vitiligo: A Preliminary Investigation into the Effects of Cognitive-behavioural Therapy," *British Journal of Medical Psychology*, 72: 385–396.

Partridge, James　1990　*Changing Faces: The Challenge of Facial Disfigurement*, Penguin.（=2002　原田輝一（訳）『チェンジング・フェイス―もっと出会いを素晴らしく』集英社）

Partridge, James　1997　"About Changing Faces: Promoting a Good Quality of Life for People with Visible Disfigurements," *Burns*, 23(2): 186-187.

Partridge, James　1998　"Changing Faces: Taking Up Macgregor's Challenge," *Journal of Burn Care & Rehabilitation*, 19(2): 174-180.

Partridge, James　1999　"Then and Now: Reflection on Burn Care Past, Present and Future: Toward a New Paradigm of Language and Care," Burns, 25(8): 739-744.

Partridge, James & Emma Robinson　1995　"Psychological and Social Aspects of Burns," *Burns*, 21(6): 453-457.

Plummer, Ken　1983　*Documents of Life: An Introduction to the Problems and Literature of a Humanistic Method*, George Allen & Unwin.（=1991　原田勝弘・川合隆男・下田平裕身（監訳）『生活記録の社会学―方法としての生活史研究案内』光生館）

Plummer, Ken　1995　*Telling Sexual Stories: Power, Change and Social Worlds*, Routledge.（=1998　桜井厚・好井裕明・小林多寿子（訳）『セクシュアル・ストーリーの時代―語りのポリティクス』新曜社）

Pope, Alice W.　1999　"Points of Risk and Opportunity for Parents of Children with

Craniofacial Conditions," *The Cleft Palate-Craniofacial Journal*, 36(1): 36-39.

Pope, Alice W. & Johanna Ward　1997　"Self-perceived Facial Appearance and Psychosocial Adjustment in Preadolescents with Craniofacial Anomalies," *The Cleft Palate-Craniofacial Journal*, 34(5): 396-401.

Porter, Judith R., Ann Hill Beuf, Aaron B. Lerner & James J. Nordlund　1990　"The Effect of Vitiligo on Sexual Relationships," *Journal of the American Academy of Dermatology*, 22: 221-222.

Reinharz, Shulamit　1997　"Who Am I?: The Need for a Variety of Selves in the Field," in Rosanna Hertz (Ed.), *Reflexivity and Voice*, Sage, 3-20.

Riessman, Catherine Kohler　1993　*Narrative Analysis*, Sage.

Roberts, Rita　1985　"The British Red Cross Beauty Care and Cosmetic Camouflage Service in Hospitals," in Jean Ann Graham & Albert M. Kligman (Eds.), *The Psychology of Cosmetic Treatments*, Praeger, 191-195.（=1988　松永佳世子（訳）「英国赤十字の病院における美容ケアーと化粧によるカモフラージュサービス」早川律子（監修）『化粧の心理学』週刊粧業 , 194-198.）

Robinson, Emma　1997　"Psychological Research on Visible Differences in Adults" , in Richard Lansdown, Nichola Rumsey, Eileen Bradbury, Tony Carr & James Partridge (Eds.), *Visibly Different: Coping with Disfigurement*, Butterworth-Heinemann, 102-111.

Robinson, Emma, Nichola Rumsey & James Partridge　1996　"An Evaluation of the Impact of Social Interaction Skills Training for Facially Disfigured People," *British Journal of Plastic Surgery*, 49: 281-289.

Rosenthal, Gabriele　2004　"Biographical Research," in Clive Seale, Giampietro Gobo, Jaber F. Gurbium & David Silverman (Eds.), *Qualitative Research Practice*, Sage, 48-64.

Rumsey, Nichola　1998　"Visible Disfigurement," in Derek W. Johnston & Marie Johnston (Eds.), *Health Psychology* (Editors-in-Chief, Alan S. Bellack & Michel Hersen, *Comprehensive Clinical Psychology*, Vol.8), 575-593.

Rumsey, Nichola　2002a　"Body Image and Congenital Conditions with Visible Differences," in Thomas F. Cash & Thomas Pruzinsky (Eds.), *Body Image: A Handbook of Theory, Research and Clinical Practice*, Guilford, 226-233.

Rumsey, Nichola　2002b　"Optimizing Body Image in Disfiguring Congenital Conditions: Surgical and Psychosocical Interventions," in Thomas F. Cash & Thomas Pruzinsky (Eds.), *Body Image: A Handbook of Theory, Research and Clinical Practice*, Guilford, 431-439.

Rumsey, Nichola, Ray Bull & Denis Gahagan　1982　"The Effect of Facial Disfigurement on the Proxemic Behavior of the General Public," *Journal of Applied Social Psychology*, 12(2): 137-150.

Rumsey, Nichola, Ray Bull & Denis Gahagan　1986　"A Preliminary Study of the Potential of Social Skills for Improving the Quality of Social Interaction for the Facially Disfigured," *Social Behaviour*, 1: 143-145.

Rumsey Nichola & Ray Bull　1986　"The Effects of Facial Disfigurement on Social Interaction," *Human Learning*, 5: 203-208.

Rumsey, Nichola, Alex Clarke, Paul White, Menna Wyn-Williams & Wendy Garlick 2004　"Altered Body Image: Appearance-related Concerns of People with Visible Disfigurement," *Journal of Advanced Nursing*, 48(5): 443-453.

Rumsey, Nichola & Diana Harcourt　2004　"Body Image and Disfigurement: Issues and Interventions," *Body Image*, 1: 83-97.

Rumsey, Nichola & Diana Harcourt　2005　*The Psychology of Appearance*, Open University Press.

齋藤純一　2003　「親密圏と安全性の政治」齋藤純一（編）『親密圏のポリティクス』ナカニシヤ出版 , 211-236.

坂本佳鶴恵　1986　「スティグマ分析の一視角—『人間』であるための諸形式に関する考察」『現代社会学』22: 157-182.（→坂本 2005 に収録）

坂本佳鶴恵　2005　『アイデンティティの権力—差別を語る主体は成立するか』新曜社

桜井厚　2002　『インタビューの社会学—ライフストーリーの聞き方』せりか書房

桜井厚・小林多寿子　2005　『ライフストーリー・インタビュー—質的研究入門』せりか書房

佐藤健二　1995　「ライフヒストリー研究の位相」中野卓・桜井厚（編）『ライフヒストリーの社会学』弘文堂 , 13-41.

Severo, Richard　1985　*Lisa H.: The True Story of a Courageous Young Woman's Fight against the "Elephant Man's Disease"*, Harper and Row.（=1992　加藤恭子・山田敏子（訳）『リサ・H—エレファント・マン病とたたかった少女の記録』筑摩書房）

雫井脩介　2001　『虚貌』幻冬舎　（→ 2003　『虚貌 上・下』幻冬舎文庫）

Spector, Malcolm B. & John I. Kitsuse　1977　*Constructing Social Problems*, Cummings Publishing.（=1990　村上直之・中河伸俊・鮎川潤・森俊太（訳）『社会問題の構築—ラベリング理論をこえて』マルジュ社）

Stevenage, Sarah V. & Yolanda McKey　1999　"Model Applicants: The Effect of Facial

Appearance on Recruitment Decisions, *British Journal of Psychology*, 90(2), 221-234.
水津嘉克　1996 「社会的相互作用における排除」『社会学評論』47(3): 335-349.
Synnott, Anthony　1993　*The Body Social: Symbolism, Self and Society,* Routledge. (=1997 高橋勇夫（訳）『ボディ・ソシアル―身体と感覚の社会学』筑摩書房)
田垣正晋　2006 「軽度障害というどっちつかずのつらさ」田垣正晋（編）『障害·病いと「ふつう」のはざまで―軽度障害者 どっちつかずのジレンマを語る』明石書店 , 51-71.
高橋聖人（撮影）・茅島奈緒深（構成）2002 『ジロジロ見ないで― “普通の顔” を喪った 9 人の物語』扶桑社
田中潤子　2008 『詩集　日和詩』鳥語社
Tartaglia, Alexander, Brian T. McMahon, Steven L. West & Lisa Belongia　2005 “Workplace Discrimination and Disfigurement: The National EEOC ADA Research Project, *Work*, 25: 57-65.
立岩真也　1997 『私的所有論』勁草書房
立岩真也　2000 『弱くある自由へ―自己決定・介護・生死の技術』青土社
立岩真也　2001a 「書評：石井政之『迷いの体―ボディイメージの揺らぎと生きる』」 <http://www.arsvi.com/0w/ts02/2001037.htm> 2007 年 7 月 15 日
立岩真也　2001b 「紹介：石井政之『迷いの体―ボディイメージの揺らぎと生きる』」 <http://www.arsvi.com/0w/ts02/2001038.htm> 2007 年 7 月 15 日
立岩真也　2002 「ないにこしたことはない、か·1」石川准·倉本智明（編）『障害学の主張』明石書店 , 47-87.
立岩真也　2004 『自由の平等―簡単で別な姿の世界』岩波書店
Thompson, Andrew & Gerry Kent　2001　“Adjusting to Disfigurement: Processes involved in Dealing with being Visibly Different,” *Clinical Psychology Review*, 21(5): 663-682.
Thomson, Rosemarie Garland　1997　*Extraordinary Bodies: Figuring Physical Disability in American Culture and Literature*, Columbia University Press.
鳥飼勝行・佐武利彦　2006 「口唇口蓋裂」『周産期医学』36(11): 1429-1434.
動くゲイとレズビアンの会（編）1992 『ゲイ・リポート―同性愛者は公言する』飛鳥新社
植木理恵　2006 「円形脱毛症は本当にストレスと関係あるのか？」『治療』88: 1202-1205.
上野千鶴子　1995 「『セクシュアリティの近代』を超えて」井上輝子・上野千鶴子・江原由美子（編）『セクシュアリティ』岩波書店 , 1-37.
上野千鶴子　1998 『発情装置―エロスのシナリオ』筑摩書房
Van der Donk, J., J. A. M. Hunfeld, J. Passchier, K. J. Knegt-Junk & C. Nieboer　1994 “Quality of Life and Maladjustment associated with Hair Loss in Women with Alopecia

Androgenetica," *Social Science & Medicine*, 38(1): 159-163.

Van Maanen, John　1988　*Tales of the Field: On Writing Ethnography*, University of Chicago Press.（=1999　森川渉（訳）『フィールドワークの物語―エスノグラフィーの文章作法』現代書館）

Wallace, M.　2004　"The Appearance-related Concerns of Adolescents Who Have Undergone Treatment for Cancer," Paper presented at the British Psychological Society Division of Health Psychology Annual Conference, Edinburgh, September 2004.

鷲田清一　1995　『見られることの権利〈顔〉論』メタローグ（→ 1998　『顔の現象学―見られることの権利』講談社学術文庫）

White, Michael & David Epston　1990　*Narrative Means to Therapeutic Ends*, W. W. Norton & Company.（=1992　小森康永（訳）『物語としての家族』金剛出版）

Wolf, Naomi　1991　*The Beauty Myth: How Images of Beauty Are Used Against Women*, William Morrow.（=1994　曽田和子（訳）『美の陰謀―女たちの見えない敵』TBS ブリタニカ）

山田富秋　2005　「沈黙と語りのあいだ」山田富秋（編）『ライフストーリーの社会学』北樹出版 , 41-53.

やまだようこ　2000　「人生を物語ることの意味―ライフストーリーの心理学」やまだようこ（編）『人生を物語る―生成のライフストーリー』ミネルヴァ書房 , 1-38.

矢吹康夫　2008　「調査する当事者のリフレクシヴィティ―アルビノ当事者の私がアルビノ当事者のライフストーリーを聞き取る」『立教大学大学院社会学研究科年報』15: 19-30.

余語真夫　1993　「化粧することの理由を考える 1―感情および容貌印象に与える影響」資生堂ビューティーサイエンス研究所（編）『化粧心理学―化粧と心のサイエンス』フレグランスジャーナル社 , 268-275.

余語真夫　2001　「適応力としての化粧」高木修（監修）『化粧行動の社会心理学』北大路書房 , 124-135.

好井裕明　2000　「『語らせるワーク』と『語りの様式』―Doing Life History をめぐる諸問題」『現代社会学』（広島国際学院大学現代社会学部）1: 7-24.

好井裕明　2004　「『調査するわたし』というテーマ」好井裕明・三浦耕吉郎（編）『社会学的フィールドワーク』世界思想社 , 2-32.

吉澤夏子　1992　「『美しいもの』における平等―フェミニズムの現代的困難」江原由美子（編）『フェミニズムの主張』勁草書房 , 93-132.

吉澤夏子　1997　『女であることの希望―ラディカル・フェミニズムの向こう側』勁草書房

吉澤夏子　2000「美という評価基準―心の中の問題」伏見憲明（編）『Queer Japan』3: 116-123.

Zebrowitz, Leslie A.　1997　*Reading Faces: Window to the Soul?*, Westview Press.（=1999 羽田節子・中尾ゆかり（訳）『顔を読む―顔学への招待』大修館書店）

本書のテキストデータを提供いたします

本書をご購入いただいた方のうち、視覚障害、肢体不自由などの理由で書字へのアクセスが困難な方に本書のテキストデータを提供いたします。希望される方は、以下の方法にしたがってお申し込みください。

◎データの提供形式＝CD-R、フロッピーディスク、メールによるファイル添付（メールアドレスをお知らせください）

◎データの提供形式・お名前・ご住所を明記した用紙、返信用封筒、下の引換券（コピー不可）および２００円切手（メールによるファイル添付をご希望の場合不要）を同封のうえ弊社までお送りください。

◉本書内容の複製は点訳・音訳データなど視覚障害の方のための利用に限り認めます。内容の改変や流用、転載、その他営利を目的とした利用はお断りします。

■あて先

〒一六〇・〇〇〇八

東京都新宿区三栄町一七―二　木原ビル三〇三

生活書院編集部　テキストデータ係

キリトリ線

【引換券】

顔にあざのある女性たち

■ 著者略歴

西倉 実季（にしくら・みき）

1976年山形県生まれ。お茶の水女子大学大学院人間文化研究科博士後期課程修了、博士（社会科学）。現在、和歌山大学教育学部准教授。専門は、社会学、ライフストーリー研究。
主な著書・論文に
「ライフストーリー研究における対話――それは誰と誰のあいだの対話なのか？」（『ナラティヴとケア』第6号、2015年）
「公／私の境界を引き直す――個人的な経験を排除しない『障害の社会モデル』であるために」（『質的心理学フォーラム』第7号、2015年）
『合理的配慮――対話を開く、対話が拓く』（共著、有斐閣、2016年）
「『統合』『異化』の再検討――容貌障害の経験をもとに」（『障害学研究』第13号、2018年）
「『ルッキズム』概念の検討――外見にもとづく差別」（『和歌山大学教育学部紀要 人文科学』第71集、2021年）

顔にあざのある女性たち
――「問題経験の語り」の社会学

発 行 二〇〇九年 七 月三一日 初版第一刷発行
二〇二一年一〇月三〇日 初版第三刷発行

著 者 西倉 実季
発行者 髙橋 淳
発行所 株式会社 生活書院
〒一六〇・〇〇〇八
東京都新宿区四谷三栄町六―五 木原ビル三〇三
電話 〇三・三二二六・一二〇三
ファックス 〇三・三二二六・一二〇四
振替00170-0-649766
www.seikatsushoin.com

印刷・製本 シナノ印刷株式会社
ブックデザイン 糟谷一穂

定価はカバーに表示してあります
乱丁・落丁本はお取替えいたします

ISBN 978-4-903690-41-4